教育部人文社会科学青年基金“cMOOCs深度交互行为模式构建及应用实践研究”成果（课题编号：19YJC880101）

数智化时代慕课混合式学习与面向未来的教学创新

谢觉萍　著

中国纺织出版社有限公司

内 容 提 要

本书由5章构成。第1章为数智时代，我们如何教与学，介绍高等教育的挑战、慕课的兴起及新时代的学习目的、需求及特点。第2章为什么是慕课混合式学习，介绍了混合式学习的定义、理论基础、特征与框架以及混合式教学的不同模式。第3章为融合新技术和新情境的慕课混合式学习，介绍AI+辅助教学创新设计的原则，AI+可辅助教学的人工智能工具与网站平台，AI+供教师直接使用的AI提示词，AI+人工智能支持教与学的方式。第4章为慕课混合式学习应用案例研究，介绍了数智化赋能慕课混合式学习的实践案例。第5章为慕课混合式教学创新实证研究。

图书在版编目（CIP）数据

数智化时代慕课混合式学习与面向未来的教学创新 / 谢觉萍著 . -- 北京 : 中国纺织出版社有限公司 , 2025. 6. -- ISBN 978-7-5229-2912-5

Ⅰ. G434

中国国家版本馆 CIP 数据核字第 2025SH0375 号

责任编辑：史 岩　　责任校对：寇晨晨　　责任印制：储志伟

中国纺织出版社有限公司出版发行

地址：北京市朝阳区百子湾东里A407号楼　邮政编码：100124

销售电话：010—67004422　传真：010—87155801

http://www.c-textilep.com

中国纺织出版社天猫旗舰店

官方微博 http://weibo.com/2119887771

天津千鹤文化传播有限公司印刷　各地新华书店经销

2025年6月第1版第1次印刷

开本：710×1000　1/16　印张：17.5

字数：256千字　定价：98.00元

前　言

在迅速兴起的人工智能革命中，人类与技术共同开创一个充满无限可能的全新世界，其中蕴藏着突破性进步，这将重新定义教学和学习。本书旨在探讨数智时代背景下的慕课混合式学习在高等教育领域中的创新和实践应用。通过分析数智时代的学习新需求，解析慕课混合式学习的理论基础，设计教与学的深度互动模式，分享实践中的案例实施过程与效果，研究如何借助数智化技术创建包容和可访问的学习环境，基于大规模在线开放课程（MOOCs）开展个性化学习，释放人工智能的巨大潜能，满足不同学习者终身学习的需求，赋能面向未来的教学创新与学习者能力培养。

本书由 5 章构成。第 1 章为数智时代，我们如何教与学，介绍高等教育的挑战、慕课的兴起及新时代的学习目的、需求及特点。第 2 章为什么是慕课混合式学习，介绍了混合式学习的定义、理论基础、特征与框架以及混合式教学的不同模式。第 3 章为融合新技术和新情境的慕课混合式学习，介绍了 AI+ 辅助教学创新设计的原则，AI+ 可辅助教学的人工智能工具与网站平台，AI+ 供教师直接使用的 AI 提示词，AI+ 人工智能支持教与学的方式。第 4 章为慕课混合式学习应用案例研究，介绍了数智化赋能慕课混合式学习的实践案例。第 5 章为慕课混合式教学创新实证研究。

本书的特色在于：①立足现实与实践：书中侧重于基于实践中的真实问题探索，针对高等教育教学与学习的实际需求，探讨慕课混合式学习的应用与实践。②强调数智化赋能：慕课混合式学习不仅是教学模式的转变，更是数智化时代的应对之策，需要加强对学习者数智能力的培养。③着眼未来的能力：慕课混合式学习的实践需要面向未来，关注未来能力培养，探讨如何更好地培养学习者的创新、合作、跨学科与文化融合沟通等能力。

本书题目使用“混合式学习”，是想强调新时代背景下所有的教学应以学习者为中心来设计，教育者本身也在教学过程中与学习者共同成长，因

此，更多采用“混合式学习”的表述，实际上，书中贯穿着基于联通主义（Connectivism）理念设计的慕课（cMOOCs）混合式教与学的全过程。本书面向的主要读者是从事高等教育教学的教师，他们正在努力寻找数智时代教学的新理念和新方法，让学习者参与有意义的学习活动，书中分析了适用于当前教育者的常用且有效的平台、技术及相关资源，希望帮助他们使混合式学习体验具有影响力和价值。此外，那些试图将互联网和数智技术整合到课程中的教师可能也会发现本书有一点价值。当然，专注和热爱教学的教师有机会在这里找到一个连贯的方法和设计混合学习课程的具体技术。最后，研究生和管理人员会发现本书有助于理解和欣赏混合式学习设计的潜力。

“教师作为一种职业，需要不断更新思想、心灵和精神，如果您想避免职业倦怠，最好的密钥是尝试从工作中获得乐趣，并在启发学生的同时实现自我成长。”本书希望能为高等教育课程改革研究和实践提供新的视角，为高校教师和研究人员提供有益的参考。

路虽远，行则将至；事虽难，为者常成。教学创新任重道远，笔者和团队成员一直在探索一流课程、一流学科、一流专业建设，在追求的过程中发现更值得培育的是一流学风、一流师资、一流行动和永不懈怠的精神，以及努力帮助学习者持续提升综合素养，练就与机会匹配的能力，让年轻的梦想插上飞翔的翅膀。在这个充满挑战的 VUCA（Volatility 易变性，Uncertainty 不确定性，Complexity 复杂性，Ambiguity 模糊性）时代，我们不忘教师的初心，持续坚韧，争做“四有”好老师，努力为莘莘学子的成长保驾护航。希望教学路上点点滴滴的尝试与思考，能够为同行、为高等教育创新，带来些许微光和前行的力量。

致谢：本书的出版获得了教育部人文社会科学青年基金项目“cMOOCs 深度交互行为模式构建及应用实践研究”（19YJC880101）的支持，是该项目的结题成果。本书还获得了中国高等教育学会财经分会“AIGC 赋能新商科课程建设与教学创新实践”（24CJ0412）项目的支持，是该项目的阶段性成果。本书的部分案例数据基于天津工业大学“ 创业与营销通识课程教学团队”“大学生创业理论及实训”“创新创业教育实践课程教学团队”

2014～2024年的相关工作，许多闪光的创新点来自团队成员的共同讨论与启发。

感谢天津工业大学培育了富有激情的课程团队，创建了优秀的课程实践平台，支持教师不断尝试教学创新，鼓励学生永远保持好奇心参与各种课程活动。本书在撰写过程中得到了魏亚平教授、姚飞教授、雷怀英教授、齐庆祝教授的悉心指导，他们分享了许多中肯的写作建议，四位教授是难得的良师益友。同时，衷心感谢陈洪艳老师、潘玉香老师、孙永利老师、马翠华老师、毕妍老师、熊德勇老师、陈立新老师、尹翠芳老师、王大海老师、史容老师、徐可老师、李娜娜老师、田慧欣老师、付维贵老师在工作中对笔者的无私帮助和支持！研究生周佳欣、朱荣天、陈鑫森三位同学还细心地帮助笔者整理资料、核对书中数据、绘制图表、确认文献来源等相关信息。

本书在编写过程中，借鉴了许多国内外优秀的著作和文献资料，参考了众多相关网站的内容，在此对各位作者表示诚挚的谢意！感谢中国纺织出版社有限公司编辑史岩，是她对选题的认可和鼓励，让笔者有勇气开始行动，编辑史岩带领的团队成员为本书的出版付出了大量的心血，在此深表谢意！

本书在撰写过程中有许多畏难时刻，感谢我的家人的温暖陪伴，鼓励我以梦想为指引，保持积极心态攻坚克难，专注目标，踏实行动，自我锤炼，最终完成书稿。

由于笔者水平有限，书中难免存在不妥和疏漏之处，恳请广大读者批评指正。

谢觉萍

2025年2月

目　录

第 1 章　数智时代，我们如何教与学

数字革命方兴未艾，随着人工智能（Artificial Intelligence，AI）和大数据（Big Data）为代表的新兴技术革命席卷全球。ChatGPT（Chat Generative Pre-trained Transformer）等新型人工智能工具为高等教育的内容创造、跨界交流和互动学习提供了新的机会，ChatGPT 于 2022 年 11 月 30 日发布，是 OpenAI 公司研发的一款聊天机器人程序。ChatGPT 是人工智能技术驱动的自然语言处理工具，它能够基于在预训练阶段所见的模式和统计规律来生成回答，还能根据聊天的上下文进行互动，真正像人类一样来聊天交流，甚至能完成撰写邮件、视频脚本、文案、翻译、代码、论文等任务。ChatGPT 的问世引发了教育界的忧虑，先进的技术即将颠覆或取代传统的教育吗？教育界如临大敌。

当人们还沉浸在 ChatGPT 的各种质疑和恐惧中时，2024 年 2 月 15 日，OpenAI 发布了名为“Sora”的文生视频工具，这一突破性的事件被许多人形容为“横空出世”，IT 界直呼 Sora 将开启人工智能发展的牛顿时代。尽管 Sora 刚刚问世，我们尚无法确定其未来的发展方向以及对社会生活的具体影响，但是仅一年多时间，从自然语言生成工具 ChatGPT 到视频生成工具 Sora 的巨大突破，已经让人们感受到智能时代的到来，AI 技术可能在不知不觉中改变社会的整体形态。在各大模型大显身手的时候，2025 年 1 月，国内团队开发的 DeepSeek App 的发布震惊全球，其先进的 DeepSeek-V3 模型，具备深度思考、联网搜索等功能，为用户提供高效、精准的 AI 交互体验。在发布后的短时间内，该应用迅速获得了广泛关注，上线 20 天内日活跃用户突破 2000 万，并在苹果 App Store 和 Google Play Store 中登顶下载排行榜。

国内外在人工智能领域的全球化布局一次次地证明，人工智能已成为当

今时代的产业风口。像200多年前电力彻底颠覆人类世界一样，人工智能也将掀起一场新的产业革命。任何一次技术革新都会对教育产生冲击，从印刷机到录音机、电视机，再到互联网、移动互联网和数字化，教育的发展始终与科学技术的进步息息相关。可以预见，AI对教育产生革命性影响只是时间问题，AI时代下的教育变革的程度取决于我们的观念和态度。随着人工智能时代的来临，知识、课程、学习、能力和素养的形态都将发生变化，现有的教育体系需要进行全面反思。现行教育体系中，知识是确定的，学习内容是统一的，能力培养的标准是可测量的。无论学生的兴趣、喜好或智力水平如何不同，都要按照统一进度进行教学，教育变成了一个类似产品加工的流程，我们甚至认为这个体系是理所当然的。然而现在，一个新的文明即将颠覆现有的一切。数字化和智能化将开启一个新的时代，这个时代不是对工业文明产物的修修补补，而是需要对观念、制度和方法进行系统性重建，我们需要建立以学习者为中心的多元化和个性化的课程体系、学习体系和评价体系，以适应新技术革命推动的教育新需求。

数字化和智能化工具，如VR或AR、ChatGPT、Sora等层出不穷的新工具，将为高等教育提供更多创新的教学方式和学习体验。教师们需要适应这一新环境，提升数字素养，并重新思考教师的角色和教学方法。未来已来，数智时代（the Era of Digitalization and AI）对社会各行各业影响的深度和广度远超前三次技术革命。未来，无数从事简单重复性工作的岗位将被人工智能取代。这一切在实践中意味着什么？麦肯锡全球研究所发布了2017年的一份报告《利用自动化创造未来》（McKinsey Global Institute, Harnessing Automation for a Future that Works，New York：McKinsey Global Institute, 2017），该报告评估了54个国家实现自动化的潜力，覆盖了全球78%的劳动力市场。他们的发现揭示了第四次工业革命对各行业影响的规模。按行业分类，研究人员收集的数据显示，目前农林渔猎领域50%（代表3.289亿名员工）的工作岗位有可能实现自动化；制造业中64%（代表2.374亿名员工）的工作可被自动化替代；零售业中54%（约1.874亿名员工）的现有职位可以通过自动化完成。从国家而非行业角度看，可以观察到世界上最大经济体正在发生巨大变革。据麦肯锡预计，在中国有 3.953 亿名员工从事的岗位可能实现自动化，占劳动力总数的 51%；在印度则有 2.351 亿人从事与自动化相关职务；而美国目前有 6060 万人（占劳动力总数的 46%）从事可被自动化取代的岗位，并非所有这些工作都会消失，但它们将发生改变。这不仅是一个关于非技术性劳动力的问题，还是一个关于所有基于模式和常规工作的自动化的故事。律师、放射科医生、建筑师和会计师都将看到他们工作的重大变化，在某些领域对人力劳动的需求将大幅减少。例如，机器学习将使建筑师能够部署增加建筑复杂度的技术而无须成本，机器人将使设计和制造采用新的方法，从而摆脱传统限制。

根据世界经济论坛发布的"未来工作"报告，在 2020 年之前，雇主最需要掌握的十项技能为：解决复杂问题、批判性思维、创造力、人员管理、协同合作、情商、判断和决策能力、服务导向型态度、谈判和认知灵活性。而 2015 年被视为必备技能的积极倾听和质量控制已不再被列入前十名技能中，取而代之新增了认知灵活性和情商两项技能。这是因为随着工作自动化程度的提高，员工须具有更大灵活性，并且可以在各种任务类型和环境中进行转换。毋庸置疑，面对时代的变迁，高等教育体系需要更快地做出改变，以更好地培养符合第四次工业革命时代需求的人才。

21 世纪，人文教育将变得越来越重要，因为自动化经济比以往任何时候都需要个人培养终身学习的认知灵活性和思维习惯。在第四次工业革命中，学习新技能、接受新方法和应对持续社会变化的能力至关重要（Nancy W.，2018）。教育系统需要思考如何与 AI 共舞，如何为未来社会培养更多具有创造力、洞察力、合作能力且具备在复杂情境下解决复杂问题能力的创新人才。

教育领域面临着前所未有的挑战与机遇。我们正在迈入一个全新的"数智时代"，在这个时代，信息知识大爆炸，知道主义盛行，AI 和机器人将取代大量的工作岗位，使知识传授型教育的价值迅速衰减。与此同时，素养教育的重要性日益凸显，AI 与人的共生共赢，亟须人类的想象力、创造力与融合能力，这些都将推动教育的深度变革。与传统的知识传授型教育不同，综合素养的教育重要性日益凸显，注重培养学生的综合能力，包括创新思维、批判性思考、学习能力、跨界合作能力等。综合素养培育不仅能够帮助学生适应快速变化的社会，更有利于学习者在未来的生活和工作中取得成功。AI 与人的关系发生深刻的变化，从初期的人机对抗到现在的人机融合，正在逐步实现 AI 与人的共生共赢。AI 不再只是一个工具，而将成为推动人类发展的重要力量。与此同时，人类的想象力、创造性和融合能力也将在这个过程中得到极大的提升，人机共存成为新常态。

教育呈现出以未来社会发展为核心关注的新趋势。个体对自身终身发展的期待达到前所未有的高度，教育理念将向以促进个体发展为中心转变。教育需求由社会需求向个体需求转变，标准化教育向个性化教育转变。个性化教育基于先进技术和开放学习环境，了解学生的兴趣、特长和学习风格，提供个性化的学习体验和发展机会。它激发学生的兴趣和动力，提高学习效果和成就感。个性化教育注重培养学生的创新思维、批判性思维、学习能力和人际交往能力。通过充分利用先进技术和开放学习环境，满足学生个性化需求，使每个学生充分发挥潜力，适应智能社会的要求，并实现个人成功和成就。

教育在变革过程中充满疑惑，不断探寻新的确定性，急需富有指导性的框架，新的时代呼唤能创造出一套创新、可控、内容丰富、有意义和价值且属于它自己的教育哲学。作为一名高等教育工作者，不得不思考，如今的劳动力所需的技能与现有教育体制下所培育的技能之间严重不匹配，教育工作者如何借助人工智能在跨学科协作方面的强大功能，创造并设计基于混合式真实学习环境下的教学实践，帮助和指导学生更好地为适应与日俱增的人机互动世界做好准备呢？

1.1 数智技术变革与学习巨变

安东尼·塞尔登与奥拉迪梅吉·阿比多耶（2018）在其著作《第四次教育革命》（*The Fourth Education Revolution*）中提出，人工智能在全球崛起，促使许多行业发生了深刻的变革，这些变革必然带来人才培养相关的教育行业发生巨变。笔者站在教育领域变革的维度，将人类的教育革命划分为四个阶段：以家庭、团体和部落向他人学习为特征的有组织学习和必要的教育构成了第一次教育革命，以制度化为特征的学校和大学的到来构成了第二次教育革命，以印刷与世俗化为主要内容的大众化教育构成了第三次教育革命，以人工智能、增强现实和虚拟现实等为主要内容的个性化教育构成了第四次教育革命。

传统意义上，高等教育的主要目标是为学生提供知识和技能，帮助他们融入社会。然而，随着人工智能、自动化和大数据等新兴技术的迅速发展，这一目标正在发生深刻变化。这些技术不仅改变了工作性质和要求，也对教育提出了新的挑战和机遇。然而，技术驱动的创新颠覆了这一目标，使高等教育面临空前的挑战，引领我们走向一个效率、连通性和前所未有的可能性融合在一起的未来。当前社会比以往任何时候都需要在人工智能、自动化和大数据方面拥有高度相关技能的专业人才，以应对新兴趋势和数字颠覆，因此，数智时代对高等教育将产生颠覆式的影响并促使教育发生深度蜕变。

今天很难预测下一次工业革命的核心到底是什么。在技术先驱看来，下一次革命将是基于支持多语言的机器翻译引擎（能够消除人们说不同语言的地区之间形成的语言边界；信息作为统一的国际资源）。现在，每个人都可以使用这样的系统，并且它们的性能标准也在不断提高。值得注意的是，这些系统的出现完全可以归因于第三次技术革命，但从其发展和传播的性质来看，它可以被纳入第四次工业革命。这种信息技术的使用可以对各级教育的个性化学习途径作出重大贡献（Vadim Grinshkun，2020）。

目前的研究与当代旨在提升对第四次工业革命对教育影响认知的努力是一致的。Elayyan 的研究为了揭示工业革命 4.0 对控制学习、学习机会、教学活动和社会影响等多个维度的影响，设计了一个包含 30 个项目的问卷，并将其分配到前述四个维度，在 2019 ～ 2020 学年对阿曼苏丹国苏哈尔大学 77 名职前科学教师进行了调查。调查结果显示，职前科学教师对工业革命 4.0 对教育影响持有不同看法。一方面，他们认为，区块链、云计算和网络安全将广泛应用于未来以增加学习机会，并长期保存学生数据和活动记录。另一方面，他们认为教学过程缺乏价值，导致师生互动水平较低。此外，他们还预测未来机器人和自动化技术将取代人类从事教育工作。根据研究结果，建议在**课程设置、课程内容、学习环境、流动式教育技能及师生角色方面进行重大转变**以适应工业革命4.0所引发的技术和产品变革（Elayyan S，2021）。

第四次工业革命为教育领域带来了一个复杂、辩证且令人兴奋的机遇，其对生活中众多其他领域也产生了不同程度的影响。因此，它既是教育所面临的机遇，也是挑战。通过运用物联网、3D打印、量子计算和人工智能等第四次工业革命的各个组成部分，教育系统可能实现全面转型，并提供应对新挑战的解决方案。

1.1.1 从工业革命到数智化：教育模式的变迁

首先，让我们回顾工业革命与数智化的演进过程。高等教育在数智化转型时代与工业化时代有着明显的不同，如表1-1所示。工业化时代的高等教育注重标准化的知识传授，课程设置和教学方法较为固定，学生以被动接受知识为主。而数智化转型时代的高等教育则在数智技术应用下呈现出去中心化、开放化的特点，课程设置更加灵活，教学方法也更加多样，强调激发学生的主动学习和能力培养，学生角色由被动接受知识者转变为主动探索者。在这一转型过程中，高等教育的重心从传统的课堂教学转移到了线上线下融合的数智化学习环境，传统的教师主导教学也逐步转变为以学生为中心的教学模式。这表明高等教育正在从过去标准化和固化的状态向个性化和创新性的方向发展。

表1-1 高等教育数智化转型时代与工业化时代的主要特征

特征	数智化转型时代	工业化时代
信息流动	信息和知识的流动更加自由，互联网和移动技术的应用使全球范围内的教育资源共享成为可能	信息和知识的流动相对受限，主要通过印刷和邮寄等传统方式进行

续表

特征	数智化转型时代	工业化时代
教学方式	强调个性化和互动性，数字化技术和人工智能可以帮助教师更好地了解学生的学习需求和进度	以传统的讲授和听讲为主，缺乏互动性和个性化
评估方式	利用数据分析和人工智能技术进行学生学习进度和成果的评估，更加客观和准确	主要通过考试和论文等传统方式进行，评估结果相对主观
教育资源	全球范围内的优质教育资源和知识可以通过互联网和移动技术共享，教育资源更加丰富和普及	教育资源主要由大学和图书馆等机构提供，相对受限
合作与竞争	高等教育机构可以在全球范围内展开合作和竞争，共同推动教育创新	高等教育机构主要在本地区进行合作和竞争，国际交流相对较少
学生能力	强调创新思维、批判性思考和跨学科知识，培养学生应对不确定、复杂和多变环境的能力	注重知识的传授和技能的培养，缺乏对学生综合素质的培养与考察
教育目标	培养具备创新能力和全球视野的人才，更加注重学生的综合素养和未来发展潜能	为社会提供技术和专业人才，满足经济和社会发展需要

数智化起源于信息化，即将企业的业务流程转为在线电子形式，使其成为计算机可处理的信息。数字化是基于信息化的升级版，在自动收集海量的可处理信息后，计算机将对其进行建模分析处理，从而给出更具参考性的结论。数智化是在数字化的基础上进行智能化，融入人工智能技术，使计算机可以更智能地创造内容，启智于人。

值得说明的是，这两个时代之间的对比仅仅是一些主要特征的对比，并不是绝对的区别。工业化时代也有一些数字化和智能化元素，而数智化转型时代也并不是完全摆脱了传统的教育方式和评估标准，数智化是一个渐进的过程，并非一蹴即就（图 1-1，改编自 Kayembe C, Nel D，2019）。

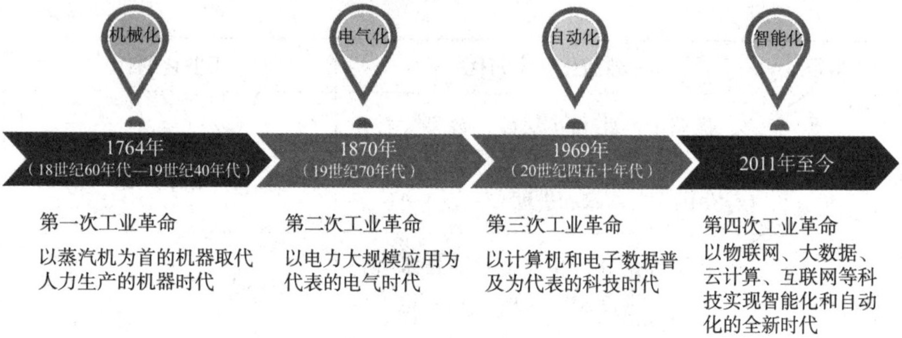

图1-1　四次工业革命的历史进程

1.1.2　技术发展“四化”：新科技与高等教育的互动

信息化（Informatization）是指利用信息技术和系统，进行信息的收集、处理、存储、传输和应用，以提高组织和社会的运行效率和效果。信息化的核心在于信息的应用，它包括信息技术的应用，以及信息资源管理和服务等。教育信息化主要体现在教学、管理和服务三个方面。例如，利用信息技术开展远程教学，通过在线平台进行学生管理，利用信息技术提供个性化的教育服务等。

数字化（Digitalization），是利用数字技术来改变商业模式并提供新的收入和价值，创造机会，这是转向数字业务的过程。数字化是指将非数字的信息转化为数字格式，以便于存储、处理和传输。数字化的核心在于信息的数字表现形式，它包括数字信号处理、数字系统设计以及数字技术的应用等。教育数字化主要体现在教学资源、教学方法和教学评价等方面。例如，将教学资源数字化，利用数字技术开展在线教学，通过数字技术进行学生的学习评价等。

智能化（Intelligentization）是指利用人工智能技术和系统，实现对信息的智能处理和决策。智能化的核心在于信息的智能处理，它包括人工智能的应用，以及智能系统的设计和实施等。教育智能化主要体现在教学、评价和服务等方面。例如，利用人工智能开展个性化教学，通过智能系统进行学生的学习评价，利用人工智能提供智能化的教育服务等。

数智化（Digitalization and Artificial Intelligence）是指在数字化和智能化的基础上，通过大数据、云计算、人工智能等技术，实现对信息的深度挖掘和智能应用。数智化的核心在于信息的深度挖掘和智能应用，它包括大数据的分析和应用，以及智能决策和服务等。教育数智化主要体现在教学、评价和服务等方面。例如，通过大数据分析做出教学决策，利用人工智能进行学生的学习评价，通过云计算提供智能化的教育服务等。

信息化、数字化和智能化三者之间既有联系，又有区别，如表1-2所示。它们都是关于信息的处理和应用，但关注的焦点和层次不同。信息化和数字化主要关注的是信息的获取、存储和传输，它们是信息处理和应用的基础。智能化则进一步利用人工智能技术，实现对信息的智能处理和决策。数智化则是在此基础上，通过大数据等技术，实现对信息的深度挖掘和智能应用。大数据是指大型复杂数据集，包括结构化数据和非结构化数据，传统的处理技术和（或）算法无法对其进行操作（Taylor-Sakyi，2016）。大数据被视为大容量、高速度和（或）多样化的信息资产，需要具有成本效益和创新的信息处理形式，从而增强洞察力、决策制定和流程自动化。大数据平台可以帮助组织根据可用数据进行分析并做出有意义的决策。随着世界的联系日益紧密，研究人员从不同的设备收集了大量数据。为了揭示隐藏的信息，需要分析这些数据以备将来使用。大数据现象的一个重要原因是当前信息可以生成和提供的程度（De Mauro，Greco 和 Grimaldi，2015）。政府和企业的决策取决于通过不同技术模式产生的信息量。

表1-2 信息化、数字化、智能化的对比

类别	信息化	数字化	智能化
内核	数据化记录与电子信息流转	利用数字技术改进现有流程	借助计算机网络、物联网、AI等
内容	企业业务数据的电子化记录	流程的数字化改进	满足人的各种需求的属性

续表

类别	信息化	数字化	智能化
作用	提高数据保存准确性与可访问性	提高流程效率与信息传递	降低人工参与，提供智能化服务
价值	提高工作效率，解决数据保存问题	优化业务流程，提高工作效率和准确性	提供智能化的指导和决策支持
体系架构	数据库、电子化数据储存与流转	数字工具、系统集成与流程优化	物联网、大数据、AI 技术
应用方式	电子化记录与数据管理工具应用	数字工具应用与流程优化	智能算法、自动化决策与服务
难点	数据质量管理、信息安全、标准化	流程改进、技术选型与组织变革	技术整合、个性化教学与智能算法

数字化转型的核心是数智化，数字化转型涵盖了业务、技术、产品等方面的能力建设。需要从战略到执行各个层面进行顶层设计和统筹考虑，并逐步落地。它涉及组织、流程、数据、技术等多方面能力建设。数字化不仅影响消费者，也深刻影响产业和公共部门，因此，数字化转型需要组织从上至下全面激活。

同时，数字化转型的本质是一种矛盾哲学。它需要在系统化和专业化、规模和灵活性等矛盾之间找到平衡。数字化转型是一个迭代式的过程，需要在计划和试错中推进，在对立面中找统一点，融合量变和质变，最终实现阶段性突破。

在教育行业中，这三个层次的发展是相辅相成的，如表 1-3 所示。信息化和数字化为教育提供了基础设施，智能化使教育更加个性化和高效，数智化则有助于教育决策的科学化和精准化。现阶段，社会应用中完全实现智能化有点不切合实际，更多的是通过智能化的工具，代替一部分人工劳作，比如通过大数据分析等技术实现业务数据的自动分析处理。

表1-3 教育行业中的信息化、数字化和数智化应用

项目	信息化	数字化	数智化
应用	学生信息管理、教务管理、学习资源管理等	数字化学习工具、远程教育、在线课程等	智能辅助教学、智能评估与反馈、智能学习环境等
作用	提高信息准确性和可访问性，提高工作效率	提供丰富的学习体验和交互方式，远程教育	提供个性化学习指导和智能化的教学辅助
价值	提供准确、高效的数据管理和分析，优化流程	扩展学习渠道，灵活学习时间和地点，提供个性化教育	提高教学效果，优化学习体验，提供个性化教育服务
难点	数据质量管理、信息安全、数据标准化等挑战	组织变革、流程复杂性、技术选型等挑战	技术整合、智能算法、个性化教学等挑战

“数智化”是数字智慧化与智慧数字化的合成。数智化有三层含义：

①数字智慧化。在大数据中融入人的智慧，使数据增值，提高大数据的效用。

②智慧数字化。运用数字技术，把人的智慧管理起来，相当于从“人工”到“智能”的提升，把人从繁杂的劳动中解脱出来。

③构成人机的深度对话，使机器继承人的某些逻辑，形成人机一体的新生态。

数智化是在数字化基础之上的重大技术变革，其核心在于利用大数据和人工智能等手段，消除数据孤岛，提升决策支持能力，从而更好地服务于各类应用场景，为我们下一步数字经济的发展注入了新的动能。这不仅体现了技术演进的必然趋势，数智化能够更好地服务于实际需求，也标志着我们正在向数字经济高质量发展的新阶段迈进。

数字化技术正在改变高等教育的教学方式和评估方法。利用数字化资源，教师可以设计更丰富、更具互动性的课程，满足不同学生的需求。同时，通过数据分析，教师可以更准确地评估学生的学习进度和成果，为他们提供更有针对性的支持。这种个性化的教育方式可以更好地满足学生的需求，同时也可以提高教育质量。

世界各国都在积极支持利用技术改善教与学，支持教育系统的创新，美国发布了“2023 年 AI 和教学的未来”的报告。

人工智能可以定义为“基于关联的自动化”。当计算机根据数据中的关联自动进行推理时，人工智能的两个基本转变就会发生，并使计算超越传统的教育技术：①从捕获数据到检测数据中的模式；②从提供访问教学资源到自动化有关教学和其他教育过程的决策。检测模式和自动化决策可以委托给计算机系统。开发人工智能系统的过程可能会导致检测模式方面存在偏见，以及在自动化决策方面存在不公平。因此，教育系统必须管理人工智能系统的使用。华东师范大学顾小清教授团队对人工智能的理解与定义为以大数据、并行计算、深度学习为驱动，通过研究人类智能，使机器能够模拟、延伸、扩展人类的智能行为，从而构造出具有一定智慧能力的人工系统，完成通常需要人类智能才能胜任的工作（《2022 人工智能教育蓝皮书》）。

当前，许多改进教学和学习的事项尚未得到满足，教育工作者寻求技术的方法来解决这些事项。教育工作者在日常生活中正在使用人工智能驱动功能，例如，家里的语音助手，可以纠正语法、完成句子和写文章的工具，以及手机上的自动旅行规划等。许多教育工作者正在积极探索人工智能工具，他们看到了使用人工智能驱动功能的机会，如图 1-2 所示。例如，通过语音识别等功能来增加对残疾学生、多语种学习者和其他受益的学生的支持。

为确保人工智能技术在教育领域的开发和应用能够产生积极影响，2023 年 5 月，美国发布的《人工智能与教学的未来》报告中强调“人在回路中”（Humans-in-the-Loop）的原则，如图 1-3 所示。该原则提出人工智能无法完全取代教师的作用，而是应该将教师和其他相关人员纳入人工智能系统的环路中，以便监督和观察其运行。这种人与技术的结合可以帮助发现并解决潜在的问题，确保人工智能工具和系统符合教师与学生的需求。同时，将人工智能模型与共同的教育愿景结合起来，强调评价教育技术质量时不仅要考虑结果，同时使人工智能工具和系统的核心模型与教学和学习共同愿景相一致，确保技术的应用与实际教育目标相一致，避免仅追求技术的应用而忽视教育的核心价值。基于现代学习原则、教育从业者的经验以及教育评价界的专业知识来设计人工智能系统，确保技术符合学习者的需求、提高公平性，避免算法偏见的出现。将研发重点放在解决情境问题和增强信任与安全性上，提出教育是复杂多样的，人工智能系统须适应不同的学习情境。此外，该报告还提出提高人工智能在教育系统中的信任和安全性问题，包括考虑学习的多样性、情境因素以及保护数据隐私和敏感性。

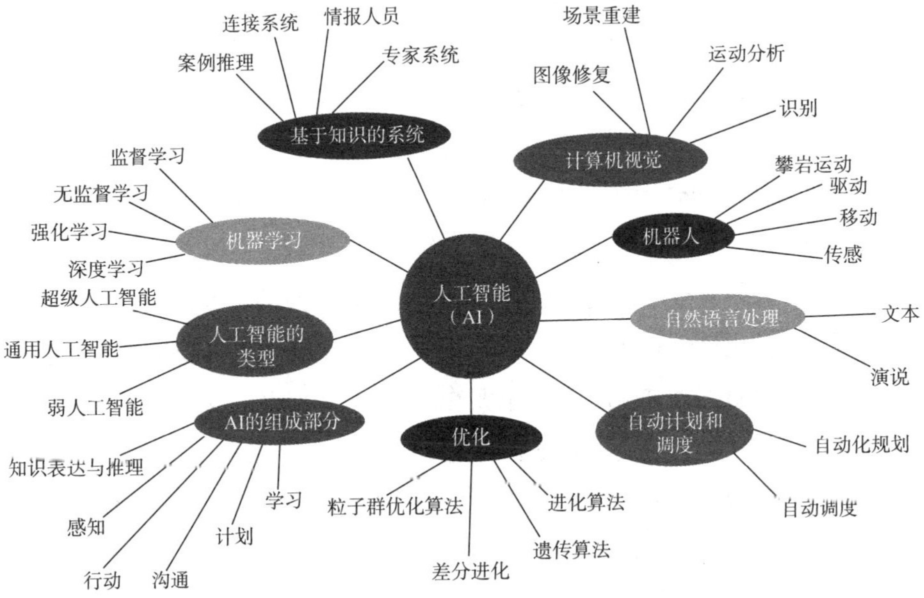

图1-2　基于Regona等（2022）人工智能的类型、组建和子字段

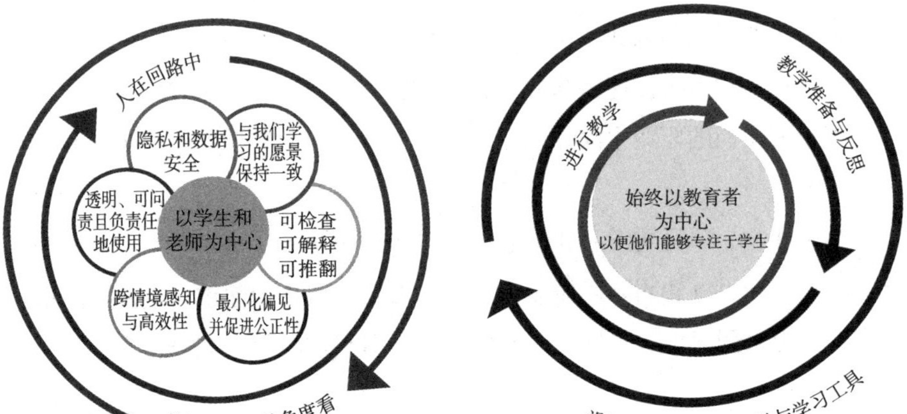

图1-3　以学习者与教师为中心的“人在回路中”模型

来源：美国《人工智能与教学的未来》报告

因此，为确保人工智能技术在教育领域的发展和应用能够与教学和学习的实际需求相契合，需要强调人与技术的结合、教育愿景的一致性、现代学习原则的运用，以及情境适应性和信任安全性的重要性，促进人工智能在教育领域的可持续发展和创新应用。

人工智能（AI）助力教育行业新探索。智能教育软件可以根据学生的学习进度和成果进行个性化推荐，提高学习效果。AI 助教、教育智能体等逐渐在实验室、课堂和辅导环境中出现，辅助人类教师进行教学。以 ChatGPT 为代表的聊天机器人横空出世，通过人工智能写论文、创建课程计划、制作图像、为学生创建个性化的作业等成为新的探索方向。新技术的应用可以提高教育效率，同时为学生提供更加丰富的学习体验。当然也伴随不少未来的使用风险和教育焦虑。有用的、强大的功能也可能伴随新的数据隐私和安全风险，人工智能可以自动产生不适当或错误的输出，人工智能创造的联想或自动化会放大不必要的偏见。

借助互联网，高等教育机构可以共享优质教育资源，提高教育质量。开放课程、在线学院和知识共享平台使得教育资源更加普及，打破了传统的教育门槛，使共享无时不在，让更多的人获得优质的教育资源，促进社会公平。

高等教育机构与产业界、政府和社会各界的紧密合作，共同培养具备创新能力和实践经验的人才。实习、实践项目和企业合作为学生提供实际工作经验，增强其竞争力。这种与社会各界的合作可以让学生更好地了解实际工作环境，为他们的职业生涯提供更有力的支持，由共享到共生成为教育的另一个主题。

翻转课堂、项目式学习和精益教学等新型教学方法推动学生主动参与学习，培养创新思维和团队协作能力。这种教育方式更加注重学生的实际操作和实践能力，同时可以更好地激发学生的学习兴趣，教育创新将为教育界带来新的生机。

高等教育机构在全球范围内展开竞争与合作，共同推动教育创新。国际学术交流、科研合作和双联课程等项目加强了高校之间的联系，提高了教育质量。全球化的教育方式使学生更好地了解不同文化和教育体系，从而提高其全球视野和竞争力。

由于全球极其激烈的竞争和不确定性背景，高等教育不再仅仅关注知识的传授，更注重培养学生应对不确定、复杂和多变环境的能力，帮助学习者适应快速变化的世界。这种教育方式可以更好地培养学生的综合素质，增强其未来的发展潜力。

从上述分析来看，教育数字化将传统的教育过程和资源转化为数字形式，并利用信息和通信技术（ICT）来支持教学、学习和管理的过程。它包括将教学内容数字化、使用在线教学平台、虚拟实验室和在线课程等工具开展远程教学、学习资源共享，以及使用教育管理系统进行学生管理和评估等。教育数字化的关注点主要在于将教育过程中的内容、活动和资源转化为数字形式，提供更加灵活、便捷和个性化的学习方式，同时提高教学效果和管理效率。教育数智化则强调在教育数字化基础上，运用大数据、人工智能（AI）、机器学习等技术，对教育数据进行深度分析和挖掘，以提供更深入的洞察和智能化的决策支持。教育数智化的目标是通过对教育数据的分析，发现学生学习的模式和规律，提供个性化的学习建议和反馈，帮助教师进行精细化的教学管理和评估。同时，教育数智化还可以用于教育政策的制定和教育资源的优化配置，以提高教育系统的整体效能和公平性。

尽管教育数字化和教育数智化有一定的区别，但它们也存在相互联系和相互依赖的关系。教育数字化为教育数智化提供了基础和前提，数字化的教育数据成为数智化分析的基础材料。同时，教育数智化也推动了教育数字化的发展，通过数据分析和智能化的决策支持，提高了数字化教育的效果和价值。教育数字化和教育数智化相互促进、相互强化，共同推动教育的转型和创新。

综上所述，教育数字化和教育数智化是两个相关但不完全相同的概念，它们在教育领域中有不同的含义和重点。**本研究侧重的是教育数智化与高等教育混合式教和学的创新研究与应用。**基于人工智能、虚拟现实等数智技术的个性化教育，推动人类社会第四次教育革命，高等教育领域正在经历一场范式革命，这场革命涉及了高等教育的组织形式、教学方式和评估标准，旨在提高教育质量，培养具备创新能力和全球视野的人才。可以预见，在这场范式革命的推动下，高等教育将迎来更加灵活、多样化和创新化的未来。

在当前数字世界和物理世界加速融合的大背景下，人工智能生成内容（AIGC）正在引导一场深刻的变革，重塑甚至颠覆数字内容的生产方式和消费模式，将极大地丰富人们的数字生活，是未来全面迈向数字文明新时代不可或缺的支撑力量［《人工智能生成内容（AIGC）白皮书》，2022］。如图 1-4 所示，AIGC 经历了三种不同的内容生成模式：专业团队生成内容（PGC）、用户生成内容（UGC）、人工智能生成内容（AIGC）。

在 PGC 模式下，内容由专业团队生成。PGC 的优势在于，大多数生成的内容都是高质量的，但生产周期长，难以满足数量需求。在 UGC 模式下，用户可以选择许多创作工具自行完成内容生成。UGC 的优势在于，使用这些创意工具可以降低创作的门槛和成本，提高用户参与创作的积极性。UGC 的缺点是，由于创作者水平参差不齐，输出内容的质量难以保证。AIGC 可以克服 PGC 和 UGC 在数量和质量上的不足。它有望成为未来内容生成的主要模式。在 AIGC 模式下，人工智能技术利用专业知识来提高内容生成质量，这大大节省了时间。

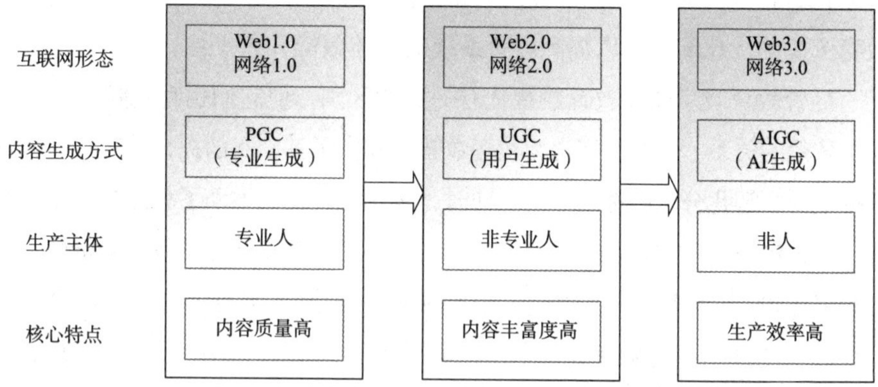

图1-4　AIGC经历的三种不同的内容生成模式

一般来说，AIGC 分为文本、图片、音频和视频生成。

文本生成：AIGC 包括结构化写作、创造性写作和对话写作。结构化写作主要基于特定场景（如新闻）的结构化数据生成文本内容。然而，创造性写作涉及生成具有更高开放度的文本，这需要个性化和创造性能力。创意写作非常适合营销文案、社交媒体和博客。对话写作主要用于通过文本与用户互动的聊天机器人。这些机器人是为了回答问题而设计的，很像客户服务。

图片生成：通过利用 AIGC，用户可以根据给出的提示更改图片并添加新元素。它使编辑图像变得更容易、更高效，而无须高级技能或知识。此外，AIGC 可以独立生成图像以满足特定要求。例如，如果用户需要特定格式的海报或徽标，AIGC 可以在短时间内生成。AIGC 的另一个令人兴奋的应用是从 2D 图像创建 3D 模型。

音频生成：AIGC 的音频生成技术可以分为两类，分别是文本到语音合成和语音克隆。文本到语音合成需要输入文本并输出特定说话者的语音。它主要用于机器人和语音广播任务。到目前为止，文本到语音的任务已经相对成熟。讲话质量达到了自然标准。未来，它将朝着更情绪化的语音合成和小样本语音学习的方向发展。语音克隆将给定的目标语音作为输入，然后将输入的语音或文本转换为目标说话者的语音。这种类型的任务用于智能配音和其他类似场景，以合成特定说话者的语音。

视频生成：AIGC 已被用于视频剪辑处理，以生成预告片和宣传视频。该工作流程类似于图像生成，在图像生成中，视频的每一帧都在帧级别进行处理，再使用 AI 算法来检测视频片段。AIGC 生成引人入胜且高效的宣传视频的能力是通过不同人工智能算法的组合实现的。随着 AIGC 先进的功能和越来越受欢迎，它很可能会继续彻底改变视频内容的创建和营销方式。

后面的章节，笔者将介绍 AIGC 如何赋能教学创新以及具体的应用案例。

1.1.3　教育新态势：数智化环境下的教育特征

在数字化和智能化技术飞速发展的背景下，数智时代的教育具有四个特征：

（1）数据爆炸。

数据为教育进步提供了巨大动力，但也带来一定挑战。教育界应共同努力，在掌握数据契机的同时，审慎应对数据隐患，谨慎推进教育数据革新。

随着大数据应用的推进，各种类型的数据大量涌现，教育界应学会有效地获取数据，以及对数据进行分析和利用。数据爆炸将导致教育研究的范式变革。大数据技术为教育研究提供了充分的第一手资料，使定量、细致的实证研究成为可能，教育研究方法和内容都面临变革。数据应用推动教学内容和形式变革。教师可以利用学习分析等技术，实时掌握学生学习情况，进行精准化教学。新技术还支持翻转课堂、混合式教学等教学模式创新。数据支持教育决策的精细化。各类教育运行数据为教育管理决策提供了充分依据。教育部门可以依据数据进行科学决策，提高政策效果。数据安全与隐私是一项新挑战。大数据应用中，如何在追求教育发展与保护学生隐私之间寻求平衡，需要持续探索。数据应用须考虑数字鸿沟问题。资源条件较差地区，数字设备和网络条件不足，可能加剧教育发展的不平衡。数据素养成为新常态要求。教育工作者要系统学习数据知识，提高获取、分析、应用数据的能力，完成教育数据化转型。

（2）数据驱动。

数据已经成为推动企业发展的重要因素，高等教育需要更加注重培养学生的数据驱动思维能力。

①数据驱动思维是新时代核心能力。大数据时代背景下，企业管理决策和业务推进越来越依赖数据分析。培养数据驱动思维，构建数据化支撑课程体系，是高等教育必须面对的时代要求。高校应在计算机、统计学、管理科学等专业，设立数据分析、数据建模等数据化方向，并将数据思维培养融入其他专业课程。将案例教学、项目制教学、竞赛式教学等引入相关课程，通过情境化教学，培养学生的数据感知能力、挖掘能力、分析能力、决策能力，创新数据化教学内容和方法。高校通过师资培训，提高教师对数据科学和教学法的认知，使其熟练运用新技术和新方法进行数据驱动式教学，以加强教师的数据化教学能力。高校与企业合作，依托实际场景和真实数据，搭建沉浸式的数据思维训练平台，实现理论教学和实践能力的有机结合，构建校企协同的数据实训平台。

②完善数据思维能力的评估体系。设计科学的评价指标和方法，形成对

数据思维能力培养效果的监测反馈机制。

（3）人工智能。

数智化帮助人们更好地处理海量数据，提高工作效率和质量，在高等教育领域也得到广泛应用。人工智能助理帮助学生实现个性化学习，通过语音、图像识别等技术，智能辅导系统可以分析学生的学习情况，进行个性化指导，让每名学生得到切实的帮助。

①智能化教学平台实现教学内容丰富和形式多样。利用知识图谱、学习路径优化等技术，构建智能化教学平台，实现课程资源丰富化和教学形式个性化，激发学习兴趣。智能化考试系统保障考试公平公正。应用自然语言处理、人脸识别等技术，建立智能监考防作弊系统，确保考试过程纪律规范。

②大数据分析优化决策支持。应用教育大数据分析，可以实现对教学效果、科研产出、人才培养质量等的精细化分析，为学校决策提供依据。需要重视算法歧视及隐私保护问题。应用人工智能技术时，要防止算法编码中的偏见，保护学生信息安全和隐私。持续推进教师专业发展，提升人工智能时代教学能力。通过培训与支持，帮助教师掌握人工智能在教学应用中的技能。

（4）开放性和共享性。

数据的开放性和共享性得到了越来越多的重视，高等教育需要更加注重开放性和共享性，如跨学科的合作研究、开放式课程等。随着大数据、人工智能、区块链、5G等数智技术的兴起，高等教育需要做出相应的回应。互联网的发展带来人才培养理念、方式和治理体系的系统性变革，探索智能时代的教育新形态，高等教育的数智化转型势在必行。人工智能为高等教育进步提供了新机遇，但也需要警惕新风险。需要从战略高度谋划应用，实现人机协同，促进教育高质量发展。

人工智能技术在提高教学效率、实现个性化教学、保障考试公平等方面已经产生较好的应用效果。例如，智慧树在线教育平台，利用自然语言处理、语音识别、个性化推荐算法等人工智能技术，实现在线教学的个性化和智能化，已服务上千万用户；美国佐治亚理工学院Ashok Goel教授和他的研究生们利用华生IBM平台开发了虚拟助教聊天机器人（Jill Watson），可以回答学生的课程相关问题，充当教学助理，减轻教师工作压力；谷歌课堂，利用机器学习分析学生学习情况，实现个性化反馈，已覆盖全球数十个国家的学校；智能虚拟实验平台，利用虚拟仿真技术，构建虚拟实验环境，满足学生交互式学习的需要。

另外，教师和学习者了解比较多的是智能作业批改系统，利用自然语言处理技术，可以自动批改学生作业，提高批改效率。好未来智慧作业是一款提供“内容 + 工具 + 服务”的智慧作业综合解决方案，覆盖小、初、高全学段、全学科，整合了人工智能、大数据等技术，支持学校开展统一作业、班级个性化作业以及“千人千面”的个性化作业，助力公立校将“双减”落到实处；智能课程建设平台，利用知识图谱技术智能组织教学资源，辅助教师进行数字化课程建设；智能学位论文检测系统，利用反爬虫和文本分析技术，检测剽窃情况。总之，人工智能技术在优化教学服务、提高管理效率等方面应用广泛，正在深刻重构高等教育场景，使之更智能化。

1.1.4　新质生产力挑战：面向未来的高等教育质量困境

AIGC 技术作为一种人造工具（媒介），它扩展了人类的内在能力，如大脑计算、思考、判断和学习。在大量数据的支持下，AIGC 在发现、理解和应用规律方面具有显著优势，表现为人类智能在机器形态上的大规模聚集、运作和响应，突破了人类能力的界限。AIGC 的问答交互方式和无须下载及配置的特性显著降低了 AI 技术的使用门槛，推动了 AI 技术的普及化。同时，联网后的实时海量数据支持、模型开源以及插件生态的开放，结合用户无限的创新力，使 AIGC 的影响深入各行各业的每个角落，带来了社会结构以及人力需求的变革，其影响力不断泛化和扩大，如图 1-5 所示。

人工智能（AI）技术的迅速发展正在重塑全球就业市场和教育体系。尽管 AI 导致一部分传统岗位的消失，但也创造了大量新兴职位，尤其是对具备创造力和深度思考能力的高阶智力人才需求激增。未来 5 年内，大数据相关职位的需求显著增长，而创造性思维、技术素养、好奇心和学习能力等通识素养将成为关键技能。教育体系必须通过课程创新、跨学科教育和终身学习等策略，培养能够驾驭 AI 技术、适应未来社会需求的综合型人才，以应对智能时代带来的挑战和机遇。

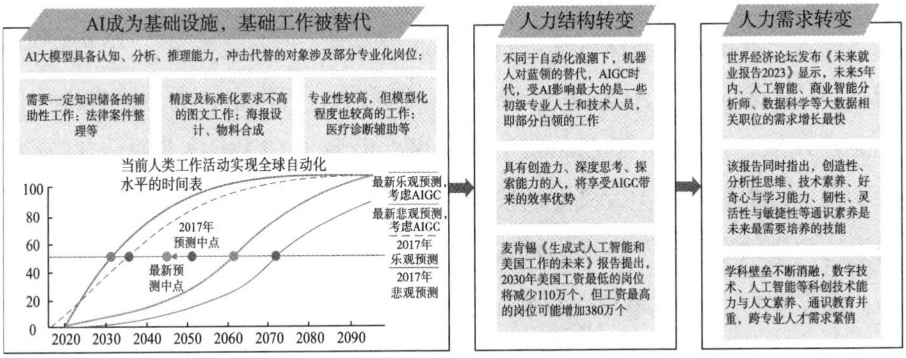

图1-5　AIGC带来的社会结构以及人力需求变革

来源：艾瑞咨询研究院网站

AI+ 教育的发展历程可以划分为三个阶段：诞生期、探索期和产业期，如图 1-6 所示。

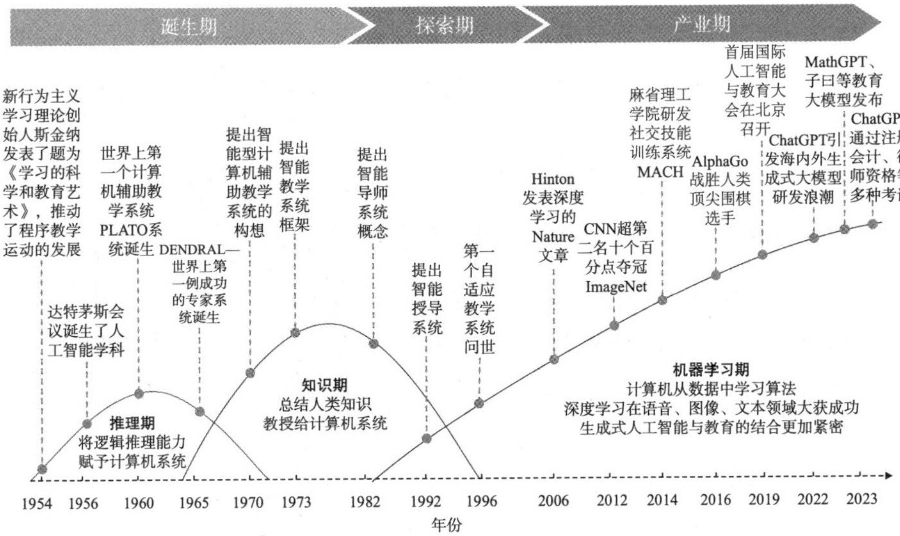

图1-6　全球AI+教育发展历程

来源：艾瑞咨询研究院网站

在诞生期，AI 与教育的结合主要集中在辅助教学，如为学生提供答疑、练习及模拟测试等功能，部分替代教师一些重复性劳动。随着机器学习技术的兴起，AI+ 教育进入了探索期，重点关注智能导学和自适应学习。

进入产业期，随着深度学习技术的日益成熟，以及大数据、云计算等基础设施的不断完善，AI 技术实现了商业化应用。近年来，大型语言模型的突破性发展，如 2022 年 ChatGPT 的问世，引发了 LLMs 技术的全球竞争，并助推了各类教育垂类大模型的快速涌现。这些技术进步，不仅大幅提升了师生的教学效率，还为实现因材施教的大规模应用奠定了基础。

以 ChatGPT 为代表的生成式 AI 成为当今教育变革中最具冲击力的变量之一，正在引领一场深刻的教育革命，推动教学模式从“师—生”二元结构转变为“师—机—生”三元结构。这种变革不仅是对传统教学模式的重塑，更为未来教育模式的发展和创新开辟了全新的视角和无限的可能性。正如上海师范大学教育学院教育技术系教授黎加厚所谈及，一旦教学系统中加入生成式 AI 要素，将促进整个教育朝着生成式智能化教育方向发展：每位教师都有智能教学助手，每名学生都有智能导师和学伴，每位校长都有智能助理，每本教材都有配套的智能助手，课程体系将向“生成式课程”方向演化，更加强调培养学生的独立思考和创新能力，教学方式将诞生“生成式探究学习”新样态。

过去，大学被视为古典知识的殿堂，主要传授可以追溯到希腊罗马时期的学问。但随着时代的发展，大学的角色也在发生深刻的变化。

如今，高等教育不再是知识的固守者和传统智慧的守护者，而是要站在时代最前沿，积极创造新知识，推动人类文明的进步。大学不再是孤立的象牙塔，而应融入社会，服务社会，以科研成果促进经济发展，以思想启迪引领社会改革。

一个健康的社会需要不断注入新思想和新知识的血液，而大学是这种知识创新的主要源泉。一流大学生不应该满足于被动接受既有知识，更不应故步自封，迂腐守旧。他们中应该涌现出许多第一流的科学家、思想家和创新者，他们应当勇于质疑已有的理论，并提出新的见解，他们需要关注当今世界的重大问题，思考解决之道。

当代大学不仅要培养个人，更要培养一个时代的中坚力量。我们需要这样一批拥有创造力、社会责任感和国际视野的人才，他们既是知识的创造者，也是社会进步的实践者。一个国家的民族复兴需要依靠大学这一知识创新机构的力量。

在这个变革频繁、竞争激烈的时代，高等教育必须顺应时代潮流，担负起创造和传播新知识的重任，为国家和民族的发展提供智力支持。这需要世界一流大学的努力，也需要大学生的觉醒与成长。让我们共同努力，以新的视野看待和定义大学，使其成为推动社会进步的重要力量。

面对各种问题和挑战，未来可能有不同方面的教育变革，需要教育界不断地研究和探索新的解决方案，以便在数智时代提供高质量教育。

（1）知识生产方式的变革。传统依赖专家和学者的知识生产方式正在被网络群体智慧取代。

高校不再是知识的唯一产地。知识生产方式变革的背景是互联网技术进步和大众化。传统意义上，知识生产高度依赖专家学者和权威机构。大学是集中知识生产的主阵地，学者通过科研活动产出知识成果，再通过论文、专著、教材等发表出来。出版社、图书馆等机构则将知识加工整理后传播给学习者，整个过程较为封闭，知识从产生到获取存在时间差，获取途径单一。

互联网技术的进步打破了这个状态。移动互联网、Web2.0、大数据等技术进步，极大降低了内容生产的门槛。任何人都可以在社交媒体平台发布自己的观点和见解，表达个人经验，移动设备使自媒体时代成为可能。同时，互联网上各类交流平台，连接起分布各地的人群，形成规模巨大的网络虚拟社区。在这里，人们可以高效交流信息、集思广益，产生新的认知。

可以说，互联网实现了知识生产的大众化、社会化、协同化。传统意义上的专家学者不再垄断知识创造，他们与其他群体在平等基础上共同形成知识。同时，知识传播方式也发生了深刻变革。文字、图片、音视频等数字资源可直接在网上分享，去中间环节，获取知识不再局限于图书馆、课堂，网络平台使学习更便捷，也更个性化。平台算法甚至可以预测用户需求，实现知识的精准推送，由此形成学习者主动获取的新模式。

这种变革对传统高校提出挑战。大学不再是知识的专属产地，其研究成果面临更大的同行评议。学科边界模糊，跨学科研究需求增长。作为学习场所，高校也面临来自各类网络学习平台的冲击。

当然，高校仍保有独特优势。严谨的学风、系统的知识体系是其核心资产，不会被网络学习取代。但高校必须顺应时代，进行角色调整。首先，应加强基础研究和原创成果产出，做好知识创新的“点”。其次，要构建开放型知识服务平台，与社会共享知识成果，发挥“面”的作用。再次，可依托自身资源优势，设立高质量的网络开放课程，提供优质的网络学习。最后，要加强应用型人才培养和社会服务，作为知识应用的“线”。

（2）学习方式的变革。学习将从接受知识向学习方法、过程能力转变。自主学习、协同学习成为主流。

在传统学习中，知识主要来源于专家编撰的教材。但在数字环境中，学习资源更加开放和丰富，学习内容从固定的教材向个性化、碎片化知识转变。过去学习高度依赖面授教学，现在网络课程、MOOC、微课使自主学习成为重要途径。移动学习日益流行，学习从教室扩展到网络的虚拟学习空间。

以往更强调接受和吸收知识，现在学习方式更多体现为能动探索、主动构建，学习方法和过程成为新的重点。挖掘信息、分析问题、协同合作成为新的学习方式。过去师生关系是主导，现在网络打破空间限制，学习者与学习者之间、学习者与各类学习资源之间建立开放连接，呈现网络化、社会化的关系结构。

传统学习更强调知识的系统性和连贯性，现在则强调知识碎片的实时获取，学习时间更为碎片化和随机化。考试成绩不再是唯一评价，学习过程和学习能力的评价更受重视。评价主体也从教师向群体多元化发展。

学习的内在兴趣、实际需要成为学习的重要动力，取代应试动机，个性化学习更能激发内在动机。学习者角色从被动接受知识转变为主动构建知识，成为学习过程的参与者、组织者，个性化学习强调主体的自洽性，学习与生活社交网络深度融合，学习嵌入日常生活中，在线互动将成为重要学习方式。另外，除学校组织学习外，网络组织的虚拟学习社区也在影响学习方式，个人组织的自主学习日益成熟。

这些变革使得自主学习和协同学习成为未来学习的两大主流方式。这既对学习者自制力、自我管理能力提出了新要求，也为教育提供了新的机遇，需要教育者进行积极的改革创新，以适应学习方式变革的大趋势。

（3）教学方式的变革。数字化教学资源丰富，线上教学成为重要手段，教师角色将从知识传授者转向学习设计者、指导者。

教学内容数字化成为主流趋势，数智技术为教学内容的数字化提供了可能。各类课程知识可以通过文字、音频、视频、动画、模拟等多种数字方式呈现，形成系列化的在线课程或碎片化的微课模块。这些数字化内容逐步成为教与学的主要载体，丰富和扩展了教学资源。

传统教学是在固定地点的连续性过程，数智化条件下教学实现了网络化和碎片化。教与学可以在线上进行，不再受时间和地点的限制。整体课程被拆分为小模块，学生可以根据需要选择碎片化的内容进行学习，教学变得更加个性化和碎片化。

丰富的数字化资源为实现个性化教学提供了可能。通过分析每名学生的特点和需求，采用智能算法进行个性化教学路径推荐、资源匹配，使每名学生都能获得最适合自己的学习体验，这是传统教学难以实现的。

当数字课程取代教师成为主要知识载体时，教师不再是知识的唯一来源。教师角色将发生重大转变：从知识传授者转变为学习过程的指导者、学习方法的培训者；从课程内容提供者转变为数字化课程和资源的设计者、组织者；从评价者转变为学习过程的辅助者、学习动机的激发者；从监督者转变为学习组织者和社区协调者。

传统以纸笔测试为主的评价方式将变革为以过程性评价和能力评价为主的多元方式。具体来看，纳入平时表现、作品、讨论等过程性评价，注重评价学生的学习方法、自主学习能力等；采用智能化的评价方式，如在线测试；进行评价主体的多元化，如引入学生自评、互评，教学方式整体变革。

可见，在数智化背景下，教学内容、过程、方式、师生角色、评价等都面临整体性的深刻变革。教学的固定模式正在解构，教与学的关系、过程、方式将呈现出新的面貌。这将推动教育变革，最终落实到每位教师的教学创新实践中。

（4）组织形态的变革。高校面临解构与重构的压力，校园内各职能部门边界模糊，学习组织更加开放网络化。

过去高校内部存在明确的院系科班级划分，各个教学科研部门分工明确，但在数字环境下，这些边界逐渐模糊。课程和专业交叉融合，不同院系将开设交叉课程。教师可以灵活选择任课院系，学生也可自主选课；科研项目须多院系合作，教研活动跨部门流动；信息数据打通部门壁垒，资源共享共建。高校与社会交流融合加强，打破过去高校封闭运作，与企业合作培养应用型人才，共建实习实训基地，与科研机构合作进行技术开发转移，与政府共建决策咨询平台，提供智库支持，面向社会开放网络在线课程和资源，开展产学研各方人员流动，促进人才交流。

（5）质量评价的变革。数智化时代，高校教育变革中的质量评价将面临诸多变革，考试评价更关注学习过程和能力，评价主体呈现多元化。

①考试评价更关注学习过程和能力。传统的纸笔考试更侧重结果，忽视了学习过程。数智化考试可以记录学习过程数据，评价学生的学习规律、学习效率等学习能力。教师也可以根据数据改进教学，实现评价与教学的有效结合。

②评价主体呈现多元化。除教师评价外，引入学生自评、同伴互评。学习软件和教学平台可收集学生在线学习数据，进行自动评分。让学生参与评价过程，既培养自我监控能力，也减轻教师负担。多元评价结合专业教师评价，可以更全面考量学生表现。

③评价内容关注能力培养。除传统知识记忆外，关注学生的创新思维、团队协作、问题解决等能力。设计开放式问题或项目，训练学生分析和应用能力。采用情境模拟、虚拟仿真等方式，评估学生复杂环境下的综合运用能力。

④评价方式逐步多样化。除期末闭卷考试外，采用开卷考试、论文报

告、实践项目等多种评价方式。线上线下评价方式并用，避免应试教育。开放互联网资源参与考试，检验学生选择和利用信息的能力，使评价更贴近未来工作和生活需求。

⑤数智化给高校评价带来深刻变革。评价要从重结果转向重过程，从单一转向多元，从隔断知识转向连通能力。这些变革将推进教与学的本质进步，培养适应未来发展需要的人才。面对 VUCA 时代的各种挑战，教育需要从消除无知转变为培养学习者应对不确定性和复杂性等多种挑战的综合能力。这都需要从根本上改变教育的范式，实现从知识教育到全人教育的转型。这不仅要求改变教育的内容和方法，还需要我们重新审视教育目标和价值。在新的教育范式下，人才的素养结构和心智模式须进行升级。教育不再仅仅是在学校进行的活动，而是深入我们的日常生活中。我们可以利用 AI 和其他先进技术，提高学习效率，拓宽学习渠道，增强学习的趣味性和参与度。教育不再是孤立的，而是与社会、环境、文化等多个因素密切相关。我们需要建立一个包容、开放、协作的教育生态系统，以适应快速变化的世界，教育的社会化和生态化更加明显。这是一场充满挑战和机遇的时代变革，教育者和学习者都需要以开放的心态，创新的思维，面对这个全新的世界。

1.2 “i 世代”的学习特点与新生代的学习需求

全球竞争日益加剧，为了争取未来的科技和人才高地，教育的重要性日益凸显。学习者的经历和需求对于教育目标的制定和教学方式的选择产生重要影响。当前和未来一段时间参与高等教育的学习者的特点与以往时代不同，学习的需求明显呈现多样化。

1.2.1 “i 世代”的学习特点

21 世纪的学习者——也被称为“i 世代”（Internet Generation），成长于日新月异的技术变革和爆炸性指数级增长的知识和信息环境中，需要具备更强的批判性思维，牢固掌握以批判性思维和问题解决、沟通、合作、创造创新（Critical thinking and problem solving、Communication、Collaboration、Creativity and innovation，4Cs）为核心的技能。

对“i 世代”而言，颠覆性的新型学习方式比传统教育更具吸引力、创造性、适切性和社会性，教和学可以不再依附于学校而进行的趋势。无疑，学校在儿童保育和社会化教育上一直发挥独特作用，但除学校外，现代教育几乎渗透到了社会的方方面面，教室里面对面的教学方式越来越多地被线上教育方式所取代。

如果将 2008 年出生以后的学习者定义为培养目标，因为他们将在 2026 年左右进入高等教育阶段，这些学习者具备四个特点，如表 1-4 所示。

（1）网络原住民。根据上海儿童发展研究中心的调研数据，2006～2010 年出生的一代学习者将电子游戏作为童年记忆。他们将新媒体视为生活空间，通过社交软件不同的社群来验证信息。这使他们成为网络原住民的一代，对网络的认知不只是搜索工具或新闻媒体，而是他们生活的一部分。他们具备应用数字化工具的能力和接受程度，思维方式更加开放和灵活，视野更广且信息量更大，更容易理解复杂问题。

（2）缺乏“服从”的个性派。研究表明，许多“00 后”学习者不再盲从权威，这里的权威指的是教师和父母。由于互联网的平等意识影响，他们形成了更强的个体意识。互联网是一个扁平化的世界，他们在成长过程中受到互联网信息的冲击和影响。在更宽松的条件下，他们形成了更强的自主独立意识，感觉更加自主，更需要引导而不是强制的教导与训练。

（3）兴趣导向需求是内驱力。随着中国城镇化率的提高，大多数学习者在童年并没有经历过贫困的痛苦记忆，更多地追求个性和自我兴趣为导向。相较于前几代更受家庭和社会期望影响的情况，这一代孩子更倾向于追求自己的兴趣和激情，并且兴趣更多元化，更依赖网络。他们希望通过学习来探索自己感兴趣的领域，而不只是为了应付考试或满足他人期望。

（4）“终身学习”的一代。他们的家庭环境更加重视学习方法、学习资源和学习环境的重要性。他们能够区分“读书”“考试”和“学习”的区别，认识到学习是一个终身的过程。他们的父母和家庭更加鼓励孩子探索兴趣，培养自主学习的能力，并提供了丰富的学习资源，随时可以学习和探索。

新生代学习者的特点对当前和未来的高等教育都提出了许多新的需求，比如：

（1）数字化学习环境。“i 世代”学习者是数字原住民，他们对于使用数字化工具和在线资源具有很高的熟练度。高等教育机构需要提供创新的数字化学习环境，包括在线课程、虚拟实验室和社交媒体等，以满足学习者的需求。

（2）自主学习和个性化教育。“i 世代”学习者更加注重自主学习和个性化发展。高等教育机构应该鼓励学生主动参与学习过程，提供个性化的学习路径和资源，培养学生的创造力和解决问题的能力。

（3）跨学科和终身学习。“i 世代”学习者更加倾向于跨学科学习和兴趣导向学习。高等教育机构应该在课程设置和教学方法上更加注重跨学科的整合，提供多样化的选修课程和实践机会，鼓励学生终身学习和不断发展。

（4）创新和实践能力培养。“i 世代”学习者更加注重实践和创新能力的培养。高等教育机构应该提供丰富的实践机会，如实习、社会实践和创新项目，培养学生的实际操作能力和解决实际问题的能力。

（5）广泛阅读对学生的思维能力、知识素养和终身学习至关重要。解决这一问题需要改变教育思路，培养学生的阅读兴趣和能力，为他们提供更多的阅读时间和学习空间。教师应扮演引导学生阅读的角色，大学教育应重视学生的思考能力，并提供安静的学习环境。只有培养出具备终身学习能力的优秀大学生，才能真正应对知识单一和偏狭的问题，提高专业水平和能力。

当然，现代高校教育面临的一个挑战是如何与时代的变化保持同步，这也可能是导致部分学生学习状态不佳的原因之一。随着科技的迅速发展和社会的不断变革，一些实力强大的企业已经在某些领域取得领先地位。这让学生们感觉，高校所教授的知识无法与实际应用相结合，于是对他们未来的职业发展产生了怀疑和疑虑。

AI 应用的崛起将深刻影响“i 世代”的学习特点，并激发新生代学习者对个性化、互动性、自主性、创新性和实践性学习的需求。为了适应这一变化，教育机构和学生需要积极探索新的学习模式和教育方式，充分利用AI技术的优势，提高教育质量和效果。同时，也需要关注技术可能带来的问题，如隐私、安全、道德和伦理等，确保技术的合理应用和可持续发展，具体如表1-4所示。一些专家对强大的AI模型的发展表示担忧，他们认为应暂停强大AI模型的开发，以应对潜在的威胁。以马斯克为代表的一些专家认为ChatGPT的突破性能力可能对人类构成威胁。在2023智源大会上，山姆·阿尔特曼很自信地说AGI（Artificial General Intelligence，通用人工智能）很可能在10年之内到来，这需要全球的合作来解决由此带来的各种问题。

表1-4　高等教育“i世代”的学习特征、社会需求及未来教育目标

学习者特征	VUCA时代需求	未来的学习者能力目标
网络原住民	以问题的价值为导向，更加故事化与体验化； 以更加沉浸、更加真实可见的问题为载体； “i世代”乐在虚拟世界，需要更多的现实实践	与AI良性的学习与协作能力； 基于问题的在线交流与组织能力； 人与人&面对面交流协作，而非独立完成； 精通协同等社会化合作方式学习
缺乏“服从性”的个性派	以实践和数据为导向的实验或验证学习替换说教学习； 增加更多的开放性结论，支撑更多的批判性思考和表达； 多领域跨界的协作场景增多	理解与包容的能力，使命与价值感； 人与人跨界合作的协同能力； 人机协作解决跨界问题的平台与能力
兴趣驱动学习行动	千人千面，个性化学习需求增多； 以兴趣为引导的跨学科复杂问题，实践建构激发学习意愿；更有趣、更体验和更深度的跨界问题增多	以兴趣为引导的在线社群组织为中心； 相同阶段、不同学科、共同爱好的学习者与相同爱好的兴趣的导师，建立学习组织
终身学习的一代	持续的学习资源； 灵活的学习平台	不以学校为终点的学习社区和学习工具的需求； 学习方法和工具更新迭代，刻意训练综合能力

面对这一现象级 AI 应用的出现，我们不能仅仅停留在惊叹或者反对上，更应该思考如何更好地利用这一技术，使其成为推动教育进步的强大动力。本研究认为，讨论该不该使用 AI 协助教与学已经没有必要，或者说想要逆转 AI 的应用，或者无视 AI 的存在毫无价值，教育领域只能在发展的初级阶段，积极探索如何将 AI 技术融入教学中，通过利用 AI 技术等智能工具或平台，赋能教师如何教学，解答疑惑，提供个性化指导。同时，学生如何借助 ChatGPT 进行自主学习和研究，开拓视野，提升创新能力。总的来说，AI 应用的崛起为我们带来了前所未有的机遇和挑战。我们应该以开放的心态拥抱这一变革，同时保持审慎和理性，共同推动 AI 技术在教育领域的健康发展。

如何培养面向未来的人才，已经成为高等教育新时代需要回答的核心问题，教育界须重新审视教育的本质、人的发展的本质、学习的本质，努力理解和满足学生的各种需求，并找到培养支持学生获得幸福感和归属感的新教育方式方法。

然而，现有的教学体系，仍然沿袭巨大的教育惯性，以“教”为中心的格局不曾改变，一个学校甚至多个省市的学生都使用同样的教材，同样的大纲，同样的教学日历，学生们看似认真地遵照教师的要求完成了相应的学习与考试，最后获得相应的级别和等级证书。这样标准化生产人才的模式，既无法满足绝大多数未来职业的需求，还将被风起云涌的互联网教育大军所淘汰。面向未来的教学体系终将实现以“学”为中心，借助海量的网络资源，拥有 AI 加持，因材施教，为学习者定制个性化的教学方案，充分挖掘学习者自身潜能，结合兴趣和优势，真实地培养健全人格的未来人才。

数智化时代，学习方式和获取知识的途径已经不再局限于传统的学校教育。学习者可以利用网络公开课、MOOC、微课等在线学习方式；可以通过移动学习平台进行碎片化和个性化学习；也可以选择参与专业机构或企业举办的培训项目等。要想重塑现代高等教育，高校需要勇于迎接变化，激发和引导学习兴趣，鼓励使用数字学习工具，培养在未来社会立足所需的技能和思维习惯。

这种多样化和个性化的学习方式打破了过去学校教育的壁垒和限制，学习不再仅仅依托某所学校，学习者可以根据需要和兴趣进行自主选择。在一定程度上，学习者第一次真正拥有了学习的主动权。同时，这也促进了教育方式的创新和变革。各种新创教育机构将尝试打造更有吸引力的学习体验以吸引学习者。教育将从过去的标准化模式转变为注重个性化和场景化的方式。“学校”作为传统概念也将不再是学习的唯一选择。

总体来说，这标志着一个学习者主导时代的到来。教育领域第一次出现了真正的竞争，学习者拥有更多可供选择的学习方式——在具有创新的学习方式中，甚至没有“学校”这个概念。这也将激发教育领域的深刻变革，带来更加丰富和适应时代发展的教育生态。我们有理由期待一个学习方式更加多元和创新的新时代。为了吸引这些学习者，传统教育和教育工作者必须付出更多努力去理解和利用新型学习方式，这样才能和它们进行竞争，获得学习者的青睐。传统教育必须不断应对各种顺应颠覆性力量，如移动设备、社交网络、基于云的学习、各种学习类应用程序（App）、创客运动、大规模开放在线课程（MOOC）、游戏学习、翻转学习、个性化学习、混合交互式学习、流媒体视频和虚拟学习环境等，不一而足。

教育与时俱进不仅要求教育者做好教育工作，更要求教育工作与学校之外的世界接轨，对学习者，也就是我们的顾客的现在和未来负责。自适应技术已经可以取代教师的大部分传统工作，但抛开这个尚待解决的问题，要想让教育继续发挥它应有的作用，我们必须下功夫提高教育水平，刻不容缓。随着科技的不断进步，人类与机器之间的界限变得越来越模糊。在教育领域，我们应该顺应这一趋势，将人机融合作为一个核心概念融入教学中；利用人工智能和其他技术来提供个性化的学习体验，帮助学生更好地发展自己的潜力；也需要教育学生如何与人工智能合作，共同解决问题，发挥彼此的优势。在这个过程中，我们需要重塑教师的角色，使其成为学生学习的指导者和合作伙伴。

当然，笔者坚信，学习软件和程序无法取代教师，更准确地说是无法取代优秀的教师。对学生而言，最强大的影响力，或者21世纪的“杀手级”课堂应用，仍是一位出色的教师。不过，从大多数教师的时间分配和利用情况来看，很多传统的教学和学习任务（如授课、学习评价和家长沟通）未来将由自适应硬件和软件所接管。

那些只给学生硬塞知识、照本宣科，把教学生当成看孩子，只会通过出选择题来考查学生的教师，注定被取代和淘汰，就像现代全球化社会中白领和蓝领的命运一样。教师这一职业也无法免受科技进步的影响。互联网上不仅网页资源应有尽有，还有视频、交互模拟以及各种游戏，它们使学习变得参与性强、有趣而又难忘，甚至与教师的作用不相上下。新的学习平台，如中国慕课大学，让学生更容易找到适合自己的学习资源。位于教育技术前沿的认知引导技术和自适应学习技术能通过大数据判断出学生的个人学习需求，在此基础上提供类似于个人辅导的针对性教学。软件甚至开始像教师一样准确地给学生的作文打分。

或许在不久的将来，学习者不再需要依赖教师来学习代数或物理。那些不愿或无法做出改变的教师将在未来不断变化的劳动力市场上面临严重的危机。请想一想，那些硬塞知识、照本宣科，只会通过出选择题来考查学生的教师会被取代和淘汰吗？如果会的话，大致是在什么时候？

教育领域首次面临真正的竞争，学习者现在有更多选择学习的方式。创新的学习方式甚至消除了传统学校的概念。为了吸引学习者，传统教育和教育工作者必须更加努力地理解和利用新型学习方式，以与其竞争并赢得学习者的青睐。教育领域必须不断应对各种颠覆性力量，如移动设备、社交网络、基于云的学习、学习类应用程序（App）、创客运动、大规模开放在线课程（MOOC）、游戏学习、翻转学习、个性化学习、混合交互式学习、流媒体视频和虚拟学习环境等。对于数字化一代来说，这些颠覆性的新型学习方式更具吸引力、创造性、适切性和社会性。因此，教育的教与学不再仅限于学校的范畴。尽管学校在儿童保育和社会化教育方面仍然具有独特作用，但现代教育已经深入社会的各个领域，传统的面对面教学方式逐渐被在线教育所取代。

教育领域的竞争日益激烈，新型学习方式的兴起给传统教育带来了巨大的挑战和机遇。教育者需要积极适应这些变化，掌握新技术，创新教学方法，个性化学习，提供实践机会，培养终身学习能力，并与学生建立良性互动。通过这些努力，教育者可以在竞争激烈的教育领域脱颖而出，并为学生提供更丰富、有意义和有效的学习体验。

教育的未来正在被数字技术和互联网所塑造。学校需要适应和演变，以准备学生进入这个新的数字世界；传统的学校模式和教学方法正在变得过时和无效。教育需要从信息传递模式转变为促进创造力、批判性思维和协作的学习模式；教师需要拥抱新的数字工具和资源，以吸引和激励学生。他们需要成为教练、促进者和引导者，而不是讲师；学校需要促进创新文化和冒险精神，以保持相关性。他们必须融入更多的项目式和体验式学习。

学生需要培养数字素养、媒体素养和信息素养等“新素养”，以在未来取得成功。为了面对不断变化的未来，教育机构需要进行根本性改变和适应，如何让学校、教师和学生拥抱创新和新的学习模式来满足明天世界的需求。

伊恩·朱克斯在《教育未来简史》一书中提到的数字化一代具有九大学习特性：①倾向于从多种数字渠道获取信息；②倾向于并行处理或同时处理多个任务；③倾向于处理文本信息之前先处理图像、声音、色彩和视频信息；④倾向于同时与多人进行协作与沟通；⑤阅读纸质文本或网页文本时，往往会无意识地进行快速阅读；⑥倾向于适时学习；⑦希望得到即时满足和即时奖励，但也伴随延迟满足和延迟奖励；⑧能在数字世界和现实世界之间自如切换；⑨偏爱既有用又有趣的学习。

1.2.2 基于“i世代”学习特性的教学创新

基于数智教育环境，教育者如何利用伊恩·朱克斯在《教育未来简史》一书中提出的九大特性来进行教学创新，帮助学习者获得更多成长和学习乐趣呢？

教师可以利用多种数字化平台和工具进行教学，如在线教育平台、虚拟实验室、模拟软件等。同时，他们可以鼓励学生使用网络资源进行自我学习和研究，从而帮助学习者从多种数字渠道获取信息；设计包含多个组成部分或步骤的项目，鼓励学生在完成任务过程中学习管理和优化多任务处理的技巧，以提升学习者并行处理或同时处理多个任务的能力；教育者还可以使用丰富多样的视觉和音频教学材料，如视频、动画、可视化图表、音频讲解等，以吸引学生的注意力并增强他们的学习体验，满足学习者处理文本信息之前先处理图像、声音、色彩和视频信息的特点。

教学过程中设计基于团队的学习任务和项目，增强学生的团队协作和沟通技巧，搭建学习者愿意同时与多人进行协作与沟通的需求。通过培养学生的关键阅读技巧来提高他们的阅读效率和理解能力，例如，教授他们如何找到主题句，如何对信息进行分类和如何综合信息等，以增强学习者阅读纸质文本或网页文本时，无意识地进行快速阅读的能力。

利用在线学习平台，提供自主学习的机会，让学生可以在他们觉得最适合学习的时间进行学习。制定明确的学习目标和反馈机制，提供及时的正面反馈，并使用教育游戏化的元素如积分、等级和成就系统来激励学生，这些方式能满足新生代的数字土著学习者即时满足和即时奖励的心理学期。课程内容融合现实世界和数字世界元素的学习任务，例如，使用虚拟现实或增强现实技术进行实地考察和实验，帮助学习者在数字世界和现实世界之间自如切换。同时，教学过程采用一些寓教于乐的学习活动，如角色扮演、游戏化学习、故事讲述等，以吸引学生的兴趣并提高他们的学习动力。

教育需要适应不断变化的环境，帮助学生应对波动性和不确定性。因此，课程和教学方法需要具有更强的灵活性，以便学生能够适应不断变化的现实。在复杂性和模糊性增强的情况下，学生需要学习跨学科知识，以便更好地理解和解决问题。这意味着教育需要打破传统的学科界限，鼓励学生在不同领域建立联系。在 VUCA 环境下，教育需要鼓励学生发挥创新精神和创造力，以应对不断出现的新挑战。这要求教育者培养学生的批判性思维、解决问题的能力及团队合作精神。数字技术可以帮助学生根据自己的兴趣、能力和学习风格进行个性化学习。例如，通过学习管理系统（LMS）、自适应学习软件和在线课程等工具，学生可以根据自己的学习进度和兴趣来学习，而不必再按照传统的课程表和学习安排。数字技术可以扩展学生的学习空间，让学生可以随时随地进行学习。例如，学生可以通过在线课程、远程教育和虚拟实验室等工具来进行学习，而不必局限于传统的教室和学校环境。数字技术可以帮助教师更好地管理和组织教学内容，也可以提高教学效率。例如，教师可以使用学习管理系统来管理课程和作业，使用在线交流工具与学生进行沟通，以及使用在线评估工具为学生提供及时的反馈和评估。数字技术可以促进教育的创新和转型，让学生参与更加开放和实践性的学习。例如，学生可以通过项目式学习、虚拟现实和增强现实等工具来进行学习，从而更好地探索和解决实际问题。

总的来说，数字技术对于教育的未来发挥越来越重要的作用，它将促进学生的个性化学习、扩展学习空间、提高教学效率和推动创新教学，从而帮助学生更好地应对未来的挑战。教师需要以学生为中心，充分理解和利用他们的学习特性，通过创新教学方法和使用现代教育技术，提高学生的学习效果和学习乐趣。

在信息技术飞速发展的今天，学习方式正在经历前所未有的变革。技术变革创造了更多的学习形式，也赋予了学习更多的自主性和多样性。在互联网世界，学习者可以根据自己的需求和兴趣选择学习内容，自主安排学习时间和节奏。多种信息获取渠道，如图书、网络课程、社交媒体等，使学习更加丰富多样。同时，学习者可以方便地与他人交流和讨论，共同解决问题，提高学习效果。新生代的学习具有数字化、个性化、开放性、碎片化、实践性等新特征，这些特征对于教育工作者理解和引导新生代的学习有重要意义。

这些新特征将不断演化和深化，预示着一个全新学习时代的到来。学习者需要根据这些新特征调整自己的学习策略和方式，以更好地适应时代的发展和变化。同时，教育工作者也需要在教育政策和教学手段上进行相应的调整和创新，以适应这一变化。这不仅对于我们理解和引导新生代的学习有重要指导意义，也对于我们建设未来的教育系统提出了新的挑战和机遇。

为了追求有趣且有价值的人生体验，“i 世代”的学习者需求不断变化和发展，新需求主要表现在以下九个方面：

科技和数码技能：“i 世代”是数字原住民，他们与科技和数码技术的接触非常频繁，因此，他们对科技和数码技能的学习需求非常高。他们需要掌握使用各种数字工具和应用程序的技能，如社交媒体、视频编辑、编程等。

创造力和创新能力：“i 世代”生长在一个高度创新的时代，他们非常注重创造力和创新能力的培养。他们需要学习如何创造、发展和营销新产品和服务，以及如何应对未来的变化和挑战。

跨文化交流和多语言能力：“i 世代”是全球化时代的产物，他们需要具备跨文化交流和多语言能力，以更好地适应全球化环境。他们需要学习多种语言和文化，并了解不同的文化背景和价值观。

社会责任感和公民意识：“i 世代”非常注重社会责任感和公民意识的培养，他们需要学习如何为社会和环境做出贡献，以及如何成为有意义的社会成员。

软技能和领导力：除了硬技能，“i 世代”也需要学习软技能和领导力，如沟通能力、协作能力、解决问题的能力和领导能力等。这些技能在现代职场中非常重要，可以帮助他们更好地发展和成功。

数据分析和数据可视化能力：随着大数据时代的到来，数据分析和数据可视化能力成为一项非常重要的技能。“i 世代”需要学习如何收集、处理和分析数据，并将数据可视化，以便更好地理解和解决问题。

自主学习和自我管理能力：在信息爆炸时代，“i 世代”需要具备自主学习和自我管理的能力，以便更好地应对快速变化的环境。他们需要学习如何制定目标、规划学习路线、管理时间和精力，以及如何不断自我更新和提升。

跨学科和综合素质教育：随着知识的不断发展和交叉，“i 世代”需要具备跨学科能力，以便更好地解决复杂的问题。他们需要学习不同学科的知识和方法，并将其综合运用，以产生更有创造性的解决方案。

心理健康和情感管理能力：“i 世代”面临着越来越多的心理压力和情感问题，他们需要学习如何保持心理健康和情感稳定，以及如何应对压力和挫折。

1.2.3 “i 世代”的学习平台与智能工具

数智化平台和工具在学习中发挥越来越重要的作用，以下是一些常用的平台和学习工具：

（1）在线课程平台，提供丰富的在线课程资源，包括视频、作业、测验等。

国家智慧教育平台是中国政府推出的在线教育平台，旨在提供免费的优质教育资源。该平台不断增加新的在线课程，涵盖了多个学科和领域。通过学生的学习表现和兴趣，国家智慧教育平台可以提供个性化的学习建议和资源推荐，帮助学生更好地规划学习路径。该平台还提供了在线教学练习和作业，以便学生进行自主学习和巩固知识。

在线课程平台提供了丰富的学习资源和课程，通过互联网让学生可以随时随地进行学习。其特点包括高质量的教学内容、灵活的学习安排、学生互动和合作的机会，以及认证和学分的选项。在线课程平台通过利用技术和互联网的力量，为学生提供了更加灵活、个性化的学习体验，并且可以满足不同领域和层次的学习需求。

（2）学习管理系统（Learning Management System，LMS）是一种软件平台，提供在线课程管理、学生管理、交互式学习等功能。下面笔者详细介绍一些主要的学习管理系统。

云课堂是中国教育部推出的在线学习管理系统，为全国中小学提供在线学习平台。它提供了全面的学习管理功能，包括课程管理、学生管理、教学资源管理、在线互动和作业提交等。云课堂还与全国的教育资源进行整合，提供了丰富的教学资源和学习内容。

学习管理系统致力于提供用户友好的界面和功能，以支持教师和学生的在线学习活动。其不仅提供了课程管理、学生管理、教学资源管理、交互式学习和评估工具等核心功能，还不断改进和创新，加强与其他教育工具和平台的集成，以提供更无缝的学习体验和资源共享。学习管理系统在教育领域起到了至关重要的作用，使在线学习变得更加灵活、交互和个性化。

（3）在线学习社区，为用户提供了一个开放、互动和有益的学习交流平台。用户可以在这些社区中获取专业领域的见解和答案，与领域专家和其他学习者互动，拓宽知识领域、解决问题和提升技能。

其中，知乎是中国最大的知识社交平台。用户可以在知乎上提问、回答问题，并分享自己的知识和经验。知乎涵盖了各种领域的知识，包括科学、技术、文化、社会等。知乎的优势在于其活跃的用户社区和专业领域的分享者，用户可以在知乎上找到高质量的问题与回答，学习新知识、获取实用的建议和见解。

（4）在线会议平台，提供了稳定的音视频通信和互动工具，可以满足不同规模和需求的会议。

腾讯会议是中国领先的在线会议平台之一。它提供高清音视频通话、屏幕共享和互动白板等功能。腾讯会议支持大规模的会议和在线直播，并可在多种设备上使用。

钉钉会议集成了音视频通话、屏幕共享、文件传输等功能，适用于各种企业场景。钉钉会议提供了丰富的会议管理工具，如会议录制、会议纪要、会议提醒等，方便用户对会议进行全面管理和回顾。

总的来说，各类数智化工具和平台可以帮助我们更好地实现在线教学和远程学习，提高教学效果和学习效率，学习者可以根据自己的需要和兴趣选择合适的数字化工具与平台，来辅助自己的学习，帮助人类应对教育未来的挑战。

1.3 慕课书写教育数智化的新篇章

慕课（MOOCs）是“Massive Open Online Courses”，即“大规模在线开放课程”的缩写，是随着教育技术的发展而形成的一个全新的教育生态环境。慕课让大量的用户在互联网上学习（通常是免费的），并且可以结合社交网络功能，以增进学习者之间的互动和协作。慕课以其开放性、规模化和在线化的特性，正在改变传统的教育模式，为学习者提供了一种全新的学习方式。

MOOC 一词源于戴夫·科米尔（Dave Cormier）对加拿大斯蒂芬·道恩斯（Stephen Downes）和乔治·西蒙斯（George Siemens）教授关于“联通主义”和“联通知识课程”的分析。2011 年，斯坦福大学计算机教授塞巴斯蒂安·特伦（Sebastian Thrun）将“人工智能导论”课程免费向全球开放。这门课程吸引了来自 190 个国家的 16 万名学习者，其中 2 万人成功完成了课程（王海莹，2018）。

2012 年 1 月，特伦与埃文斯教授等共同创立了 Udacity，被人们称为“21 世纪的大学”。Udacity 的使命是实现教育的民主化，让每个人都有机会接受世界一流的教育。MOOCs 的兴起为全球范围内的学习者提供了便捷的教育资源和学习机会。通过在线平台提供高质量的教育课程，学习者可以根据自己的兴趣和需求自由选择学习内容，并以自己的节奏进行学习。

MOOCs 的兴起对教育领域产生深远影响。传统教育模式受到了挑战，学习变得更加灵活和个性化。学习者不再受地理位置和时间的限制，他们可以根据自己的时间安排和学习节奏进行学习，学生可以根据自己的兴趣和学习目标选择适合自己的课程，获得高质量的教育资源。MOOCs 还促进了全球范围内的学习者之间的互动和合作，通过在线讨论和协作平台，学习者可以与来自不同国家和文化背景的人一起学习和交流。

慕课根据教学方式可分为五大类型：关联主义开放性课程（connectivistic MOOC，cMOOC）、延伸性慕课（extended MOOC，xMOOC）、混合式大规模在线课程（blended MOOC，bMOOC）、小型慕课课堂（small MOOC，sMOOC）和辅导跟进式慕课（mentored MOOC，mMOOC）。此外，根据慕课内容特征，还可以分为学术型慕课（aMOOC：academic MOOC）、职业型慕课（pMOOC：professional MOOC）和健康类慕课（fMOOC：fitness MOOC）；其他受到关注的类型还包括强化学习型慕课（eMOOC：enhanced MOOC）和个性化公开课程（pOOC：personalized MOOC）等。在课程选择方面，信息科学目前是最受欢迎的课程，其次是经济学、数学统计学、伦理学和物理学等学科，人文学科的课程相对较少。

cMOOC 侧重于基于关联主义的知识建构，旨在通过联结不同的节点和信息源来促进学习者的知识获取和创造。心理学家乔治·西门思（George Siemens）认为，在 cMOOC 中，知识是以网络化的方式相互关联的，学习是联结专门节点和信息源的过程。其核心特征包括关联主义、知识建构、师生协同、分布式学习、多空间交互、注重创新、同步与共鸣以及学习者自我调节等。

xMOOC 又称为哈佛慕课模式，更接近传统教学模式中的讲座形式。xMOOC 通常以课程网页的形式呈现，其中包含讨论区、视频、作业等内容。整个课程的开始、进行和结束都在课程网页上进行，授课教师在其中起中心指导的作用。中国大学 MOOC、学堂在线等平台上的课程多属于 xMOOC 类型。

bMOOC 类型的慕课较少见。它将相对封闭的大学课堂与开放的参与人群结合在一起，扩展了参与者的范围。参与此类课程的人群不再局限于传统的高校内部学生，而是包括来自社会公众的参与者。德国吕纳堡大学和图宾根大学的课程体系就属于这一类型。

sMOOC 指的是参与人数较少的开放性在线课堂，类似于大学中的研讨课形式。sMOOC 侧重于参与者的个体特征，并试图在亲密度、信任度、支持度和安全性方面模拟面对面学习的优势。尤其强调参与者与专家之间的紧密关系。由于这种慕课注重因个体而异的学习，因此特别适合艺术工作者和继续教育培训者。

mMOOC 指的是学习者能够在整个学习过程中获得授课教师或其团队的指导。mMOOC 的核心概念包括以问题为导向的跨学科学习、以学习者为中心的视角、小组辅导支持和跨文化能力培养。一些代表性的课程包括吕纳堡大学数字学院为难民提供的预备性课程“起航学习（Ready for Study）”以及与歌德学院共同推出的“艺术品管理（Managing the Arts）”课程。接受度较高的是基于学习理论的课程分类，这种分法将 MOOC 分为两类：基于行为主义理论的 xMOOC 和基于联通主义学习理论的 cMOOC，如表 1-5 所示。xMOOC 强调基于行为主义学习理论的课程、练习和考试，将传统的教育模式以视频和在线测试的形式引入互联网；而 cMOOC 是基于联通主义的学习理论，强调学习者利用相互之间的网状连接和高频率交互的状态，学习者之间的互动是推进课程的关键。论坛为参与者提供了一个平台，让参与者交流讨论，建立符合联通主义理论的创造性社会关系。

表1-5　xMOOC与cMOOC的对比

比较类别	MOOC 类型	
	xMOOC	cMOOC
关键词	扩展（extened 或 extension）	联通（connectivism 或 Connectivist）
课程目标	有效地向学习者传递课程知识	通过联通和协作强化学习，关注参与者之间的网络和知识产生
教学模式	传统的教师中心模式	学习者中心的联通主义模式
课程结构	结构化、线性课程路径；有严格的学习时间区间，明确的课程内容	自主、开放的学习环境
学习方式	个体学习	自主组织学习、社交学习
学习重点	知识传授	知识共享、合作和协作学习
教师角色	中心化、知识传授者	可有可无，或促进者、资源提供者
学生角色	教师主导下的学习主体，需要按照教师设置的课程进度完成学习任务	学生中心下的学习主体，既是教师也是学生。学生决定学习内容，需要反思自己的贡献，评价自己的学习路径
学员互动	有限的学员互动	强调学员之间的互动和合作

续表

比较类别	MOOC 类型	
	xMOOC	cMOOC
协作学习	较少强调	强调学生之间的协作和合作
学习动力	结构化学习计划、证书等	兴趣驱动、自主学习、社交互动
评估方式	测验、作业、考试等	同行评价、自我评价、项目评估等
教学资源	视频讲座、在线测验、作业等	开放的学习资源、社交媒体、博客等
课程定制	课程内容固定，学生选择有限	学生可以自主选择学习内容
灵活性	相对较低，学习进度固定	较高，学生可以自主安排学习进度
适用对象	适用于寻求结构化学习和认证的学生	适用于追求自主学习和协作的学生
成果认可	证书、学分等	学习成果的认可相对灵活
参与门槛	通常无须学历或背景要求	无须学历或背景要求

学员互动：xMOOC 的学员互动相对较少，学习者主要与教师和课程内容进行互动。学习者之间的互动通常有限，可能通过在线讨论论坛或作业反馈进行。相比之下，cMOOC 强调学生之间的互动和合作，学习者通过社交媒体、博客和在线讨论来分享与交流观点，形成一个学习社群。

学习动力：xMOOC 的学习动力通常来自结构化的学习计划和外在的激励因素，如获得证书或学分，学习者被吸引参与课程的一部分原因是为了证明他们的学习成果。相比之下，cMOOC 更加注重学习者的兴趣驱动和自主学习，学习者参与 cMOOC 主要是出于个人兴趣和对主题的热情，以及与其他学习者的社交互动。

持续学习和职业发展：慕课可以作为终身学习和职业发展的一种方式。学习者可以根据自己的兴趣和职业需求选择各种课程，不断更新知识和技能，提高自己的竞争力。

学习者的学习方式和需求不断变化。随着慕课的发展，学习者的学习方式和需求也在不断变化。许多慕课平台提供了各种形式的学习资源，包括视频课程、在线讨论、课程作业、在线测试和社交化学习等。这些资源可以根据学习者的需求和兴趣进行自由组合和定制。

慕课的影响力不断扩大。慕课已经成为全球教育领域的一个重要组成部分，有力推动了教育的改革和创新。慕课的发展越来越受到全球的关注和认可，并与传统教育日益紧密融合。慕课在提高教育质量、促进社会平等和扩大教育机会方面发挥了重要作用，填补了职业培训与技能提升的需求，帮助人们适应不断变化的职业市场。

随着信息技术的发展，慕课作为一种新的在线学习方式迅速兴起，对高等教育产生深远影响。一是突破地域限制，让全球学习者参与。公平分配教育资源，降低教育差距；二是基于项目的教学，强调实践、创新和协作，培养学生的实际能力；三是基于学习的大数据分析，为教育者提供理解学生情况的新途径，提高教学质量。

1.3.1 慕课发展与大规模学习机会

自 2012 年以来，全球慕课建设和使用呈现出快速增长的趋势，慕课已经成为全球教育领域的一个重要组成部分，并发挥了关键作用。慕课用户涵盖了各个年龄段和教育背景，慕课平台上的课程数量和种类也在不断增加，课程涵盖了各种学科领域，包括计算机科学、商业管理、语言学习、自然科学等。

调研显示，2022 年全球大规模开放在线课程（MOOC）平台市场规模大约为 706 亿元人民币，预计 2029 年将达到 2313 亿元，2023 ～ 2029 年间复合增长率（CAGR）为 15.0%。

与其他在线学习机会相比，慕课在结构化学习框架内具有开放性和低学习成本的特点。关于学习者自我组织时间的个人规划范围，使用他们喜欢的设备，社交学习的机会，以及获得新知识的机会是一些额外的优势。在线教育资源可访问性的优势得到了广泛认可，但关于包括慕课在内的在线学习课程的可访问性设计的讨论有限，提供的可访问慕课可以为所有学习者提供学习的灵活性和益处。MOOCs 需要在更广泛的背景下理解，并且有各种方法和工具为所有人提供高质量的学习机会。终身学习模式将教育、工作和个人生活整合在一个持续的过程中，使学习者能够获得知识，并通过个人和工作来发展知识（Butcher J，2015），而慕课能为广大学习者提供平等的学习机会。

学习者参与慕课的动机广泛且多样化，取决于已确定的慕课学习者因素。有的学习者认为慕课对个人发展和持续专业发展非常有益，并作为接受高等教育的途径。作为慕课提供者，他们普遍认同低成本是一个重要因素。然而，学习者报告指出，在最新商业模式中低成本和开放性并不是优先考虑因素。此外，由于慕课具备庞大规模以及社交互动功能，学习者可以在自己喜欢的环境中进行学习，这种灵活性有助于促进学习者实现自我调节式的学习体验（Conde Gafaro，2022）。

开放是新的慕课商业模式的推动者，而"技术颠覆"（如可访问性）限制了教育的大规模开放。描述了 MOOC 开发的八个优先领域，其中一个是建立在可访问性基础上的"广泛访问"，包括那些被排除在教育之外的学习者（Ferguson，2019）。这项研究加强了这样一种观点，即为了实现广泛的访问，需要实现其他优先领域，例如，"发展适当的教学法""发展有效的学习设计""澄清学习者的期望""发展教育者团队"（在可访问性方面）和"开发评估和认证的新方法"。提高这些领域的可及性的整体方法将有助于扩大所有学习者的可及性。根据 Rodrigo 和 Iniesto（2015）所讨论的在慕课中采用可访问性的整体方法的需求，本研究的贡献可以引领未来的研究领域。慕课无障碍研究需要考虑技术和教学方面的问题，以及在无障碍 MOOC 设计中包括慕课提供者和学习者的参与方法。

正如 Ferguson, Sharples 和 Beale（2015）所建议的那样，慕课需要在技术进步的基础上不断发展以满足社会需求，因此，未来的研究应继续开发可访问性分析标准及其在开放教育中的实际应用。除不断收集学习者的反馈外，学习者的需求也在发生变化，而且随着技术的不断变化，学习者可能会遇到前所未有的可访问性障碍。获取学习者的反馈使慕课提供者能够调整平台设计和教育资源，以满足学习者的可访问性要求。进一步的研究还可以考虑学习分析在解决慕课可访问性方面的作用，以及学习者情绪如何影响学习等方面。

一般来说，在线课程提供者应更深入地了解他们的学习者及其需求。具有可及性需求（Accessibility Needs）的学习者兴趣多样化，以往研究结果未关注可及性问题。任何在线课程开发过程都需要从早期设计阶段开始审查，以生成易于访问的内容，并将重点从满足法规要求转向实际满足学习者需求。因此，为了使在线课程更易获得，在制定流程来辨别可访问性障碍方面至关重要，并加强让学习者参与课程设计机制，在解决障碍时促进敏捷反应。

1.3.1.1 慕课发展历程的阶段（时期）划分

（1）开放课件运动、全球开放教育资源与全球慕课发展。

慕课的兴起和发展是“开放课件运动”（Open Course Ware，OCW）及之后兴起的全球开放教育资源（Open Educational Resources，OER）运动的延伸。

2001 年，麻省理工学院向国际社会宣布推行开放课件运动。2002 年，联合国教科文组织召开的“开放课件对发展中国家高等教育的影响”论坛首次提出“开放教育资源”概念。2005 年，“开放课件联盟”（OCWC）在麻省理工学院举行首次会议。2007 年 9 月，《开普敦开放教育宣言》诞生。

2008 年，第一门慕课诞生。连通主义创始人加拿大学者乔治·西蒙斯和斯蒂芬·道恩斯合作发布慕课“联通主义及联通知识”。这一课程吸引了全世界范围内几千名参与者。

2011 年，斯坦福大学教授塞巴斯蒂安·特伦与彼得·诺维格合作推出慕课“人工智能”，吸引 16 万人注册该课程，其中 2 万人全程跟进学完课程。这是全球最早的一门真正面向大规模学习者的慕课，体现了慕课的大规模性（Massive）、开放性（Open）和在线（Online）三大特征。

2012 年，乔治·西蒙斯开设慕课“高等教育的现在与未来”。同年，联合国教科文组织总部举行世界开放教育资源大会，发布《2012 巴黎开放教育资源宣言》。这一年，以“Udacity”“Coursera”和“edX”为代表的慕课组织相继成立，吸引各国众多优秀大学在平台上投放优质慕课，全球慕课的规模无论是平台、课程的数量，还是学习者总数，都呈现井喷态势，因而被

《纽约时报》称作世界慕课元年。

2013 年至今，经过初期的爆发式增长，人们开始对慕课进行反思。总的来看，慕课在世界范围内特别是在美国、英国、德国、法国、日本和中国等国家得到了快速发展，表 1-6 展现了国内知名的 21 个平台。

表1-6　21个国内知名慕课平台

序号	慕课平台	平台特点
1	国家高等教育智慧教育平台	全球课程规模最大、门类最全的国家高等教育智慧教育平台
2	国家职业教育智慧教育平台	由标准化课程、示范性课程以及各种拓展资源组成，提供专业职业教育资源
3	国家中小学智慧教育平台	提供基础教育精品课程，以及品德教育、劳动教育、心理健康等专题教育课程
4	国家开放大学终身教育平台	汇聚国家开放大学自建学习资源、338 所知名高校课程资源、10 个头部平台的特色课程等共计 50 万门，向社会免费开放
5	爱课程（中国大学 MOOC）	高等教育课程资源共享平台，向公众提供中国知名高校的慕课课程
6	智慧树	学分课程运营服务平台，实现跨校课程共享和学分互认，完成跨校选课修读
7	华文慕课	一个以中文为主的慕课服务平台
8	学堂在线	汇集来自清华大学、北京大学、斯坦福大学等国内外高校的 3000 余门优质课程，覆盖 13 大学科门类
9	学银在线	整合各类学校、教育机构海量的优质数字化学习资源和课程
10	优课在线	课程覆盖经济、法律、计算机、新媒体等多个专业
11	高校邦	提供创新创业课、IT 前沿课、职业技能课、互联网营销课等
12	超星尔雅	通识教育学习平台，在线课程合计 521 门，覆盖综合素养、通用能力、创新创业等维度
13	万学慕课	提供创新创业类、大学生涯发展规划类、求职招聘等课程及实践实训的指导

续表

序号	慕课平台	平台特点
14	国图公开课	整合国家图书馆的数字资源，为大众提供在线视频学习服务
15	学习强国	提供海量免费课程，内容覆盖理工农医、人文史哲、政治经济多类
16	人民网公开课	提供来自中国知名高校、权威机构、知名学者的优质大思政类慕课
17	中国高校外语慕课平台	外语在线课程平台，提供优质外语教育资源
18	人卫慕课	提供高质量医学专业课程，平台联盟单位几乎涵盖了国内所有的医学院校
19	医学微视	大型医学科普平台，为公众提供权威而专业的医学知识
20	正保云课堂	提供财会类专业课程资源和专业实训实验课程
21	实验空间	国家虚拟仿真实验教学课程共享平台

截至 2024 年 3 月，中国慕课已上线超 7.68 万门，注册用户 4.54 亿，服务国内 12.77 亿人次学习，中国慕课建设和应用规模位居世界第一，如图 1-7 所示。

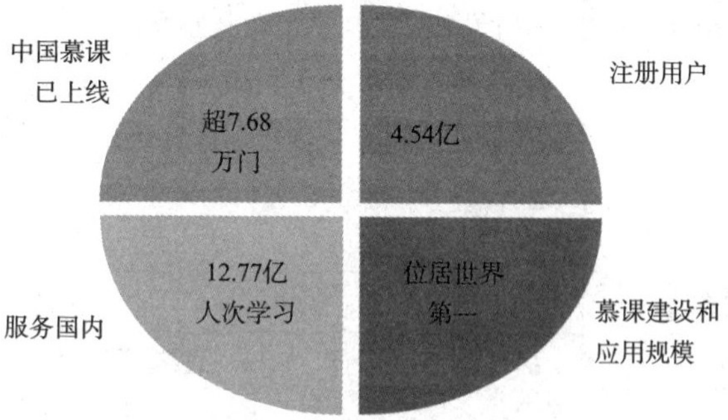

图1-7　中国慕课建设及应用规模

来源：中华人民共和国教育部网站

课程资源持续增长。国家高等教育智慧教育平台内容不断丰富，已汇聚高等教育优质慕课 2.7 万门，覆盖本科 12 个学科门类，93 个专业类。平台升级迭代 5 次，上线国家智慧教育读书平台，接入广西、云南、甘肃 3 个省级智慧教育平台，开发上线“智慧教育”App。截至 2023 年年底，平台累计注册用户突破 1 亿，浏览量超过 367 亿次、访客量达 25 亿人次。

慕课西行持续推进。利用东部师资与技术优势，将优质资源输送到西部高校。截至 2023 年 9 月底，面向西部高校提供 19.84 万门慕课及定制化课程服务，西部地区高校共计参加慕课应用培训 2.51 万校次、189.38 万人次。

国际交流持续展开。截至目前，“爱课程”与“学堂在线”两个在线教学国际平台向全世界大学生和社会学习者免费开放 1000 多门多语种国际课程，参与学习达 91 万人次，覆盖 190 个国家和地区。

综合分析表明，全球慕课已经经历了从开放课件运动到慕课 4.0 新时代的演进过程，如图 1-8 所示。

图1-8　从开放课件运动到慕课4.0新时代：慕课发展历程

截至 2021 年年底，全球（除中国外）慕课超 19 400 门，覆盖学习者 2.2 亿，其中 2021 年新上线慕课 3100 门，新增学习者 4000 万。2021 年中国慕课高速发展，截至 10 月底，中国慕课数量从 2020 年的 34 000 门增长为 47 500 门，新增 1.35 万门；注册用户超 3.6 亿，选课人次从 2020 年的 44 300 万增长为 75 500 万，新增 3.12 亿，如图 1-9 所示。

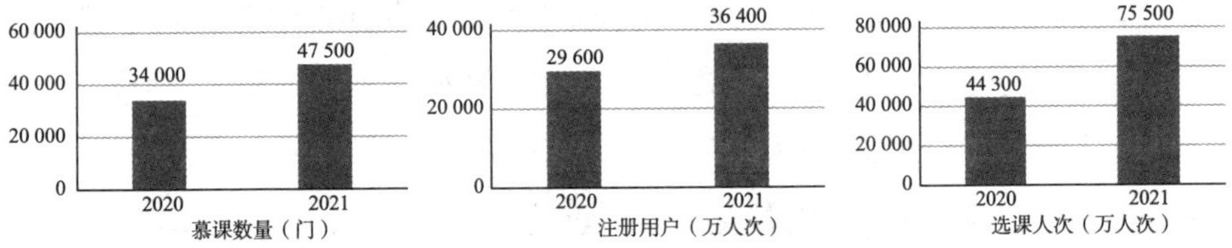

图1-9　中国慕课与在线教育

（2）美国慕课发展历程阶段划分。

郭英剑（2021）梳理了美国慕课发展的历史，将其划分为如下六个阶段：

缘起阶段：2011 年，美国慕课起初兴起。斯坦福大学的“人工智能导论”课程通过在线开放课程平台推出，吸引了大量学生的关注和参与。这一事件标志着慕课在美国教育领域的出现，并引发了全球范围内对慕课的关注。

元年阶段：2012 年被称为“美国慕课元年”。这一年，许多知名高校相继推出慕课课程，包括麻省理工学院、哈佛大学等。这些课程的推出进一步推动了慕课的发展，并为后续的慕课热潮奠定了基础。

遍地开花阶段：2013 ～ 2015 年，慕课在美国遍地开花。越来越多的大学和高校加入慕课的行列中，推出大量的在线开放课程。同时，一些慕课平台得到了广泛的认可和应用。这一阶段慕课的发展呈现出高速扩张的态势。

稳步前行阶段：2016 年，美国的慕课发展进入了一个相对稳定的阶段。慕课平台和高校开始更加注重课程质量和教学效果，同时探索创新的教学模式和技术手段，如自适应学习、在线实验等，这一阶段的发展使慕课课程更加多样化和个性化。

从 2015 年秋季到 2016 年秋季，远程教育学生的数量增长了 5.6%，达到 6 359 121 人。这些学生至少参加一门远程课程，占所有学生总数的 31.6%。其中 14.9% 的学生（3 003 080 人）完全参加了远程课程，而 16.7% 的学生（3 356 041 人）则同时参加了远程和非远程课程（Julia E，2018）。

走向付费时代阶段：2017 ～ 2018 年，慕课在美国逐渐走向付费时代。慕课平台和高校开始推出收费课程和学位项目，提供更加完整和深入的学习体验，这一转变使慕课在商业模式上得到了更多的探索和创新。

进入新时代阶段：2019 年至今，美国的慕课进入了一个新的阶段。慕课教育进一步与现实世界的教育体系和职业发展相结合，多样化的学习路径和证书项目得到了更多的关注和认可。慕课在教育领域中的地位和作用也得到了进一步强化。

（3）中国慕课发展历程阶段划分。

受全球开放教育资源运动的影响，加上政府的大力推动，慕课在中国得到了同步快速发展，慕课在中国的发展可以概括为以下几个阶段（王文礼，2018），如图 1-10 所示。

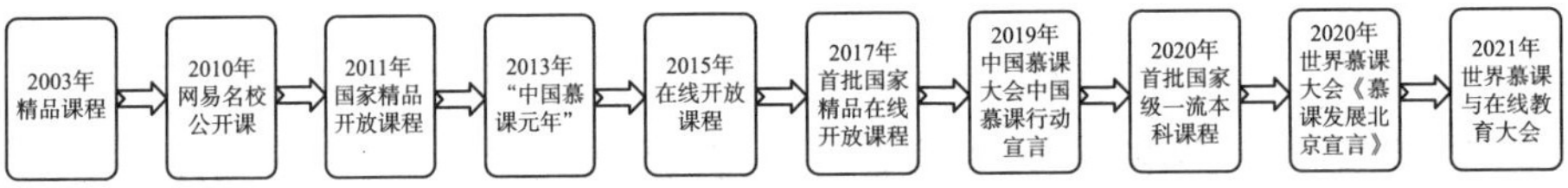

图1-10　中国慕课发展历程

建设国家级、省级和校级精品课程：2003 ～ 2010 年，中国高校开始积极开展精品课程建设工作，建设了大量的国家级、省级和校级精品课程。这为后来的高等教育慕课发展奠定了基础。

全球名校公开课项目的兴起：2010 年 11 月，网易率先推出了全球名校视频公开课项目，随后其他互联网公司相继推出了世界名校公开课，中国兴起了“淘课”之风。

教育部提出国家精品开放课程建设目标：2011 年 10 月，教育部提出在“十二五”期间建设 1000 门精品视频公开课和 5000 门国家级精品资源共享课。

中国慕课元年：2013 年，中国一流院校如清华大学、北京大学、复旦大学等纷纷加入慕课的行列，中国慕课平台如雨后春笋般涌现，这一年被称为“中国慕课元年”。

教育部认定国家精品在线开放课程：2017 年 12 月，教育部认定了 490 门课程为第一批国家精品在线开放课程。

学习强国平台上线：2019 年 1 月，学习强国学习平台在全国上线，成为一个拥有大量慕课课程的承载平台，之后各类慕课相继在学习强国平台上线。

中国慕课大会与世界慕课联盟的成立：2020 年 12 月，清华大学与联合国教科文组织教育信息技术研究所共同主办了世界慕课大会，宣布成立了世界慕课联盟，并发布了《慕课发展北京宣言》。该联盟汇聚了来自国内外的20个知名高校和在线教育机构作为创始成员加入。

2022年12月8—9日，世界慕课与在线教育大会以“教育数字化引领未来”为主题的2022世界慕课与在线教育大会在线上召开。中国教育部在会上介绍了中国慕课与在线教育的发展成就，提出了四点“中国倡议”：加快资源开放共享、深化技术应用、完善标准规范、扩大开放合作。

教育数字化战略行动：中国教育部启动实施了教育数字化战略行动，建设并上线了全球最大的国家高等教育智慧教育平台。该平台上线以来，访问总量达到292亿次，选课学习接近5亿人次。

教育数字化相关政策：2022年，中国教育部发布了《教育部2022年工作要点》，提出实施教育数字化战略行动。此外，还开展了职业教育国家在线精品课程遴选工作，计划2022年、2023年分两批遴选不少于2000门课程。

全国教育工作会议：2023年1月，全国教育工作会议召开，强调大力实施国家教育数字化战略行动，推动教育发展新赛道、新动能、新形态。

世界数字教育大会：2023年2月，世界数字教育大会召开，教育部提出深化实施教育数字化战略行动。

联合国教科文组织教育信息化奖：2023年9月，中国“国家智慧教育平台”项目在联合国教科文组织教育信息化奖颁奖仪式上获奖。

慕课出海：教育部党组将教育数字化作为重大战略举措，推动“慕课出海”，分享中国在线教育成果，引领全球教育数字化发展。

中国教育数字化事件：2023年12月，中国教育报总结了《二〇二三中国教育数字化十大事件》，包括世界数字教育大会的举办、《教师数字素养》的发布、教育行业标准的发布等。

在2024世界数字教育大会上，国家智慧教育公共服务平台国际版正式上线，推动高水平大学课程“扬帆出海”。

中国教育科学研究院发布的全球数字教育发展指数显示，中国排名从24位跃升到9位，显示了中国数字教育的快速成长。

在慕课发展过程中，中国政府的大力推动起到了重要作用。教育部印发了一系列文件，指导和推动慕课的发展。同时，慕课在中国得到了广泛的认可和支持，越来越多的高校和知名机构加入慕课的行列中。慕课的发展不仅为高等教育提供了更多的学习资源和机会，还促进了教育信息化和在线教育的发展。

在慕课发展过程中仍然存在不少挑战。首先，如何确保慕课的质量和教学效果是一个重要的问题。慕课的大规模开放性可能会带来教学质量的波动和个体学习效果的差异。其次，如何平衡慕课与传统教育的关系也是一个需要思考的问题。慕课作为一种新兴的教学模式，相较于传统的面对面教学，有其特点和优势，但也存在互补和融合的可能性。

总体而言，中国慕课取得了显著发展，形成慕课发展的中国范式，如图 1-11 所示，从而成为推动教育创新和提高教育公平性的重要手段之一。随着技术的不断进步和社会对终身学习需求的日益增长，中国慕课有望在未来继续发展壮大，为更多人提供高质量的教育资源和学习机会。

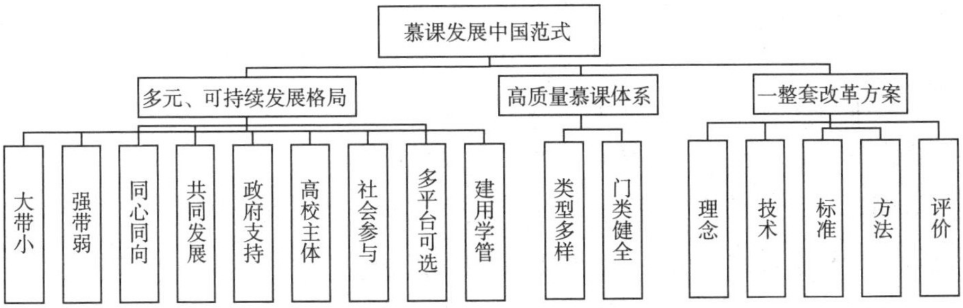

图1-11　慕课发展中国范式

1.3.1.2　慕课对学习的深远影响

慕课不仅为学习者提供了前所未有的学习机会和模式，更是对整个高等教育生态系统的重新塑造。慕课的出现不仅是教育技术的革新，更是教育理念和教育模式的深刻变革。

首先，慕课极大地丰富了学生的学习选择和学习路径。在传统的高等教育体系中，学生往往受限于所在学校、所在地区的教育资源。而慕课的出现打破了这一局限，使全球优质的教育资源得以共享。学生不再受限于地域、学校或专业，可以根据自己的兴趣和职业规划，在全球范围内自主选择课程和学习资源。这种自主选择的学习模式不仅增强了学生的学习动力，也为他们提供了更多元、更全面的知识结构和技能体系。

其次，慕课推动了高等教育机构的教学改革和教学模式创新。在慕课的推动下，高等教育机构需要重新审视自己的教学模式和教学方法，以更好地适应学生的学习需求和市场的变化。这促使高等教育机构更加注重教学质量和创新，采用灵活、多样化的教学方式和手段，提高教学效果和学习体验。同时，慕课也推动了高等教育机构之间的合作与交流，促进了教育资源的共享和优化配置。

最后，慕课的出现对传统高校的教学模式产生了冲击，迫使传统高校重新审视自己的教学模式和教学质量。慕课的优势在于其全球化、自主学习和成本节约等特点，这些优势对传统高校的教学模式带来了新的挑战。传统高校的教学模式以面授课为主，注重教师的讲授和学生的听讲。而慕课则更加注重学生的自主学习和在线互动，这种教学模式的创新对传统高校的教学方式和教学质量提出了新的要求。传统高校需要不断调整和优化自己的教学模式，以适应学生的学习需求和市场的变化。同时，传统高校须更加注重教师的培训和发展，提高教师的教学水平和创新能力。

同时，基于互联网和信息技术的混合式学习已经成为全球教育界关注的热点。这种学习方式突破了传统学习时间和空间的限制，实现了教育资源共享化、学习过程自主化、交互行为信息化、学习风格个性化、学习评价全程化以及教学管理数智化。

总之，慕课的出现和发展为高等教育领域变革奠定了坚实基础。它不仅为学生提供了更多元、更灵活的学习选择和学习机会，也推动了高等教育机构的教学改革和教学模式创新。同时，慕课也对传统高校的教学模式带来了冲击和挑战，促使传统高校不断调整和优化自己的教学模式和教学质量。在未来的发展中，我们需要继续关注和研究慕课的发展动态与趋势，为高等教育的发展和创新贡献智慧与力量。

慕课对于消除全球教育不平等现象起到了至关重要的作用。以往，优质的高等教育资源往往集中在少数发达国家，使得许多发展中国家和地区的学生难以接触世界顶尖学府的课程。然而，慕课的兴起彻底改变了这一局面。如今，无论是身处非洲的偏远村落，还是亚洲的繁华都市，只要有互联网连接，学习者都能够轻松地接触麻省理工学院、斯坦福大学等全球顶尖学府的课程，从而享受优质的教育资源。

2012 年，慕课被评为当年最重要的发现之一，在一段时间内似乎迅速与大学和高等教育系统竞争。然而，越来越多实证研究表明，慕课并没有完全针对有需要的典型人群，相反，它们更吸引生活在富裕国家或社区、接受过高等教育的学习者。此外，这些学习者也表现更好，在廉价终身学习中获益最大。最后，慕课并未取代大学，大学仍然存在且安全，并且在不同目标下与慕课共存。精英大学利用吸引力强劲的慕课提升自己在全球范围内的声誉；有些则将职业培训外包给慕课；而其他国家（主要是欧洲）则利用慕课试验不同的学习模式。

根据联合国教科文组织发布的报告，慕课已经成为提高全球教育水平的重要工具。通过慕课平台，学习者可以接触丰富多样的课程内容，涵盖科学、技术、工程、数学、人文社科等多个领域。这些课程不仅为学习者提供了宝贵的知识和技能，更为他们打开了通往成功的大门。

然而，慕课的发展也面临诸多挑战。如何确保学习质量、如何评估学习成果、如何提供有效的学习支持等问题，都是教育研究者需要深入思考和解决的问题。为了确保慕课的学习质量，平台需要建立严格的教学管理体系，制订明确的教学计划和课程大纲，并提供丰富多样的教学资源和学习支持。同时，慕课平台还需要建立有效的学习评估机制，对学习者的学习成果进行科学评估，以确保他们能够真正掌握所学知识。

尽管如此，慕课在全球范围内已经重塑学习者的学习方式，为他们打开了通往知识的大门。它不仅是一种学习工具，更是一种推动教育公平、促进终身学习的力量。通过慕课平台，学习者可以随时随地地进行学习，不受时间和地点的限制。这种灵活的学习方式使学习者可以根据自己的兴趣和需求选择适合的课程，从而实现个性化学习。

作为高等教育学术研究者，有责任继续深入研究和推广慕课，使它的影响力渗透到每一个渴望知识的角落。学者们需要不断探索和创新，为慕课平台提供更多优质的教学资源和学习支持，以满足学习者的多样化需求。学者们还需要加强与国际组织的合作和交流，共同推动全球教育的发展，使每一个学习者在学习旅途上收获成长、实现梦想。

互联网时代，信息技术推动下的各类教育教学改革以及教育信息化工作的发展与创新，是近年来全球教育界广泛关注的热点问题，基于互联网和信息技术的混合式学习与传统的学习方式不同，它突破了学习时间和学习空间的限制，实现了教育资源共享化、学习过程自主化、交互行为信息化、学习风格个性化、学习评价全程化、教学管理高效化，赋予教育以崭新的内容、全新的观念和科学的方法，重塑了一个开放、共建、共享的教育生态系统。慕课如同一盏明灯，照亮了学习者探索知识的道路。它使教育变得更加平等和开放，使每个人都有机会接触优质的教育资源。随着慕课的不断发展和完善，我们相信未来会有更多的学习者通过慕课平台实现梦想，为社会的进步和发展贡献自己的力量。

日益开放的网络环境为学习者提供了一个全球化、开放的教学交互空间，从而为基于互联网的以集体知识创新为核心的学习开展提供了契机。慕课学习过程中，个体通过观察、模仿、争论、反思等多种方式，与社会关系中的其他成员进行互动、协作和对话的过程，并最终实现自我发展和自我超越。社会化学习是在线学习中新的学习范式，这种范式是依托现代信息技术，将分布世界各地而具有相同兴趣的人“网络”到一个稳定的社交平台，并按照自己的方式和喜好，创造个体学习网络，实现群体性创作与分布式的内容共享。

慕课最引人注目的一点是第一个字母 M 所代表的“大规模”（Massive），这个词的意义即学习者数量之庞大。比如，媒体大肆宣传的“人工智能入门”这门慕课当时有 16 万名学习者（The Good MOOC，2013）。国内学堂在线、智慧树等平台有的课程每学期学习者达到 20 万人，学习者数量如此庞大，这反映他们生活的网络化，而能够大规模招生也直接回应了全球对高等教育日益增长的需求。虽然班级规模如此庞大有其价值，学习者多样化也可能丰富学习体验（Knox，2014），在线学习过程中学生与教师、学生与平台、学生与学生之间的交互问题是一直以来在线教育的痛点。社会建构主义知识观认为，认知是一种在个体的认识活动建构之上，加上同他人的交互作用，共同建构知识的过程。学习是学习者基于社会文化情境，通过与学习环境的互动、参与社会认知网络进行自我知识建构以及共享的过程，社会建构主义者非常重视交互在学习中的重要意义。学生的移动学习降低了与教师互动的概率，增强了学习同伴之间、学习资源之间的交互频率和深度。

慕课正通过自动化、数据和分析技术影响整个高等教育领域，影响学习者的学习行为与成长。目前，关于慕课的研究视角缺乏技术支持下的学习设计，这一领域如何将新理论、新技术与新方法融入慕课的学习设计中，以便更好地体现慕课的开放性大规模自组织实时性动态生成创造性和社会性等特征，已成为重中之重。

加大技术使用力度，以更进一步提高教育实践效率。至关重要的一点是，一些新发展致使在线教育同样面临新自由派大学的问题，显示出在线教育越来越趋向于与强大的政治和经济力量“串通一气”，共同影响整个教育领域。

社会化学习是一个重要的社会现象，着眼于观察学习和自我调节在引发人的行为中的作用，重视人的学习行为和环境的相互作用，引起学者们的强烈兴趣。在新的网络环境下，多用户参与讨论交流能够较充分体现主动性和社会性等特征，并由此在多用户之间形成协商和协作，以及具有博弈性和动态性的协同效应。

在数智时代背景下，学习不仅是一种意义建构的过程，也是一种社会建构的过程。知识是个体在参与共同问题的讨论或活动过程中建构的，这一过程本质上是参与者之间对话和交流的过程。社会化学习理论强调，社会环境及其共同体成员是学习活动的重要组成部分。然而，随着网络技术的迅猛发展，尤其是社会性计算技术的应用，“社会”的生态已经发生显著变化。传统意义上的“社会”已经被网络扩展后的“社会”所取代。在这一背景下，“社会学习”所依赖的社会交互、共同体的形成、观察和榜样的建立以及自我预期等因素，也在社会性计算技术的环境下获得了新的内涵和表现形式。

具体而言，网络技术特别是社会性计算技术的发展与应用，使传统的面对面互动模式被虚拟环境中的互动所替代。这种变化不仅改变了信息传播的速度和广度，也重新定义了社会交互的方式。例如，通过社交媒体平台，人们可以跨越地理界限进行实时交流和合作，这极大地扩展了社会学习的边界和可能性。此外，社会性计算技术还促进了知识的共享和传播，使个体更容易获取和贡献知识，从而加速知识的积累和创新。

如图 1-12 所示，在这种新的社会学习环境中，共同体的概念也被赋予了新的含义。传统的共同体通常基于地理位置或特定的社会关系，而在网络环境中，共同体则更多地基于共同的兴趣、目标或价值观。这种虚拟共同体的形成为个体提供了更多的学习和成长机会，也带来了新的挑战，比如如何维护共同体的凝聚力和有效性。观察和榜样的建立也在网络环境中呈现出新的特点。在传统社会中，观察和模仿通常是面对面进行的，而在网络环境中，个体可以通过各种在线平台观察到更多的行为模式和实践案例。这不仅扩大了观察范围，也提高了观察效率。同时，网络环境中的榜样不再局限于现实生活中的人物，而是包括各种在线角色和虚拟形象，这些都可以成为个体学习和模仿的对象。

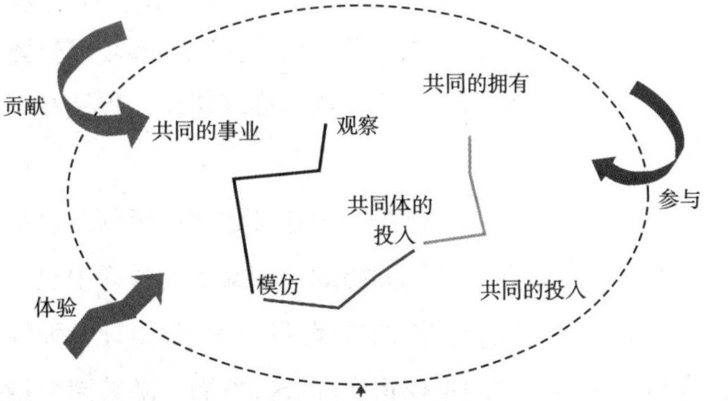

图1-12 社会性学习环境诸要素

另外，自我预期在网络环境中也发生了变化。在传统社会中，个体的自我预期往往受到周围环境和他人的影响，而在网络环境中，个体可以接触更多元化的信息和观点，这有助于他们形成更加独立和自主的自我预期。然而，这也可能导致个体面临更多的选择和决策压力，需要更强的自我调节能力。

因此，网络技术的发展特别是社会性计算技术的应用，对“社会学习”产生了深远影响。它不仅改变了社会交互的方式和共同体的形成机制，还重新定义了观察、榜样的建立和自我预期等关键因素。因此，理解和适应这种变化对于促进有效的社会学习至关重要。

在大规模在线开放课程（MOOCs）中，讨论功能允许学习者相互交流信息、经验和想法。这种讨论被认为对社会建设性学习有益（Sharples & Ferguson，2019）。在社会建构过程中，人类通过与他人的社会互动共同建构意义、知识和社会世界。

主动性在 Web2.0 或 3.0 环境中，信息用户在信息组织和获取中的地位，已从被动的信息接收者，转变为主动的、有选择的信息内容的使用者。从心理层面来说，这一转变主要源于对信息用户认知能力的研究和发现。信息时代，信息用户的主体地位主要体现在两个方面：一方面，信息用户是信息资源及其中介的解读者。传播的意义是在信息用户对文本的解读过程中产生的，是通过信息用户对信息资源及其中介加以分析、判断、加工和整理而得。随着信息用户自主意识和知识经验的逐渐完善，他们对信息资源及其中介的鉴别能力越来越强，不同性别、个性、智力、经验、兴趣等塑造的“认知结构”会对信息资源及其中介加以个性化解读。另一方面，信息用户是信息资源传播的参与者。根据信息资源及其中介认知能力的定义，信息用户不但有获取信息的能力，而且有分析、评价和传播信息的能力。信息社会中，逐渐成熟的信息用户能有效地处理信息，他们不但有求知的渴望，而且能将自己所储存的知识信息调动起来，与信息资源进行同化、组合、归类，通过一定的渠道，主动参与传播活动，向社会自由充分地表达自己的意见。尤其随着互联网、多媒体等新技术的发展，使信息用户对大众化信息资源及其中介的获取权、知晓权得到进一步发展。信息用户与信息资源创造者一样能通过多种渠道便捷地获取信息资源的第一手材料，而且与大众化信息资源及其中介一样拥有随时发布信息、生产信息的能力。这些都充分说明了现代信息用户主体意识的觉醒。

1.3.2　慕课研究的理论价值与实践价值

1.3.2.1　理论价值

（1）分析慕课学习者社会化学习行为的含义及特征，进而探讨多用户社会化学习中的交互信息较充分、不同用户需求目标有差异情况下的协商机制、用户有共性需求目标情况下的协作机制、基于词汇共享的协同标注的用户间的社会化协同机制，以进一步揭示多用户参与的社会化学习的内在机理。社会化学习泛指社会中的人们学习和跟从别人的选择行为，从而做出自己的经济决策。关于社会学习现象，目前有三大理论：第一个理论是以信息为基础的理性选择理论。该理论认为，人们互相学习和模仿别人的选择，是一种理性的决策行为，因为人们从被学习对象的选择行为中，获得了某些信息，在这些信息基础上，做出了理性的符合自己利益的最优选择。第二个理论观点认为，社会学习是非理性的盲从别人的结果，是人们心理弱点或者有限理性造就的。第三个理论借用心理学上的一个概念“合群性（conformity）”来解释社会学习。合群性指的是人们的心理上有一种要和群体成员一致的倾向，从而表现为人们学习别人的决策选择，将社会学习方面的研究推进了一步，根据实地实验产生的丰富的观察数据，深入讨论了社会学习的一个重要机制。人们之所以跟从和向别人的选择行为学习，主要是学习对象包含了有用的信息。在这些信息基础上，人们做出了自己的最优选择。课题在政策上也有重要意义。比如，有关部门如果希望人们引进某种农业新技术，它可以通过展示这种新技术在其他地区和人群里如何受欢迎而影响人们的选择。

（2）探索在线课程教与学的新方式、新视角、新的方法论。教学交互、虚拟社群学习一直是教育尤其是在线教育中最核心的研究主题，也是设计在线学习中最重要的因素。联通主义学习作为互联网派生的一种新的学习方式，是以复杂理论、自组织理论、混沌理论和网络理论为基础理论，以社会化网络环境为支撑，以复杂信息环境中的教学交互为核心，以螺旋式的知识创新和网络扩展与优化为目标的学习。联通主义学习中教学交互的复杂性和特殊性，在一定程度上决定了以知识接受、传递或建构为核心的传统学习理论在推进慕课学习教学交互研究方面面临困境，研究中将引入社会学领域的行动者网络理论为破解这一难题提供了新的理论视角和方法论指导。

1.3.2.2　实践价值

（1）建立基于联通主义（Connectivism）学习理论的慕课教与学的交互模型，从而设计在线深度交互的多种模式，该研究既可用于指导学习者的在线学习，也对教师在网络环境下指导学习者的学习有所启示，使在线课程的学习和教学更加有效。《国家中长期教育改革和发展规划纲要（2010～2020年）》明确指出，健全宽进严出的学习制度，办好开放大学，并要开发网络学习课程，创新网络教学模式，更新教学观念，改进教学方法，提高教学效果。该项目通过调研比较多种在线互动的教学案例，积极探索在线开放课程互动设计的新模式与方法，为开发更多高质量的中国慕课打下了良好基础。教学交互研究为破解当前我国在线课程教学实践中教学方法、教学模式、学习支持、技术融合等方面的诸多问题提供了契机和思路。

随着大规模在线开放课程的发展以及“互联网+”时代的到来，在线社会化学习将成为在线学习的主要趋势，而社会性知识网络作为一种新的在线社会化学习研究视角与演进趋势，是知识网络和社会网络的聚合体，承载了社会化学习的相关特点，为社会化学习的促进提供了新的可能。

（2）从分析联通主义学习理论和在线课程的特性出发，探索联通主义理论视野下慕课的深度交互设计构想，以期为提高线上教育教学效率提供一些有益的借鉴，如图1-13所示。同时，该项目也能更好地指导高校开发高质量的在线课程和开展翻转课堂、混合式教学的新教学实践与教学方法的探索。在线开放课程还能够改善教学并激发创新性教学实践，学习也从传统的教师决定教什么，如何教的教师讲授型，转向以学习者为中心的，学习者自主决定学什么，如何学的在线学习。

在线课程面对的教学对象数量众多，这一点与传统教学有很大的不同。在传统学校，一位名师几十年教授的学生数量或许等于他在在线课程平台上一次教授的学生数量。学习者来自不同国家、不同年龄、不同职业、不同层次，对学习者不再有那么多限制，教育真正地迈向了普及化。

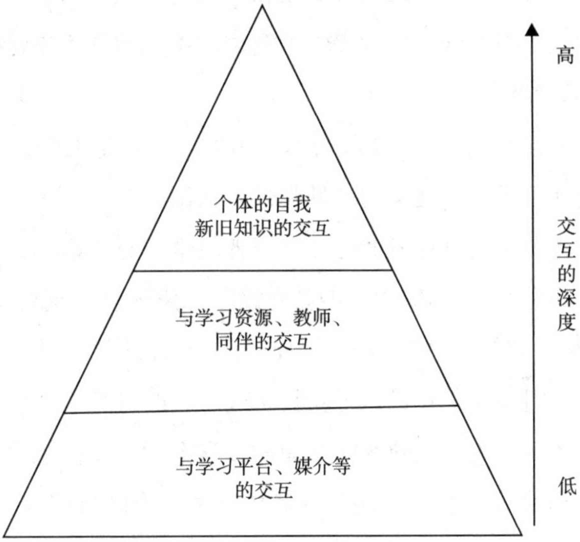

图1-13　慕课学习者在线学习交互的三个层次

从教学组织形式上来说，讲课视频被分割成小部分，有利于学生注意力的保持，可快可慢，可以暂停，有助于学生掌握自己的学习步调。这一点与传统课堂一节课四五十分钟的学习体验完全不同。在慕课的讨论论坛中，有来自世界各地的学习者，学习者可以和来自不同地域、不同专业、不同年龄、不同水平的人进行交流讨论，促进自己深层次的认知加工，进而提升各方面能力。

从学习者学习方式上来说，慕课的教学过程与传统教学的教学环境不一样，从而导致学生学习方式的不同。能够完成一门在线课程学习的人，一定具备高度的自主学习能力、较强的元认知知识和元认知监控能力；能够积极主动地学习思考并完成一定的学习任务。而传统环境下的学习者是被动地接受，有教师面对面的指导，并不需要学习者具备高度的自主学习以及自我监控能力。

2013 年和 2014 年《地平线报告》分别指出，学习社交化是在线学习的趋势之一，尤其是混合学习，将逐渐成为在线学习的主流。2014 年，在华东师范大学举办的“学习科学”国际大会上，华盛顿大学学习与脑科学研究所主任安德鲁·梅哲夫（Andrew Meltzoff）教授提出，社会化成为重新理解学习的一个重要维度。随着语义网络技术的进一步发展，未来，基于开放知识社区的社会性知识网络学习将成为趋势；社会性知识网络整合了知识网络与社会网络各自的优势，为话题聚合与关系聚合的整合性学习提供了条件，为连接和创造的学习形态提供了支持；以语义网络技术为支撑构建社会性知识网络与社会性知识空间将成为计算机领域的研究热点；而社会性知识网络也为成人学习者的社会化学习提供了不同的应用场景与学习形式的支持，为中小学群体的无缝学习与社会化学习的融合提供了新的契机。

慕课的出现促使高等教育机构重新思考其在线教学策略和开放教育方法。然而，慕课并不是唯一形式的在线学习，也不是唯一形式的开放教育资源。从目前来看，慕课的设计存在差异，反映了不同的目标和理念。慕课在深度学习、变革性学习，以及发展数字时代所需高级知识和技能方面存在结构性限制。随着基于慕课的混合式教学经验不断积累与教学设计的改进，慕课可能会在高等教育学习环境中扮演重要角色。慕课可以取代某些传统教学形式，如大型课堂，更重要的是慕课将作为其他传统教育方法的补充或替代，慕课将成为推动教育变革的重要因素，但其本身并不能解决高等教育的根本问题。从长远来看，慕课最大的价值可能是为来自五湖四海的学习者，创建学习者社群，联结了不同背景的学习者和资源，这些学习者共同行动可以成为解决全球重大问题的途径之一。

混合式学习作为一种灵活、互动和个性化的教学模式，正在迅速发展并逐渐成为高等教育的重要组成部分。未来，随着智能技术和数据分析的进一步应用，混合式学习继续推动教育创新，满足学生多样化的学习需求，并促进全球教育资源的共享和合作。通过结合《地平线报告》2021 ～ 2023 年的分析，可以预见混合式学习在未来几年内继续发展，并在高等教育中发挥越来越重要的作用。

现阶段，混合式学习主要结合在线和面对面的教学方法，为学生提供了灵活的学习环境，使学生可以根据自己的时间和节奏进行学习。技术在混合式学习中扮演了重要角色，如学习管理系统（LMS）、虚拟现实（VR）和增强现实（AR）等，这些技术使学习更加互动和沉浸式；通过数据分析和人工智能（AI），混合式学习能够提供个性化的学习路径，满足不同学生的需求。通过绘制多年来实施合作学习的个人发展变化的图表发现，通过参与合作学习，不同学术能力的学生合作能力得到了提高（Ballantine J，2007）。在教育系统中采用技术为学生提供以先进方式服务的机会，该研究还强调高等教育机构需要采取主动措施引入各种基于技术的教学工具（Wieser & Seeler，2018）。此外，他们认为随着在线学习模式的发展，虚拟学习空间正在向社交性质更强的学习空间转变。创建结构良好、互动和动态的在线学习环境，采用不同的互动形式对混合式学习至关重要，真实的协作学习环境更有利于提高学生的学习能力（Vlachopoulos D，2019）。在在线学习环境中，积极参与学习过程对学生的表现产生显著影响，而在面对面学习环境中则没有（Leyer，2023）。在线学习可以用于一般理解的知识学习，而课堂学习更适合在体验式学习背景下对过程导向思维进行更深入的理解。

可以预见，混合式学习将重新设计学习空间。利用智能技术和混合现实技术，创设更加互动和沉浸式的学习环境，如创客空间和主题式场馆空间。强调线上线下学习的无缝衔接与切换，提升学习者的学习体验。混合学习将更加注重学习测量和数据分析，以推动教育创新和个性化学习。随着科学技术的不断发展，混合学习将更加注重技能的培养和应用，适应未来工作的需求。数据分析和预测分析在混合式学习中得到了广泛应用，用于提高学生的学习效果和个性化支持。AI 技术在内容创作、沟通和学习支持方面将发挥重要作用，同时将带来技术滥用的担忧（Ifenthaler，2024）。

未来，基于慕课的知识传授，进一步融合人工智能、大数据分析等技术，提供更加个性化的混合式学习将促进全球教育资源的共享和合作，打破地域限制，为实现更加开放、平等、高质量的全球化教育提供可能。

第 2 章　什么是慕课混合式学习

混合式学习指的是在课堂上整合技术的一种教育与学习的方法。简单地说，混合式学习就是面对面、传统教学和在线学习的任何组合。然而，在线学习部分并不意味着简单地将技术整合到课堂中。例如，通过在线办公工具，与全国各地的学生进行视频会议，以提高学习效率与效果，这些都是将技术融入现代课堂的典型例子。

2020 年教育部出台两个“一万门”精品课程政策，认定 3000 门国家精品在线开放课程，7000 门线上线下混合式精品课程，同时，一万门线上线下省级一流的精品课程。2020 年 11 月，首批国家级一流本科课程中，有 868 门是线上线下混合式一流课程。在第二批国家级一流本科课程中，有 1800 门是线上线下混合式一流课程。截至 2023 年 5 月 30 日，在首批和第二批国家级一流本科课程中，共有 2768 门是混合式课程。教育工作者对混合学习的兴趣与日俱增，急需一个在指导混合式学习设计方面具有实用价值的框架，介绍课程设计需要新的思维方式，以调和传统价值观和实践与不断发展的期望和技术的可能性。

接下来，本研究将探讨以下几个问题：什么是混合式学习？为什么要混合？目前存在哪些混合学习模式？混合时面临哪些问题和挑战？ 混合式学习系统的未来发展方向是什么？

2.1　什么是混合式学习

“混合式学习”这一术语在学术界和企业界中得到广泛的使用。2003 年，美国培训与发展协会（ASTD）将“混合式学习”列为知识传递行业中十大新兴趋势之一（罗尼，2003）。混合式学习是一种通过将传统课堂教学与教师、培训师和学生的移动学习和在线活动有效结合，提供创新教育解决方案的方法。混合式学习的概念根植于这样一种理念，即学习不仅仅是一次性的事件——学习是一个持续的过程。与单独使用任何一种学习交互媒介相比，混合式学习具有多种优势（Singh，2021）。纯在线学习往往是课堂课程在线版本的重复，单一的在线交付模式无法提供足够的选择、参与、社会联系等社会学习属性，但这些又都是促进成功学习和表现所必需的。于是，越来越多教师尝试混合学习模式的设计，将各种学习模式相结合。实践数据表明，混合式学习不仅提供了更多的选择，而且更有效。

Friesen（2012）研究了 2006 ～ 2012 年关于混合式学习定义的演变，使“混合式学习”一词的内涵发生转变，在高等教育背景下，混合式学习的定义更具有综合性，指的是利用互联网、数字媒体与传统课堂教学相结合而产生的各种学习模式的可能性，学生的学习过程，至少部分通过数字和在线媒体提供的内容和教学来完成，同时学生可以控制时间、地点、路径或速度。

混合式学习对不同的人有不同的意义（Driscoll，2002）。混合式学习涉及四个不同的概念：①结合或混合基于网络的技术模式（如实时虚拟教室、自定进度教学、协作学习、流媒体视频、音频和文本）以实现教育目标；②结合不同的教学方法（如建构主义、行为主义、认知主义），在有或没有教学技术的情况下产生最佳的学习结果；③将任何形式的教学技术（如录像带、光盘、网络培训、电影）与教师指导的面对面培训相结合；④将教学技术与实际工作任务混合或结合，以创造学习和工作的和谐效果。

何克抗（2004）倡导“混合式学习”。他提出“混合式学习”就是要把传统学习方式的优势和 E-learning 的优势结合起来，既要发挥教师引导、启发、监控教学过程的主导作用，又要充分体现学生作为学习过程主体的主动性、积极性与创造性。

混合式教学是指在适当的时间，通过应用适当的媒体技术，提供与适当的学习环境相契合的资源和活动，让适当的学生形成适当的能力，从而取得最优化教学效果的教学方式（李逢庆，2016）。

混合学习结合传统的面对面教学和在线学习，利用技术的力量，创造出更加个性化和互动的学习体验。通过将实时的课堂教学与自主学习模块相结合，学生可以根据自己的节奏学习，同时得到教师的指导。这种方法使教师能够尝试新的教学方法，以创新和有意义的方式吸引学生。混合学习的优势不仅限于方便和灵活性。研究表明，这种形式的教育可以改善学生的学习成果，培养批判性思维能力，促进合作学习。通过将传统的教室转变为一个利用技术潜力的动态环境，混合式学习确保学生能够接受全面教育，为未来的挑战做好准备。随着全球的快速发展，采用混合学习模式已成为释放教育潜力的必要途径。这种方法能够根据学生独特的需求进行教学，提高学习参与度，并增进学生的学业成就，是创造更美好未来的关键。

混合式学习为学生和教师带来了许多好处。首先，它允许进行个性化的学习体验。学生可以按照自己的进度学习，专注于需要更多支持的领域，快速通过已经理解的材料。这种个性化的方法有助于学生更深入地了解所学内容，并促进他们对自己的学习旅程产生一种所有感。

其次，混合式学习培养批判性思维能力。将在线资源和面对面教学相结合，鼓励学生分析信息、解决问题和进行批判性思考。这种与材料的积极互动有助于增强他们在现实世界情境中应用知识的能力，为他们将来在教室以外的成功做好准备。此外，混合式学习促进了合作学习。通过在线平台和工具，学生可以与同龄人合作、分享想法，并一起完成项目，而不受物理位置的限制。混合式学习中的合作元素增强了沟通和团队合作技能，并为现代劳动力中相互关联的工作性质做好了准备。

近年来，混合式学习的增长证明了它的有效性。根据百森的调查研究（Babson Survey Research Group），在过去十年中，至少选修一门在线课程的学生人数稳步增长。2018 年，仅美国就有 690 多万学生参加了至少一门在线课程。这一上升趋势反映出人们日益认识到混合式学习在提高教育成果方面的好处。此外，混合式学习已被证明在提高学生成绩方面特别有效。美国教育部的一项研究发现，参与混合式学习的学生比传统课堂上的同龄人表现更好。该研究还强调了混合式学习对学生积极性和参与度的显著影响，从而提高了满意度和持久性。随着科学技术的不断进步，混合式学习改变教育的潜力更大。虚拟现实（VR）、增强现实（AR）、人工智能（AI）和自适应学习技术只是可以增强混合式学习体验的工具的几个例子。这些技术可以创造身临其境的互动学习环境，为学生提供探索和理解复杂概念的独特机会。

在传统教育机构中实施混合式学习，将混合式学习融入传统教育机构需要精心规划和实施。首要是确保必要的基础设施和资源到位，包括可靠的互联网接入、合适的学生设备，以及学习管理系统（LMS）来管理在线内容和评估。教师的专业发展对于成功实施混合式学习至关重要。教师必须接受培训，将技术有效地融入课堂教学，并使用在线资源支持学生学习。提供持续的支持和指导可以帮助教师应对混合式学习的挑战，并最大限度地发挥其优势。值得注意的是，过渡到混合式学习并不意味着完全放弃传统的教学方法。面对面教学在学习过程中仍扮演重要角色。混合式学习应补充传统的教学方法，为学生提供更多的资源和参与学习的机会。

冯晓英（2020）对 82 个国内外典型的混合式教学实践案例进行编码分析，提炼出实现有效、高效、有吸引力和个性化的混合式学习设计的四个典型策略——明晰的核心目标，线上、线下、现场教学的相辅相成，开放式的学习活动、真实的学习体验，数据驱动的学习分析技术。混合式学习从 20 世纪 90 年代末至今，经历了从技术应用 1.0 版到技术整合 2.0 版再到专注学习体验的“互联网 +”3.0 版的变迁。其内涵演变为“基于移动通信设备、网络学习环境与课堂讨论相结合的教学情境”。它是面授教学与在线教学的混合，也是以学生为中心的教学与辅导方式的混合。它超越了单一学习环境所拥有的力量，成为一种全新的、提高学生学习绩效的最佳学习方式。教师的主要职责则转变为学习的设计者和促进者。

当前，学界更多关注混合式学习的设计与实施、评价标准、教师接受度、影响因素等问题，试图发掘教师开展混合式教学的不同解释框架，其中代表性理论有探究学习共同体（Community of Inquiry）、颠覆式创新理论（Disruptive Innovation）、ADDIE 教学设计模型、混合式教学动态支架模型、技术接受模型（Technology Acceptance Model）等（李颖，2022）。

根据联合国教科文组织2020年给出的普适性定义，混合式学习是指“一种将远程学习和面对面学习相结合，以改善学生体验，并确保学习连续性的学习方式”。混合式学习有时也称为Blended Learning，是指有30%～79%的课程内容在网上教授，与之相反，“面对面”教学指不超过29%的内容在网上教授，包括传统课程和网络辅助课程，而网络课程则是指至少80%的课程内容是网上教授的，如图2-1所示。

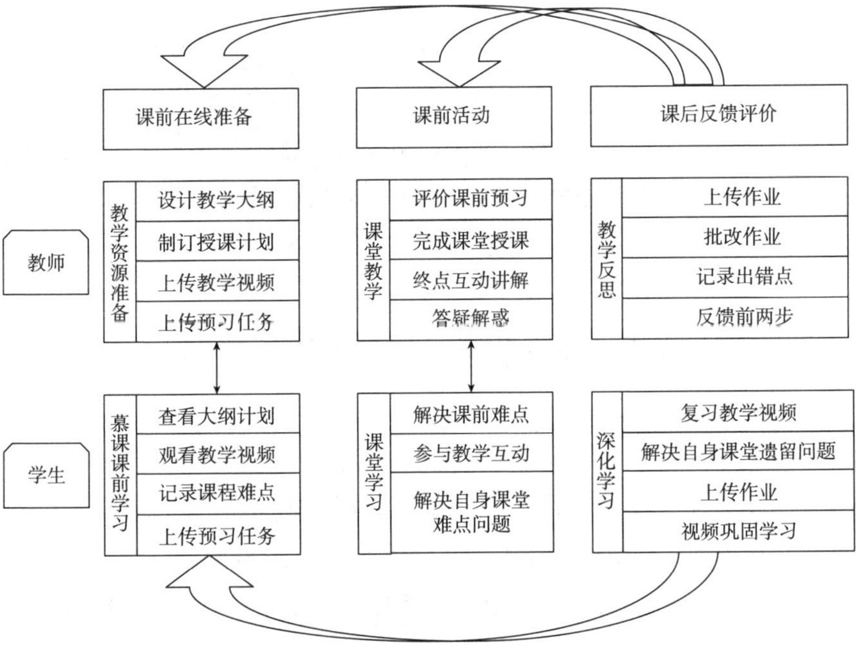

图2-1　慕课混合式学习过程

混合式学习包括以下几个关键要素：

面对面教学与在线学习的结合：混合式学习不仅是简单地将传统课堂教学搬到线上，而是通过将两者有机融合，使学习者能够根据个人的时间安排和节奏进行学习。例如，部分课程内容可以通过视频、虚拟实验等在线资源完成，而其他课程则在课堂上进行讨论和互动。

多种教学方法和技术的整合：混合式学习不仅限于面对面和在线学习的结合，还包括多种教学策略和技术的综合应用。例如，它可能涉及翻转课堂、游戏化学习、协作学习等多种教学方法。

灵活性和个性化：混合式学习提供了高度的灵活性，使学生可以根据自己的时间安排及学习风格选择合适的学习路径和资源。同时，强调学习者的主动性和自主性，鼓励学习者在学习过程中发挥主导作用。

教师和学习者的互动：混合式学习强调教师在引导、启发和监控教学过程中的主导作用，同时充分体现了学生作为学习主体的重要性。教师和学习者之间的互动是这一模式成功的关键因素之一。

技术的应用：混合式学习依赖于现代技术的支持，如网络课程、视频教学、虚拟实验室等，这些技术不仅丰富了教学手段，还提高了教学效果。

总之，混合式学习是一种创新的教学模式，通过将传统教学与现代技术相结合，旨在提高学生的学习效果，增强他们的批判性思维、决策能力和协作能力。

2.2　慕课混合式学习的设计原则

Manna M.（2023）在其著作《慕课混合式学习》（*Blended Learning and MOOCs*）一书中介绍了混合式学习的核心原则和概念，探讨了混合式学习设计中的基本方面和设计考虑因素，包括点对点活动和交互设计的必要性，阐述了复杂自适应混合式学习系统理论框架中各个角色之间相互作用及如何创建数字化丰富的学习生态系统。通过混合式学习设计，面对面和在线学习都因彼此的存在而变得更好，它提供了在满足新时代需求的同时，重新获得高等教育传统价值的可能性。混合式学习是面对面和在线学习体验的融合。基本原则是面对面的口头交流和在线书面交流是最佳的整合，这样每一种优势都融合成一个独特的学习经验，与环境和预期的教育目的一致。虽然混合式学习的概念在直观上可能是显而易见和简单的，但实际应用要复杂得多。混合式学习代表了课堂接触时间的重组，目标是提高参与度，并扩大基于互联网的学习机会。最重要的是，混合式学习是一种根本性的重新设计，它改变了教与学的结构和方法。

要想混合式学习取得好的效果，课程设计的关键是：①精心整合面对面和在线学习；②从根本上重新思考课程设计，以优化学生的参与度；③重组和取代传统的上课时间。

混合式学习是一种重新设计教育的方法，加强和扩展学习，并提供有效管理大班的设计。它代表了一种独特的设计方法，超越了传统的课堂范式。面对面和在线学习活动的比例存在很大差异，但混合式学习是通过面对面和在线学习的融合来区分的，这是乘法，而不是加法。

混合式教学设计应遵循系统化的理论与方法，充分考虑教学情境的复杂性，注重过程中的动态调整与反馈改进，努力构建富有成效的混合式教学新范式，以提高教学质量和学习效果。因此，采用何种方法需要根据具体的教学环境和条件进行深入分析与设计。

一般而言，这一过程包括以下四个关键步骤：

需求分析与目标确立：相关教学机构应首先对课程目标进行明确界定，并深入分析学习者的特点、学习环境及内容需求，为混合式教学的开展做充分准备。在此基础上，进一步明确学习目标及预期的学习结果，为后续教学设计提供明确指引。

教学策略与资源规划：基于既定的学习目标和学习者特点，教师应设计混合式教学的具体策略，包括线上线下教学活动的组织安排、个性化学习支持的提供，以及相关数字化教学资源的开发与整合。同时，需要对教学环境和所需工具进行充分的规划与准备。

约束条件分析与动态调整：在实施混合式教学的过程中，可能会遇到诸如学生个体差异、不稳定的网络环境等诸多约束因素，从而影响教学目标的实现。因此，教师需要密切关注这些约束条件，并及时进行针对性调整，包括重新确定学习目标、优化教学策略、升级教学资源等，确保教学活动顺利开展。

过程评价与反馈改进：混合式教学是一个动态的迭代过程。在实施过程中，教师应采取形成性评价，及时了解学习效果，并根据评价结果进行持续优化，推动混合式教学方案不断完善，确保最终实现预期教学目标。混合式学习与评价的教学模型概括了该教学过程，如图 2-2 所示。

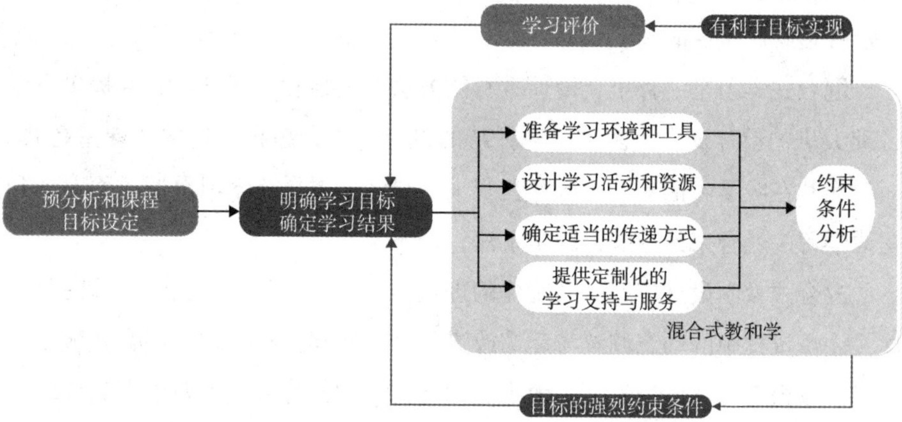

图2-2　混合式学习与评价的教学模型

2.2.1　混合式教学的两大核心理念

混合式教学作为当代教育改革的重要形式，其设计原则需深刻把握两大核心理念，以确保教学效果的最大化。

（1）以建构主义学习理论为基础。

首先，混合式教学的设计应深度契合建构主义学习理论。建构主义强调学习者是知识的主动建构者，而非被动接受者。具体设计原则如下：

以学习者为中心：课程设计应以学生的学习需求和兴趣为出发点，鼓励学习者参与到学习目标的设定和学习过程的规划中。通过提供个性化的学习路径，学生可以在自主学习中找到适合自己的学习方法。

知识与能力的协同发展：在混合式教学中，知识的传授和能力的培养应当并重。教学工作者设计课程时，应注重将理论知识与实际应用相结合，通过项目式学习、案例分析等方式，促进学生在真实情境中运用所学知识，提升解决问题的能力。

主动建构与反思：教学活动应设计为鼓励学生主动探索和反思的过程。通过引导学习者进行小组讨论、头脑风暴、协作学习等方式，促使学生在互动中建构新知识，并通过反思巩固学习成果。

（2）在线学习与线下学习的有效融合。

混合式教学强调在线学习与线下学习有机结合，充分利用信息技术的优势。

多元化学习资源：在线学习平台应提供丰富多样的学习资源，包括视频讲解、电子书籍、互动练习等，以满足不同学习者的需求。线下课堂则应侧重于互动性强的活动，如讨论、实验、现场演示等，补充和深化在线学习内容。

灵活的教学模式：混合式教学应具备灵活的教学安排，允许学生根据自身情况选择适合的学习时间和地点。教师需制订灵活的教学计划，既要有固定的线下授课时间，也要有开放的在线学习模块，以适应学生的个性化需求。

技术支持与反馈机制：信息技术的运用是混合式教学的标志。在线学习平台应具备强大的技术支持功能，如实时答疑系统、学习进度追踪、自动化评测等。同时，教师应通过线上线下相结合的方式，及时获取学生的学习反馈，并据此调整教学策略，确保教学效果。

总之，混合式教学不仅是学习方式的变革，更是教学理念的深化。通过将建构主义学习理论与现代信息技术有机结合，混合式教学为学生提供了更为灵活、高效和个性化的学习体验。教育者在设计混合式教学时，应始终坚持以学生为中心，注重知识与能力的协同发展，灵活运用多元化的教学手段，真正实现教育的优化与创新，如图 2-3 所示。

2.2.2 混合式学习环境是重要支持

混合式教学是实现因材施教的理想选择，通过巧妙结合数字技术和传统教学手段，打破了时间和空间的限制，整合线上线下的学习资源，创造出灵活、多样、个性化且具有针对性的学习支持环境，展现出独特的优势和鲜明特点。

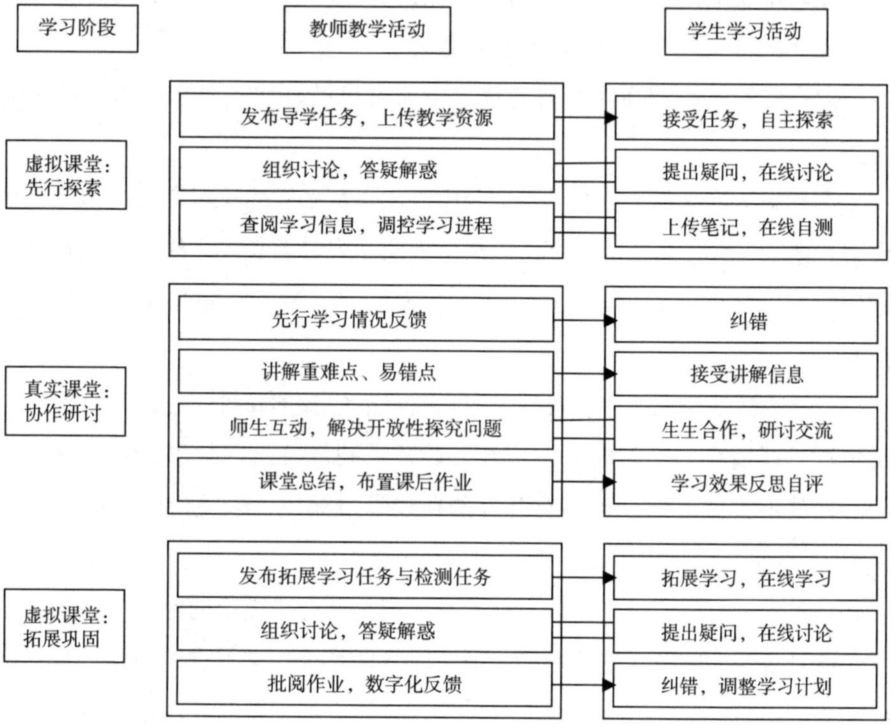

图2-3　混合式教学组织模式图

（1）媒体化。

混合式教学充分利用数字技术，为学生提供文本、音频、图像、动画和视频等多种数字化学习资源，使学习者在丰富多彩的数字环境中获得直观的感知和生动的体验，从而使学习变得更加轻松有趣。

（2）融合性。

该模式强调“课前线上自主学习 + 课堂学习 + 课后线上自主学习”的有机融合。课前，学生通过在线平台了解学习目标和内容，利用丰富的学习资源进行自主探索。课堂上，教师引导学习者进行深入交流和问题探讨。课后，在线平台继续提供资源，帮助学生巩固和拓展学习成果，提供精准的学习支持。

（3）主体性。

混合式教学注重激发学生的学习兴趣和动机，倡导学生自主选择学习内容、时间和方式，提高他们的学习积极性、主动性和创造性。

（4）互动性。

通过小组协作、实时互动和问题讨论等方式，增强学习者与教师、学习者与学习者之间的互动交流，促进深度学习和知识共享。

（5）针对性。

在线学习平台允许学习者根据自己的学习风格、兴趣和能力水平选择适合的学习内容和方式，满足个性化学习需求。教师则可以根据大数据分析和反馈，了解学习者的学习特点和需求，因材施教。

学校提高课程教学效率需要从外部构建和内部重构两个方面入手，营造适合混合式教学的环境。

外部构建：搭建技术平台，创建良好的应用环境。平台应汇聚多样化、内容丰富、学科齐全的优质教育资源，提供在线学习、交流讨论和作业提交等功能。通过远程授课、实时互动和在线答疑，加强师生互动，提供针对性的学习指导和支持。平台还应收集学习者的线上测试、作业成果和课堂表现数据，进行智能分析、科学诊断和综合评价，指导学习者根据反馈调整学习策略。

内容重构：从教学目标、课程内容和教学规划等方面支持学生进行自主学习、协作学习和探究学习，培养创新能力和终身学习能力。

教师依据课程标准和学习者学业水平，制定清晰具体的教学目标，引导学习者正确理解学习内容和达成目标的方法。设计课程内容，包括课程大纲、视频讲座、在线讨论和模拟实验等线上学习，供学习者自主学习和巩固知识。线下教学则聚焦重点难点解析、实践操作指导和小组讨论交流等深层次教学活动。

另外，明确教学目标的时间表和路线图，具体到每周或每天的学习任务、线上线下教学时间分配、实践活动和课后作业等，确保学生有足够的时间进行线上学习和线下教学，并通过灵活的预案设计动态适应学习者的学习需求。

2.2.3 以师生需求为导向

关注师生需求，是成功的关键。在实际教学中，应正视混合式教学模式的挑战，以师生需求为导向，依托数字技术推进混合式教学。

（1）提供充足的学习资源。

优质的教育数字资源是混合式教学顺利实施的前提。学校应加强教学资源的统筹管理，建立完善的资源共享机制和平台支持体系，鼓励教师开发和利用优质教学资源，使资源与课程目标和内容紧密相关。

（2）提升教师的数字素养。

教师在混合式教学中扮演重要角色。提升教师的数字素养和数字化教学能力是必要的。教师应积极学习和掌握线上线下混合式教学的理论和方法，及时调整教学计划，重视师生在线交流，准确掌握学生学习情况。学校应加大对教师的培训力度，提高其专业能力和水平，并引进专业人士进行技术培训，确保混合式教学满足学生个性化发展的需求。

（3）关注学习者发展需求。

在线学习要求学习者具备较强的自律性和自主学习能力。教师应通过设置明确的学习目标、制订合理的学习计划和加强在线监督来引导学生养成良好的学习习惯。此外，教师需要关注学习者在混合式教学中的情感体验，及时了解并帮助他们解决的困难，减轻压力，激发学习兴趣和动力。

通过上述措施，混合式教学将更好地实现因材施教，为学生提供高效、个性化的学习支持，全面提高教学质量和学习效果。

2.2.4　基于混合式学习的教学设计原则

设计有效的混合学习体验，需要仔细考虑以下几方面的教学设计原则：

明确学习目标：明确学习目标，确切界定每一课或模块的学习目标，以指导选择适当的在线资源和活动。

引人入胜的内容：使用各种多媒体资源，如视频、交互式模拟和在线测验，使学习体验具有吸引力和互动性。

主动学习：给予学生积极参与和应用知识的机会，包括小组讨论、实践活动和基于项目的评估。

定期反馈：为学生提供及时且建设性的反馈建议，以指导他们在正确轨道上进行学习。

灵活性和差异化：为不同风格和能力水平的学生提供多种展示理解能力并适应个别需求的途径。通过遵循最佳实践和以学习者为中心的设计思路，教育者可以创造出吸引人、高效且符合学习者需求的混合式学习体验。

2.3 基于慕课的混合式学习模式

在数智化时代背景下，传统的课堂教学模式已不足以应对人们对教育多样化和个性化的需求。随着数智技术的飞速发展，混合式教学模式日益丰富，并在教育领域中扮演越来越重要的角色。下面，笔者介绍四种基于慕课的混合式学习模式：慕课学习 + 习题讲解、慕课学习 + 技能实操、慕课学习 + 案例研讨及慕课学习 + 小组项目。

2.3.1 慕课学习 + 习题讲解

该模式是混合式教学的一种经典形式，它巧妙地将传统课堂教学与网络教学相融合。在此模式下，教师能够利用慕课平台发布课程资料、布置作业、与学生进行在线互动以及收集学生的学习信息。学生则能在线上访问课程内容、完成作业，并与教师及同伴进行交流。借助慕课平台的数据监控与分析功能，教师可以及时掌握学生在预习中遇到的难题，并在课堂教学中进行针对性的讲解和指导，从而促进学生对课程内容的深刻理解，如图 2-4 所示。

图2-4 基于慕课+习题讲解模式的混合式学习设计

该模式的优点在于，学生可以灵活安排自己的学习时间和地点，同时享受丰富的教育资源和多元化的学习方式。教师则能通过在线平台实时跟踪学生的学习进度和反馈，调整和优化教学内容，以提高教学效果。具体的混合式教学设计过程如下：

（1）课前学习部分（30～40分钟）。

主要目的是为学习者提供自主学习的机会，并让他们对课堂内容有初步的了解和掌握。在这一阶段，教师通过慕课平台提供预习材料，包括视频讲座、阅读资料和初级测验等。学生需要观看视频课程，并完成相应的练习和作业。这有助于学生构建知识框架，为课堂学习打下基础。具体可以从以下几个方面进行设计：①观看慕课平台上的视频课程，回答视频中自带的嵌入式问题，可以加深对知识点的理解。②阅读慕课平台上的电子资料，帮助学生扩展知识面。③完成慕课平台上的练习题，通过自动评分系统，即时了解自己的学习成果。④观看慕课课程主讲教师针对问题解法的讨论视频，学习问题解决的不同方法和技巧。

鼓励学生在慕课社群中进行讨论，讨论版由教师和助教创设与管理，为学习者提供一个交流的平台，学生随时提问，师生或者生生之间有更多的讨论与分享，扩大了学习空间。

填写评估问卷，教师主要针对慕课平台上的教学内容和知识点，理解难度等。通过评估问卷，教师可以了解学生的学习情况，进一步优化教学内容。

（2）课堂面授（60～90分钟，每周1次，详见图2-5课堂面授安排与设计）。

图2-5　课堂面授安排与设计

在课堂面授与互动讲解阶段，教师会根据学生在课前学习的情况，有针对性地进行知识点的梳理和深入讲解。这一阶段强调师生互动，教师可以通过实时互动平台进行提问、答疑和讨论，以促进学生的深层理解和应用。同时，教师也会利用一些智慧教学工具进行随堂测试和根据测试的数据结果给予重点讲解答疑，及时了解学生的学习效果。

预热和导入（10分钟）：教师问一些与课前学习相关的问题以起到检验学习、激活知识的作用，助教利用这一时间查看课前调查，并将学生反馈的难点告知教师。

重难点知识讲解（30分钟）：教师对课前调查中学生反馈的难点进行讲解，如果没有过多的难点则解决一个示范性问题，这个问题涵盖了本节课最主要的知识点。教师也会对网络学习的部分进行总结。

小组测验及讲解（10～20分钟）：学生以小组为单位，在教师的带领下探索解决不同类型问题的方法和策略。小组测验的结果会被收集起来并作为整体成绩的一部分，然后教师对问题的最佳解法进行讲解。

个人测验及讲解（10～20分钟）：学生以个人为单位进行测验，测验成绩会被记录下来，占学生最终成绩的10%。然后教师对问题的最佳解法进行讲解。

总结与下节课内容安排（5～10分钟）：教师介绍下节课的主要内容，包括在课前学生要学习的慕课课程资料。

（3）课后活动。

教师通过邮件向缺席学生提供本周课程内容的详细概述，包括讲解内容的总结和小组及个人测验的解法，并鼓励他们积极参与未来的课堂活动。还可设定每周1小时的办公时间（面对面交流），专为解答学生疑问。

该教学模式易于上手、成本效益高以及资源调用相对灵活。它依赖于公共网络平台，如国家智慧教育平台或其他慕课平台，这些平台拥有庞大的用户基础。考虑到用户的操作舒适度，使用这些平台教学无须额外培训，教师和学生只需注册成为用户即可直接利用海量的网络资源，不收取任何费用。然而，这种模式也存在明显的缺点。资源调用的灵活性可能导致权限管理问题，学生在使用公共网络平台时因浏览或添加无关内容而分散注意力，这会降低初期的学习效率，导致中期教学节奏跟不上，后期在线答疑时面临无问题可问的困境。

课程的适用性：这种模式较适合基础型学习的课程，其知识体系相对稳定，课程目标聚焦于知识掌握和问题解决能力的培养。

不同课程需要根据实际情况调整设计应用：

数学、物理、化学等课程：学生在课前通过慕课学习并独立完成题目，课堂上集中解决共性问题。

电子线路类课程：学生在课前通过慕课学习并完成基础题自测，课堂上小组合作解决更复杂的问题。

计算机类课程：学生在课前通过慕课学习，课堂上小组完成教师布置的编程任务。

历史、文学类课程：学生在课前通过慕课学习并准备教师提出的思考题，课堂上教师总结知识要点，小组内讨论并答疑，然后分享思考题的答案。

2.3.2 慕课学习 + 技能训练型课程

（1）课前学习活动。

课前学习活动：网络学习 + 自测题，如图 2-6 ～图 2-8 所示。

图2-6 慕课学习之课前学习

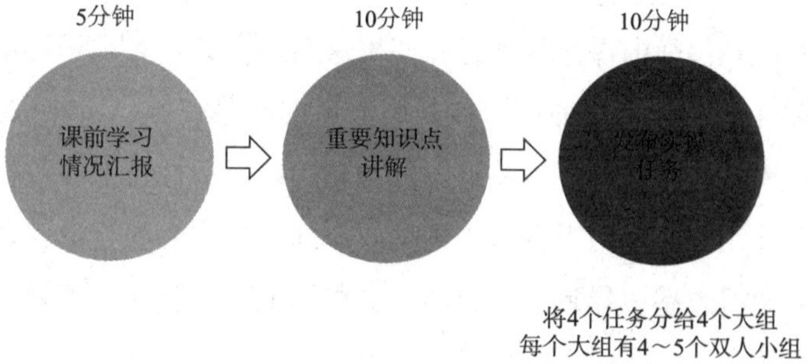

图2-7 慕课自学之任务发布

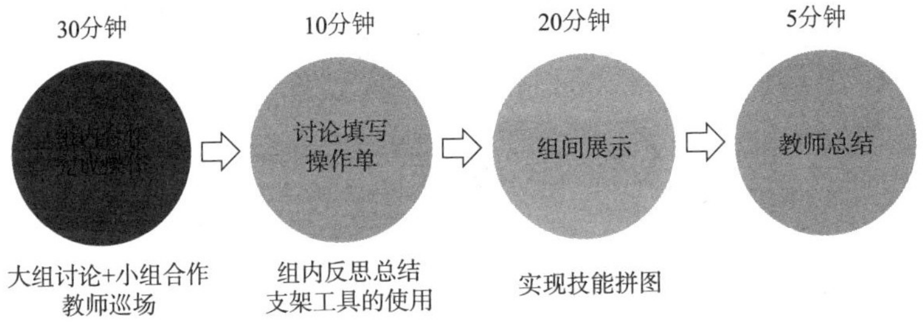

图2-8 慕课见面课设计

（2）课程适用性。

慕课学习＋技能训练：更适合偏重于对技能的训练和掌握，强调同伴的作用。

英语口语类课程：学生在课前完成慕课学习与自测，同时阅读并准备在线布置的情境模拟任务；课堂上，首先针对学生准备的情境任务进行练习，随后教师发布新的任务。

法律公文写作课程：学生在课前参与慕课学习，并完成慕课中的同伴互评任务，实现论文的初稿撰写与修改；课堂上，学生交换论文，或由教师展示论文修改建议，从而完成论文的第二轮修订。

生物学实验课：学生在课前通过慕课学习并完成自测，熟悉实验规程；课堂上，教师在讲解重点和注意事项后，指导学生开展实验操作。

另外，此模式类型中，还有基于虚拟仿真与现场实践相结合的慕课＋技能训练模式，在数智化技术的加持下有非凡的应用价值，基于慕课＋实际操作训练的混合学习模式，如图 2-9 所示。

实践模式是混合式教学的一种重要形式，它融合了虚拟仿真与现场实践，为学生提供更加真实、生动的实践体验。在这种模式下，教师利用虚拟仿真平台辅助知识讲解，学生则通过该平台进行模拟实验和操作，以了解实际流程和关键要点。在现场实践环节，教师负责重难点讲解、操作示范、现场指导及点评，而学生则在真实的教学场景中进行流程操作和小组互评等活动。

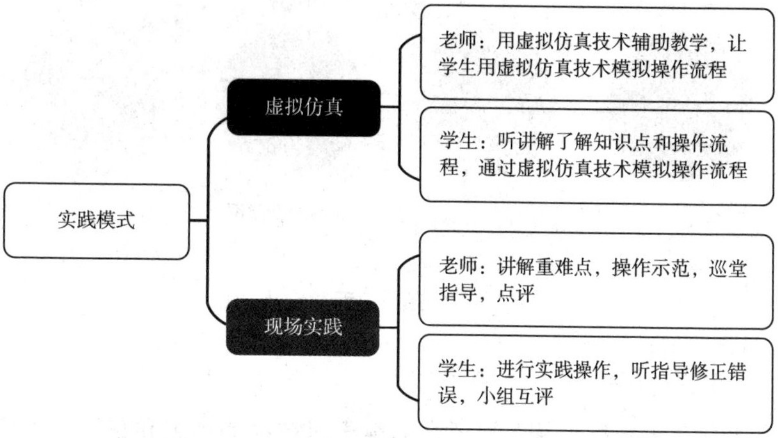

图2-9　基于慕课+实际操作训练的混合学习模式

实践模式的优势在于其能够提供丰富、真实的实践体验，使学生更深刻地理解理论知识在实际工作中的应用，从而提升问题解决能力。虚拟仿真技术的应用不仅降低了实践成本、减少了风险，还提高了实践的安全性和可靠性。此外，这种模式还能培养学生的动手能力和创新思维，有助于提升学生的综合素质。

2.3.3　慕课学习 + 案例研讨

课程信息：管理学基础与应用，该课程为本科生专业基础课、必修课，以往传统授课只讲解教材知识，缺少应用。

混合出发点：增强学生知识迁移的能力，强调真实问题解决；培养资料搜集、资料分析、汇报等多种能力。

（1）开课前的准备工作。

知识点梳理：将课程知识分解为六个基础模块。

明确知识点讲解方式：确定哪些知识为自学，哪些知识为课上练习。

寻找匹配案例：为知识点选择对应的案例；强调案例的代表性和完整。

（2）课前学习部分（图 2-10 ～图 2-12）。

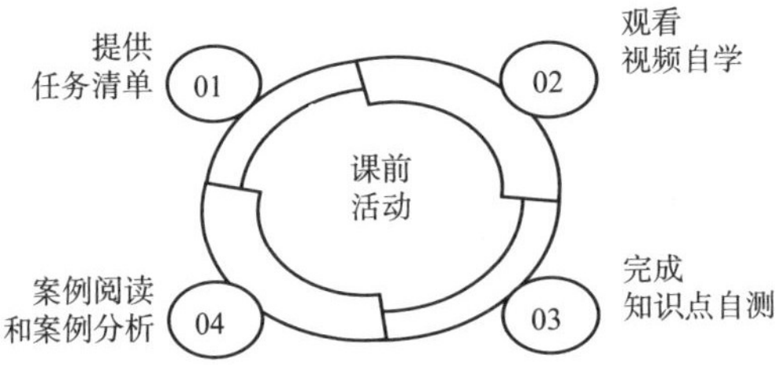

图2-10　慕课+案例研讨之课前准备

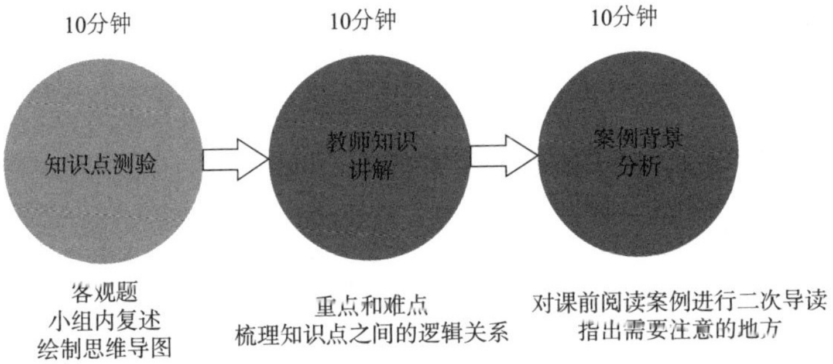

图2-11　慕课+案例研讨之课上分析

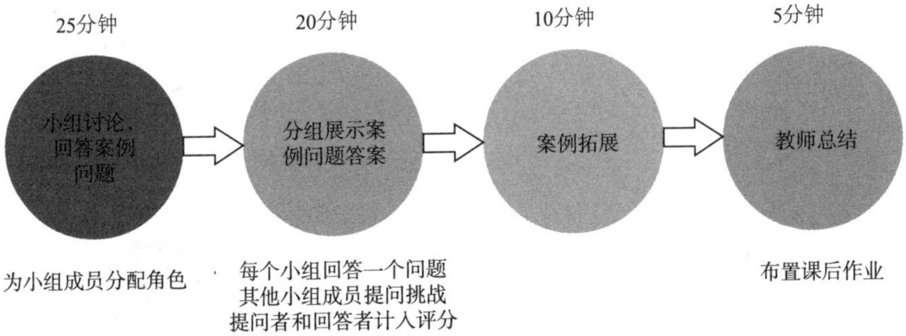

图2-12　慕课+案例研讨之案例讨论

（3）课后活动。

课后活动围绕案例展开，对课上案例进行续写，每个小组搜集一个相关案例，建立案例库。教师提供类似案例，写作案例分析报告。小组自己搜集案例，并对案例进行分析。

适用性：该模式更适合偏重于对知识和技能的综合考察与真实世界问题的解决。

例如，在医学类课程中，学生课前学习慕课，完成知识自测，课上进行病例研讨，解决内容多、课时少和讲解多、应用少的问题。

在法律类课程中，学生课前学习慕课，课上进行案件研讨和案件模拟。在物流管理类课程中，学生课前学习慕课，课上进行案例模拟，以小组形式展开，不同小组成员扮演物流过程中的不同角色。

在建筑史课程中，学生课前学习慕课，按照教师要求搜集一个建筑案例，课上进行分享和集中讨论，分析建筑特点和原则。

2.3.4　慕课学习 + 小组合作项目

慕课学习 + 小组合作项目如图 2-13 所示。

以“创业管理”研究生课程为例，传统课堂以教师讲授为主，混合设计的出发点：我们的目标是增强学生的知识迁移能力，并强调解决真实问题的重要性。我们希望通过这种方式，锻炼学生搜集资料、分析资料和汇报等多种能力，培养研究兴趣和小组合作技能。

课前需告知学生混合学习形式，学生要成为学习的主体，期末测验和作业占总成绩的 40%，慕课学习成绩占总成绩的 30%，课堂汇报和讨论占总成绩的 30%。

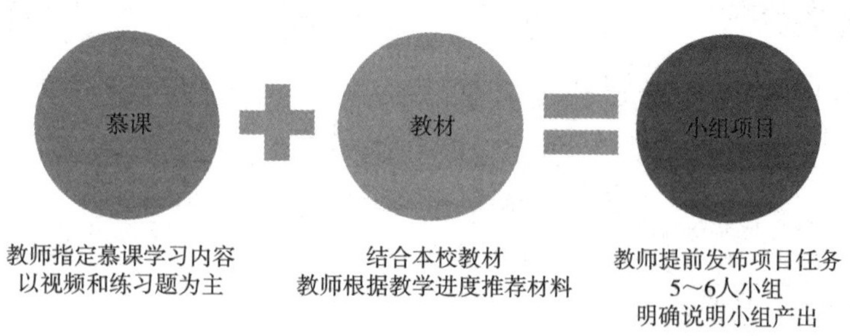

图2-13　慕课+小组合作项目

（1）课前学习活动：慕课学习 + 小组研讨（图 2-14、图 2-15）。

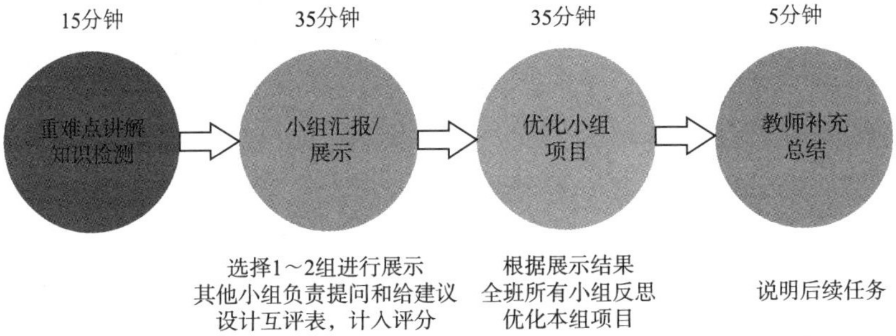

图2-14　慕课+小组合作项目之课前获得

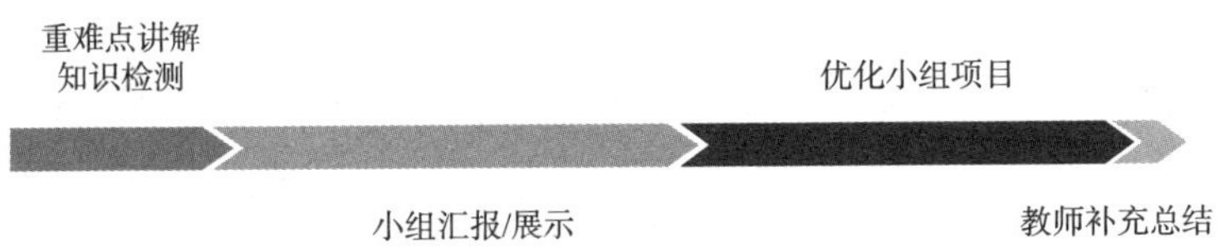

图2-15　慕课+小组合作探究

（2）课程适应性。

慕课学习 + 小组研讨更适合偏重于对知识的应用及小组创造，对学生能力要求相对较高。

生物信息学课程：学生在课前完成慕课学习，并要求每个小组就生物信息学领域的最新科研动态准备专题报告。每周的课程中，邀请两个小组进行分享，并提前与教师共同备课。

人机交互设计课程：学生在课前完成慕课学习，课堂上进行设计项目的汇报展示和优化。

文化类、历史类课程：学生在课前完成慕课学习，并对本地的文化现象或历史事件进行资料搜集，制作成作品或报告，在课堂上分享。

经管类课程：学生在课前完成慕课学习，在本地开展一项真实的管理工作任务，如市场调研或制订营销方案，并在课堂上进行分享和优化。

朱雪梅（2019）在全国范围内进行了一项调研，探讨“未来你心目中最理想的教学方式”，共收到来自 31 个省份 1559 名教师的回答。调研结果显示，“线上学习与线下研讨结合的混合式教学”以 34.12% 的比例位居榜首，其余受欢迎的教学方式依次为问题解决式教学、启发式教学法、案例教学法和小组合作教学等。这一调研结果表明，混合式教学在教育界的影响力逐渐增强，越来越多的教师开始倾向于采用这种教学模式。然而，实施混合式教学并非易事，需要教师、学生、内容设计和基础设施等所有教学元素的协同作用，才能确保教学效果达到最佳。因此，对于教育工作者来说，如何有效地整合这些元素，打造高质量的混合式教学环境，是一个值得深入探讨和实践的重要课题。

以下八个因素是成功实施混合式学习的基本要求（Lalima，2017）：

①训练有素的教师。虽然混合式的中心是学生，但教师应该充分了解混合式学习的理念，并接受全面的培训，能够熟练地将两种教学方法（传统和技术）结合起来。他们应该能够将学习内容以数字形式呈现，以便学生在线获取。他们应该熟悉互联网浏览和互联网术语，知道如何借助慕课平台、腾讯会议等可用于教育目的的视频软件或者社交网站，帮助学生更好地获取资源，更广泛地与学习者之间产生联结，联通学习。

②具有科学态度的教师——教师拥有科学态度非常重要。他们应该具备良好的观察能力，乐观积极，具备解决问题的能力。科学态度将帮助教师应对他们在实施创新概念时遇到的失败，并帮助他们客观地分析条件。这种正确的科学态度会自然地从教师传递给学生。

③教师应具备更广阔的视野和积极的态度，因为这对于任何创新想法或方法在混合式学习过程中取得成功是必不可少的。同时，教师还须具备灵活性，并做好接受变化、持续创新和动态调整的准备。

④设施齐全是混合式学习的必要条件之一，包括设备完善的计算机实验室和互联网连接等。基础设施对于混合式学习起重要作用，学校不仅需要提供良好的教室环境，还应该配备设施齐全的计算机实验室，并且有足够数量的计算机满足一个班级所有学生使用。此外，在条件允许的情况下，学校还应该提供互联网服务，以及覆盖 Wi-Fi 网络。

⑤除学校拥有完全支持信息通信技术（ICT）的校园外，学生也应该在个

人电脑上访问互联网。为了实现这一点，在他们居住地进行在线和离线学习时，学生家长和学校需要采取积极态度支持并确保学生拥有基本硬件支持。

⑥制度的灵活性是实施混合式学习至关重要的因素，包括课程表和考试制度的灵活性。

⑦家长应充分认识并支持这种创新教学方法，以便为孩子进行混合式学习做好准备，并接受与传统教学有所不同对孩子有益之处。

⑧由于混合式学习不适用总结性评价，学校和高等教育机构应准备好全面实施持续内部评价和其他形成性评价工具。同时，还应规定网上考试以增强制度的灵活性。如果不能达成这些基本要求，混合式学习将无法成功实施。

传达式：有效地传播内容（客观主义方法）；学徒式：塑造存在方式（在指导下做中学）；发展式：培养思考方式（建构主义 / 认知主义）；培育式：促进自我成效（关联主义，慕课的基础原则）；社会变革式：追求一个更好的社会。

这五种不同性质的教学观念与学习理论密切相关，并发展出各种教学方法。因此，从实用角度出发，选择哪种教学方法，与教学目标相关，不同的课程知识、技能、素养不同：

讲授法：适用于传达式观念，可有效传播知识内容，但不利于培养技能。

案例教学法：适用于学徒式观念，学生在师父的指导下练习，有利于技能培养。

小组讨论法：适用于发展式观念，通过交流思考培养批判性思维。

启发式教学法：适用于培育式观念，引导学生自主探索，促进自我成效。

项目式学习：适用于社会变革式观念，通过实践项目追求社会进步。

教学观念和教学方法密切相关，教师应根据教学目标和学生特点选择合适的教学方法。讲授法、案例教学法等传统方法仍有其适用性，但应与小组讨论法、启发式教学法等新兴方法相结合，以培养学生全面发展。

混合式学习作为一种新兴的教育模式，融合了传统面对面教学与在线学习的优势，为学习者提供了更为灵活和个性化的学习体验。在实施过程中，教师需要把握好以下三个方面：

①全面清晰的教学目标是教学设计的起点。在混合式学习设计中，明确的教学目标是教学活动的核心。教学目标应当与学习者的实际需求和背景相结合，以确保学习的相关性和有效性。教师可以运用布卢姆教育目标分类法，将教学目标分为认知、情感和能力三个层次，确保目标的多元化和层次性。

教学目标的设定应基于学生的先前知识和经验，结合课程内容，确保目标具有挑战性但又可达成；评价方式应与教学目标相一致，采用形成性评价与终结性评价相结合的方法，及时反馈学习进展，促进学习者的自我反思与成长；在教学过程中，教师应循序渐进地引导学生，从简单的知识记忆到复杂的应用与分析，确保学习者在每个阶段都能获得适当的支持与挑战。

②合理安排线上和线下学习活动。这是实现混合式学习有效性的关键。教师应考虑学生的学习负担，设计灵活的学习活动安排。在课前，教师可以通过在线平台发布预习材料，激发学生的学习兴趣；课堂上，结合面对面的互动与小组讨论，促进知识的深入理解；课后，利用在线测验与反思日志，帮助学生巩固所学内容。

同时，教师应灵活运用各种技术工具，如学习管理系统（LMS）、在线讨论论坛和视频会议软件，以增强学习的互动性和参与度。教师采用翻转课堂、项目学习等教学方法，鼓励学生主动参与，提高学习效果。

③强调反馈和课程特色的设计。反馈机制和课程特色的设计对于提升学习者的学习体验至关重要。

教师可以采用问卷调查、课堂讨论和个别访谈等方式，收集学生对课程内容、教学方法和学习活动的反馈。这种反馈不仅可以帮助教师了解学生的学习状况，还能为后续的教学改进提供依据。

课程设计应充分体现其特色，通过项目式学习、案例分析等活动，增强学习的实践性和应用性，使学生在真实情境中进行学习，提升其综合素养。

混合式学习起源于对面对面学习与在线学习各自优势的深刻理解，这为教育模式的重新设计开辟了广阔的空间，而不局限于增强传统的课堂教学。实现混合式学习的优化，意味着要恰当地运用在线学习体验（如虚拟实验室、模拟实践、在线课程与评估工具）来替代面对面学习的某些方面。混合式学习标志着一种新颖的方法论，它高效地将课堂活动与在线活动相融合，以确保与特定课程或项目的目标紧密一致。

尝试混合式学习必须认识到设计上的多样性与灵活性，以及采用非传统方式学习所带来的挑战。它建立在深刻理解高阶学习环境、社会化学习与互动、各学科特定要求及可用资源的基础之上。混合式学习设计起催化剂的作用，意味着从根本上重新定义和重构教与学的循环，其核心假设是，让教育理念向各种创新可能性敞开大门。因此，混合式学习须考虑一系列选择，这些选择要求重新审视学习者的学习方式，以期实现深刻而有意义的学习效果。

第3章　融合新技术和新情境的慕课混合式学习

乔治·西蒙斯（George Siemens，2006）在其著作 *Knowing Knowledge* 中提出“管道比管道内的内容更重要。我们明天所需要的知识的学习能力比今天所知道的知识更重要……然而，当需要知识但又不知道时，能够接入所需资源的能力就成为一项至关重要的技能。随着知识的不断增长和演变，获取所需知识的能力比学习者目前所拥有的知识更重要”。技术的进步和应用已经深刻地重塑了我们的生活方式、学习模式及交流的形态。西蒙斯强调，随着技术的渗透和普及，人类的认知结构正在经历显著转变，人们所使用的技术工具越来越多地塑造和引导思维过程。这种现象指向了一种趋势，即认知活动变得与技术工具的使用紧密相连，这些工具不仅改变了人们的知识获取和信息处理方式，而且影响了人们对世界的理解以及在其中的角色。

数智技术的引入使人们可以更方便地获取信息、分享观点和想法，并通过更多的连接方式进行合作。社交和职业网络的使用使得思想、媒体和信息能够更快速地发展和共享。数字时代的学习者不仅掌握了参与社会所需的概念和技能，还探索如何利用这些概念和技能来创造知识。数智技术正在以前所未有的速度渗透到教育领域，推动教与学的深刻变革。这一变革促使新兴的学习理论应运而生，为我们开启了崭新的教学视角。这些新兴理论聚焦于帮助精通数字技术的学生，培养先进的思维模式和有效的学习策略，从而获得更具意义的学习体验。

今天的时代是一个“内容消费时代”，文章、音乐、视频甚至游戏都是内容。既然有消费内容，自然就有生成内容的需求。随着技术的不断更迭，内容生产经历了 PGC、UGC、AIGC 的不同阶段的迭代。特别是以 ChatGPT 为代表的 AI 聊天机器人技术的兴起，颠覆了传统的内容生产模式，迎来了人工智能生产内容的新方式，即 AIGC。随着 AI 技术的不断发展，其丰富的知识图谱、自生成及涌现等特征，在内容创作方面将为人类带来前所未有的益处，如提高内容生产效率、丰富内容生产的多样性及提供更加动态且可交互的内容。

随着机器变得更加“智能”，教育机构必须定义和完善工作方式，以更好地反映“你和人工智能”的世界。人工智能越来越多地参与到人类的知识生产活动中，知识生产从“以人为主导”发展为“人机协同”工作，甚至在某些领域，人工智能已经取代了人类的劳动。例如在学术写作中，研究者利用 AI 等智能化工具和平台，开展定向研究和文献综述工作，对文献素材进行自动分类和标注，智能化生产文字，而人类的主要任务是知识开发和提炼，在生成式人工智能的基础上洞察真实的问题，提出新的观点，实现了学术研究的智能化，人工智能与人类智能的结合将会越来越紧密，生成式人工智能解决方案要依靠人类来塑造模型及其输出的质量，如图 3-1 所示。因此，对学术领域的个人和机构来说，保持对更高层次批判性思维的关注至关重要。

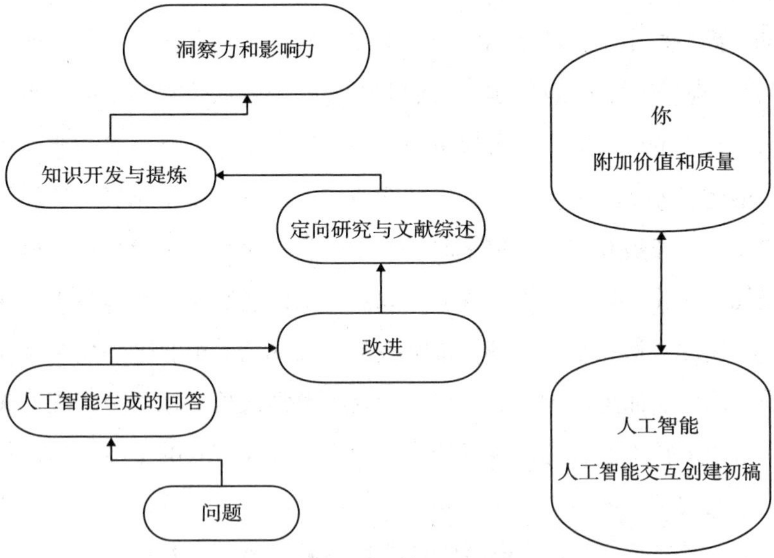

图3-1　知识发展的未来：在你与人工智能之间

来源：Gartner

随着新兴教育技术的迅速发展，教育系统需要建立强大的框架体系，以评估不同的、新颖的或已有技术的价值，并决定如何以及何时正确地运用这些技术，服务于教育事业。在数字化时代，混合式学习、在线教育、社交媒体以及开放教育的兴起对于教学的有效性至关重要。这些趋势不仅改变了教学方式，也促使教育者不断探索创新的教学方法，以更好地满足学习者的需求和挑战（Bates，2015）。面对数智时代下学习方式的巨大转变，我们应当高度重视这些新兴学习理论，引领教育事业实现整体性的变革创新，培养学习者适应数智社会的核心素养（Starkey L，2012）。

现阶段人工智能对人的智能性替代仍处于不断学习的发展阶段，并呈现出领域内的专业化研究趋势。在人工智能取代人类专业能力后，在实现其跨领域的通用能力时，它毋庸置疑地会成为“类人”的高智商机器人，并彻底解放人们对 AIGC 的想象，那时，AIGC 也将真正到来。从宏观层面分析，人工智能生成式内容（AIGC）技术的延伸与扩展为人类智能带来了新的可能性，同时降低了应用门槛，进而使其影响力得以无限泛化。特别是在教育领域，AIGC 技术的引入已经开始替代部分基础性工作，从而重塑了社会的人力结构和对人才的需求。AIGC 技术与现代教育在教学内容、师资配置以及交互方式等方面存在巧妙的契合，凸显了技术在实践中的必要性。从教学辅助向自适应学习的发展，AI 技术推动了因材施教的大规模实施。

根据《挑战者》（*Challenger*）报告，2023 年 5 月，美国科技行业因 AI 替代而失业人数达到 3900 人，这一趋势引发了对未来劳动力市场的深刻反思。此外，麦肯锡的数据预测显示，到 2045 年左右，有 50% 的工作将被 AI 替代，比之前的预估提前了 10 年。在这一变革浪潮中，那些拥有创造性思维、深度思考等高阶智力能力的人才将因 AIGC 技术带来的效率优势而受益，他们会成为 AI 的引领者。相应地，对这类人才的需求将会增长，也会驱动教育领域涌现出更多的专业和学科，同时对教育课程、专业设置及人才素养评价提出全新的挑战。根据世界经济论坛发布的《未来就业报告 2023》，在未来 5 年内，人工智能、商业智能分析师、数据科学家等大数据相关职位的需求将呈现快速增长势头。这些职位所需的创造性思维、技术素养、好奇心和学习能力等通识素养被认为是未来最迫切需要培养的技能。在智能时代背景下，传统技能已不足以满足社会需求，学科之间的界限不断模糊，跨学科人才的需求日益紧迫。

这一趋势凸显了教育领域在培养未来人才方面的重要性，要求教育机构和教育者不断创新，积极调整教育课程和专业设置，以应对智能时代对人才的新要求。同时，学生也需要培养适应未来社会需求的综合素养，包括创新精神、团队合作能力、跨学科思维等，以适应工作环境的变化和挑战。

人类借助工具认识世界，工具的发明创新推动人类历史的进步，同样，教育手段和方法的变革与创新业推动教育的进步发展。人工智能改变教育是一个必然趋势，实际上，在 ChatGPT 惊艳全世界之前，已经有很多 AI 产品在教育中发挥作用，比如 AI 应用于拍照搜题、分层排课、口语测评、组卷阅卷、作文批改和作业布置等。

事实上，网络社会和人工智能（AI）正在深刻地改变我们的社会、生活、学习和工作条件。许多人已经注意到了即将发生在现代社会中的事情，这使人们越来越焦虑甚至恐惧。许多大学在 AIGC+ 教育方面经历了一段观望、禁止、反思、放开的挣扎历程，这些忐忑反复的经历代表了全球态度的变迁，既反映了全球对人工智能技术在教育领域应用的谨慎与追求协调发展的态度，也体现了对技术发展所带来深远影响的审慎态度。即便在此背景下，也要坚守传统并不断创新。这种全球范围内对 AIGC+ 教育的认知和探索，将为未来教育和人工智能技术的融合提供更多思考和指导。这一探索也将推动教育领域的变革与创新，为构建智能化、个性化的教育体系提供理论与实践支持。

在知识量、信息获取和处理方面具备强劲能力的 AIGC 技术，迫使教育领域深入审视现有教育框架。在教学主体方面，AIGC 引领人机协同教学和师资强化的期许，同时带来了对 AI 挑战教师主体地位的思考；在教学载体方面，AIGC 技术有望赋能教师实现规模化因材施教，但也对传统学习模式和评价工具提出挑战；在教学内容方面，强调了高阶通识能力和跨学科复合能力的重要性，并结合 AIGC 技术素养的要求；在学习主体方面，引发了对教育人类还是训练大型模型的哲学思辨，两者可能存在对广义教育资源的竞争。

AIGC 技术在教师、学生、管理者多重角色中，在学术科研、备课规划、作业生成和批改、自主学习、辅助练习、测试评估等多种场景中都发挥重要作用。在实际应用中，AIGC 技术在 C 端（消费者端）表现优于 B 端（企业端）和 G 端（政府端），成人教育领域的应用优于高等教育、K12 教育和幼教领域，教师的应用优于学生和管理者。

技术，始终是媒介。AIED 的应用看起来非常清晰，易于理解，然而，问题很容易变得更复杂。学习者可能在“技术”下崩溃，从而对技术的潜力产生很多困惑。技术可以产生影响的不同类型，从没有任何功能变化的单纯替代，一直到通过技术发展而创造的以前难以想象的新任务。

通过学习如何使用新的人工智能工具和资源，从互动学习技术到先进的作业和评估策略，学习者将获得驾驭挑战和抓住人工智能带来的机遇的信心。融合新技术和新情境的混合式学习通过整合多样化学习情境、利用新技术支持学习活动，以及强调学习成果评价和反馈，为高等教育提供了一种创新的教学模式。这种模式能够更好地满足学习者个性化学习需求，提高学习效果，并培养学习者的创新思维和综合能力。

3.1 利用数智技术实现基于认知体验的学习

新技术在学习中的应用，尤其基于心理学、知识科学、教育学等领域的研究，开发出的计算机认知工具可以极大地方便学习过程，并促进深度学习。这些工具包括概念图、语义网、专家系统建模、数据库、电子制表、可视化工具、计算机化通信系统等。计算机认知工具在学习中具有多种重要功能，如创设问题解决情境、提高认知能力、帮助学生构建高阶思维模型、可视化呈现知识、帮助学生获取和表述知识、培养自学能力以及创造合作学习环境等。

美国学者库伯（David Kolb）强调了体验式学习的重要性。他认为，有效的深度学习应该从体验开始，并通过反思和修正来不断获得新的概念与见解。为了促进深度认知和体验学习效果，教师应合理运用信息技术，为学生提供基于动手体验和探索的问题情境，帮助他们克服认知困难。学生通过良好的学习体验和观察的反思，可以不断解决学习中的冲突，并实现抽象概括。

在数智技术不断发展的今天，机器已经可以完成许多重复性任务，取代过去需要人工处理大量信息的工作。未来，员工的竞争力不再只依靠对专业知识的掌握，更重要的是培养灵活的思考模式，能够应对未知问题。一个人的思维质量，要比单一知识体系更值得长期投入精力提升。

面临未知，人们需要的不仅是专业知识的储备，更需要构建具备广泛适应能力的思考框架。这将成为他们在不断变化的工作场景下应对挑战、保持竞争力的能力来源。只有在思维工具箱充实的基础上，我们的学习和工作才能真正因时制宜，与智能技术并驾齐驱。

未来工作越来越需要人们展现出更高层次的认知弹性。培养思考模式的重要性可能超过单一专业，这也将成为未来就业和职业发展的新标准。学校和企业应高度重视智能认知能力的培养，帮助学生提升面对未知的独立思考水平。

教师应将数智技术应用与个体认知的核心步骤相关联，遵循“感知—识别—概念形成—图式建构—意义获得”的认知过程。数智技术应被视为多元化的知识表征工具，用于实现隐性知识的显性化、复杂概念的可视化和过程性知识的动态化，从而促进概念的形成和转换。面向深度学习的数智化教学需要合理创造地运用各种技术手段，使学习者能够将多学科的概念与方法应用于不同的情境和知识领域，帮助他们获得条件性知识并发展元认知能力。

3.1.1 构建数智化的学习探究环境

在当今时代，数字智能技术的飞速发展正逐步重塑学习的范式与体验。特别是虚拟现实（VR）、增强现实（AR）及混合现实（MR）等前沿技术的广泛应用，为打造具备高度互动性和沉浸感的学习环境提供了崭新的契机。这些新教育技术不仅为学习空间注入了前所未有的活力与吸引力，更在深化概念理解、激发求知欲及促进协作学习方面展现出巨大潜力，预示教育范式的根本性转变。

教育场域正在从单一的物理空间向物理空间与网络虚拟空间并存的方向发展，教育情境也从传统的传道、授业、解惑向智能感知、多维互动的智慧环境演变。构建高效的、人本的、面向未来的教育人机环境是亟须回答的首要问题。

创设数字智能化的学习者自我探究学习环境，不仅能够拓展教学时空，还能提升学习的深度与广度。数字智能化学习环境的建设不仅是教育现代化的重要标志，更是推动教育公平、提高教育质量、培养未来人才的关键举措。它使学习变得更加灵活、高效、有趣，为每一位学习者提供了无限可能的成长舞台。

在构建数字智能化的学习探究环境时，应遵循三个原则与策略：一是以学习者为中心，确保技术服务于学习需求而非主导学习过程；二是注重互动性与反馈机制的设计，鼓励学习者积极参与并及时调整学习策略；三是保持技术的易用性与可访问性，确保所有学习者都能平等地享受数字智能化带来的学习便利。

在数字智能化学习环境中，学习者可以依据个人兴趣、学习风格及能力水平，自主选择学习资源和路径，实现个性化学习。智能推荐系统通过分析学习者的学习行为数据，精准推送定制化学习材料，既避免了信息过载的困扰，又有效提高了学习效率。同时，VR、AR 等技术的应用，使抽象概念具象化，复杂过程可视化，极大地丰富了学习的感官体验，增强了学习的沉浸感和趣味性，从而激发学习者的内在学习动机和创造力。

通过在线协作工具、学习社群等平台，学习者能够跨越地域限制，与全球范围内的同行者交流思想、共享资源，进行跨学科的深入探讨。这种开放、协作的学习模式不仅拓宽了学习者的知识视野，还培养了他们的批判性思维、解决问题的能力以及团队合作精神。同时，数字智能化工具如概念图、知识图谱等，帮助学习者构建系统化的知识网络，加深对学习内容的理解和记忆，实现知识的深度内化与迁移应用。

当然，构建数字智能化学习环境是一项复杂而系统的工程，由于传统课堂教学存在知识更新滞后、课程结构零散、教学模式僵化及学生缺乏主动性等问题，导致深度学习的成效不明显。但随着数字智能技术的发展，学校有机会从基础设施建设、软件平台与资源建设、技术与服务支持以及环境营造与文化建设等多个方面入手，通过计算机认知工具、模拟器、虚拟实验室等工具和资源，使学习者能够积极参与学习过程，解决问题和挑战，并提高认知能力和思维模式。学习者通过与信息技术的互动，获得抽象概念的呈现、真实情境的模拟、自主探索和实践的机会，并获得及时的反馈和指导，拥有一个高效便捷、持续个性化的学习平台。此外，学习者还可以与其他学习者和教师之间随时合作交流，共同建构知识和解决问题，形成合作学习的环境。

延展教学时空和创设数字智能化的自主学习环境，将会形成一种具有持续性、自主性和意义性的新学习方式。利用数字智能技术构建富有互动性和沉浸感的学习环境是提升学习者认知体验与参与度的有效途径。未来，随着技术的不断进步与教育理念的日益创新，数字智能化的学习探究环境将为学习者带来更加丰富、高效与个性化的学习体验。

3.1.2 虚拟和实体装备创造沉浸式新体验

在数智时代的教育革新中，模块化教育与虚拟和实体装备的设计应用已经成为重要趋势。模块化教育通过将课程内容分解为独立、可组合的学习模块，为学习者提供了灵活和个性化的学习路径。这种方法在各个学科领域的应用展现了其广泛的适用性和显著的教学效果，能够满足不同学生的个性化学习需求，并适应不同学校的人才培养特色。

同时，虚拟和实体装备的设计与应用为教育提供了新的可能性。虚拟仿真实验室和先进的实体实验设备已经成为教育装备的重要组成部分。虚拟仿真实验室利用计算机模拟技术，提供了一个安全、可控的实验环境，使学生能够在虚拟环境中进行各种实验操作。这种方式不仅降低了实验成本，还提高了实验的安全性和可重复性。

尽管虚拟实验具有诸多优势，但实体实验设备仍然是不可或缺的。实体实验设备提供了真实的操作体验，有助于培养学生的动手能力和实际操作技能。

虚拟现实（VR）和增强现实（AR）技术通过创造沉浸式学习环境，使抽象概念和复杂过程变得直观和易于理解。例如，医学教育中的虚拟手术模拟，工程教育中的虚拟实验室等。在线学习平台提供丰富的虚拟课程和互动工具，使学习者可以随时随地进行学习。例如，中国慕课大学、学堂在线等平台提供的多样化课程和互动讨论。AI 技术的应用，开发出智能导师和虚拟助教，能够提供个性化的学习指导和实时反馈，帮助学习者解决学习中的问题。智能教室配备了先进的教育技术设备，如交互式白板、智能投影仪、学习管理系统等，支持多种教学模式和互动。物联网技术的应用，使教学设备和学习环境能够互联互通。例如，智能桌椅、可穿戴设备等，通过数据采集和分析，提供个性化学习支持。

结合虚拟现实和实体设备的混合现实实验室，为学生提供真实与虚拟结合的学习体验。例如，化学实验室中的虚拟实验与真实实验相结合，提高实验的安全性和效果。

将虚拟仿真实验与实体实验设备相结合，构建以线下实体实验为主、虚拟仿真实验为辅的混合式实验教学模式。这种方式可以充分利用虚拟实验的灵活性和实体实验的真实感，为学生提供全面的实验体验。

利用数字孪生技术构建与现实环境相同的虚拟数字模型，使教师和学生能够在线体验连续、真实、可互动的仿真学习环境。这种技术可以将复杂的实体设备虚拟化，使学生能够在虚拟环境中进行操作和学习。

虚拟现实技术通过构建一个完全数字化的虚拟环境，彻底颠覆了传统的学习场景。学生佩戴先进的 VR 设备，瞬间穿越至由计算机精心编织的异世界，成为其中的积极参与者与探索者。无论是漫步于历史的长廊，亲手操作模拟实验室中的精密仪器，还是与历史伟人并肩对话，VR 技术都以其高度的交互性和沉浸感，为学生提供了超越传统静态教材所能提供的深度体验。这种学习方式不仅极大地丰富了学习的感官维度，更促使学生在“做中学”，在探索中深化对复杂概念的理解。

相较于 VR 的完全沉浸，增强现实（AR）技术则以其独特的方式，在现实世界与数字世界之间架起了一座桥梁。AR 技术无须复杂的专业设备，仅需智能手机或平板电脑即可轻松接入。通过将数字元素无缝融入用户的物理环境，AR 创造出了一种全新的互动学习体验。用户可以直接操纵这些叠加于现实之上的数字对象，获取额外信息，甚至以全新的视角探索周围的世界。这种技术不仅拓宽了学习的空间界限，还使学习过程更加生动有趣，有效提升了学习者的参与度和学习效果。

VR 和 AR 虽然都是强大的教育工具，但它们各有优势，适合不同的学习场景。以下为 VR 和 AR 在使用中的主要区别，如表 3-1 所示。

表3-1　VR和AR在使用中的主要区别

特点	虚拟现实（VR）	增强现实（AR）
优势	深度沉浸和探索 使复杂的概念变得容易理解 培养惊奇感 交互式虚拟环境	将物理世界与数字世界无缝融合 互动学习体验 协作学习环境 更方便、更具成本效益
弱点	需要昂贵的头显和潜在的强大计算机 晕动症和眼睛疲劳 虚拟现实环境中的协作有限	与虚拟现实相比，深度沉浸感有限 依赖物理环境 学习体验可能无法在所有情况下实现

虚拟现实与增强现实技术正逐步成为教育领域的重要力量，它们不仅能够为学生提供更加丰富、生动的学习体验，还能够促进教学方式的创新和优化。虚拟和实体装备的结合，为学习者提供了多样化和沉浸式的学习环境。未来，随着技术的不断进步，模块化教育和教育技术将继续创新，为教育的变革和发展提供强大的动力。

3.1.3　学习本身比技术更重要

在探讨教育技术的当代影响时，我们必须认识到，教育领域中对技术的评估和应用相较于技术本身的快速发展，呈现出明显的滞后性。尽管数字技术在教育中的应用被广泛提倡，但关于其具体效果和附加价值的可靠证据却相对匮乏。在英国，尽管教育技术公司数量众多，但只有 7% 的公司进行了随机对照试验，12% 的公司采用了第三方认证，这反映出对于教育技术产品效果的科学验证仍不足。美国的一项调查也显示，只有 11% 的教育工作者在采用新技术之前要求提供同行评审的证据。这种情况下，教育技术的推广和应用往往基于试图销售这些技术的公司所资助的研究，这会对教育技术的实际效果产生偏见。

技术为数百万人提供了教育生命线，也将更多人排除在外。无障碍技术和通用设计为残疾学生创造了机会。约 87% 的视障成年人表示，无障碍技术设备正在取代传统的辅助工具。广播、电视和移动电话在难以接触的人群中填补了传统教育的空缺。近 40 个国家使用广播教学。在墨西哥，一项电视课程与课堂支持相结合的计划将中学入学率提高了 21%。受教育权越来越成为有意义的连接权的同义词，但教育机会是不平等的。在全球范围内，只有 40% 的小学、50% 的初中和 65% 的高中接入了互联网；85% 的国家有改善学校或学生连通性的政策（全球教育监测报告，2023）。

探索数智时代价值对齐的教育能力，解决创新人才自主培养与个性化教育不足的问题，培养在社会主义现代化建设中可堪大用、能担重任的栋梁之材是目前大学面临的难题之一。为人工智能的未来做好准备是推进教育生态高质量、可持续发展的关键抓手。然而，学习者应提前做好哪些准备？学界尚缺乏科学完善的标准和依据。鉴于此，在探索数智时代的教育能力方面，李世瑾等（2022）通过文献元分析、德尔菲法和层次分析法，确定了 AI 学习准备度的指标结构和权重，这为 AI 在教育中的应用提供了重要参考。他们的研究结果显示，智能能力准备、智能知识准备、技术思维准备和智能条件与支持是 AI 学习准备度的四个一级指标，其中智能能力准备权重最高。基于度量结果，为增强人工智能学习的充分就绪性，该研究提出了未来优化方向：管理技术焦虑，提升学习者的非认知能力；重视情意心智，增长学习者的智能软知识；适应人机协同，转变学习者的智能化思维；优化制度保障，调动学习者的主动性心态。

在人工智能教育的实践方面，李世瑾和顾小清（2022）的研究发现，影响AI教学效果的六个因素中，组织支持的影响最大，其次是课堂文化、能力感知、价值感知、活动内容和教学设计。此外，不同性别、教龄和学段的教师在教学效果方面存在显著差异。

人工智能大模型的应用为教育资源的丰富性和学习路径的多元化开辟了新境界。联合国教科文组织在2023年发布的《生成式人工智能教育和研究应用指南》中强调了合理、有效运用AI技术对于推动教育进步的重要性。在中国，AI技术在教育领域的应用已全面展开，从基础教育到高等教育，成为提高教育质量、增强学习成效的关键技术力量。

在高等教育领域，人工智能技术的应用更是展现出其引领教育创新的巨大潜力。教育部于2024年4月17日公布的首批18个“人工智能+高等教育”典型应用场景案例，是这一趋势的生动体现。这些案例涵盖了教育教学模式的全方位创新。例如，北京航空航天大学利用人工智能打造的全过程交互式在线教学平台，北京师范大学的“AI+”课堂教学智能评测系统，均显著提升了教学互动性与效果评估的精准度。同时，人工智能技术在具体技术领域及能力素养培养方面的应用也取得了显著成效。例如，北京邮电大学的智能教学应用平台通过大模型赋能，实现了教学内容的深度定制与高效传播；哈尔滨工业大学的案例则展示了AI在电工电子实验教学中的自主学习模式创新，有效促进了学生实践与创新能力的提升。此外，人文社会科学领域亦不乏AI赋能的成功实践。例如，中国传媒大学利用AIGC技术推动传统文化传承与创新的探索，为人文社科教育注入了新的活力。

人工智能大模型在教育领域的应用，不仅极大地丰富了教学资源与学习路径，更通过技术创新推动了教育模式的深刻变革，为培养适应未来社会需求的高素质人才奠定了坚实基础。AI赋能教育“普及与卓越”的双重跃迁，生成式AI的诞生对教育产生了显著而多元的影响，知识社区构建、教育方式创新、教育公平与包容性提升、教育者角色转型（Acemoglu，2018）。

未来教师的主要职能将从教书转向育人，一批“超级教师”脱颖而出；纸质教材将被清理出书包，无纸化校园不再是梦想；有意义的学习将首次取代有效的学习，成为学校与家长最关心的用语，成为教育研究工作者主要的研究课题（陈玉琨，2023）。

如何处理目的和手段之间的关系，传统与革新的关系，优势和风格之间的关系，智能学习助手、新型学习场景、数据安全等成了使用中的突出问题。

不同性别、年级、学校、家庭背景的大学生使用情况存在差异，尤其是AI素养不同会显著影响学习效果，特别是对任务应用和迁移创新等高阶认知效果影响更大，这将引发“新教育”的“过程公平”问题。

AI赋能教育“普及与卓越”的双重跃迁，AI和慕课共同构建教育新生态。虽然教育技术的证据缺乏，但是数字技术在教育中的潜力是巨大的。数字技术可以提供更多的学习资源和工具，帮助学生更好地理解和掌握知识。此外，数字技术可以提高学生的学习兴趣和参与度，使学习更加有趣和生动。虽然教育技术产品更新换代的速度很快，但是这说明了数字技术在不断进步和发展，为教育带来更多的可能性。因此，我们需要更多的研究和评估，以了解数字技术在教育中的真正价值和影响。同时，我们也需要更加谨慎地评估教育技术产品，以确保它们能够提高学生的学习效果。

技术的快速更新换代给教育系统带来了适应压力。各国开始定义他们希望在课程和评估标准中优先考虑的数字技能。在全球范围内，大约54%的国家有数字技能标准，但这些标准通常是由非国家行为体（主要是商业行为体）定义的。许多学生在学校没有太多机会实践数字技术。即使在世界上最富裕的国家，也只有大约10%的15岁学生每周在学习数学和科学课程时使用数字设备超过1小时。教师往往感到没有准备好，缺乏使用技术教学的信心。大约只有一半的国家制定了发展教师信通技术技能的标准。虽然某些勒索软件以攻击教育网站为目标，但很少有师资培训方案涉及网络安全。各种问题阻碍了数字化数据在教育管理中发挥潜力。

在线内容在没有足够的质量控制或多样性监管的情况下增长。在线内容是由占主导地位的群体制作的，影响了对内容的获取。在拥有开放教育资源的高等教育资源库中，近90%的内容是在欧洲和北美创建的；OER

Commons 全球图书馆中 92% 的内容为英文。大规模开放在线课程的主要受益者为受过教育的学习者和来自较富裕国家的学习者。高等教育采用数字技术的速度最快，被数字技术改造的程度也最大。2021 年，超过 2.2 亿名学生参加了大规模开放在线课程。但数字平台对大学起重要作用，并带来了监管和道德方面的挑战，例如与独家订阅协议以及学生和人事数据相关的挑战。

教育技术的发展和应用是一个复杂而多维的过程，需要综合考虑技术的实际效果、教育公平、教师准备度和技术伦理等多个方面。未来，随着技术的不断进步和应用场景的拓展，人工智能有望在教育领域发挥重要作用，推动教育迈向更加智能化、个性化的新时代。

3.2 技术有助于解决教育中最重要的挑战

2024 年 3 月，我国政府工作报告中首次提出了“人工智能 +”行动。这一从“互联网 +”到“人工智能 +”的转变，标志着我国将加快新质生产力的形成，鼓励各行各业更加关注人工智能的多场景应用。随着“AI 赋能千行百业”的成果不断涌现，人工智能作为新的发展要素，不仅推动了技术层面的革新，更引发了一场深刻的经济、产业升级与企业教育培训的变革。

当前，生成性人工智能（AIGC）对内容产业的影响显著，值得深入探讨。我们需要研究哪些场景和工作流程最适合进行 AI 改造，AI 时代的组织进化将如何演变等重要课题。

合作是推动新技术普及与应用的关键。无论是产学研之间的深度合作，还是跨国界、跨行业的协同创新，都将加速人工智能技术在企业教育培训行业的成果转化，促进产业的升级。与此同时，推动 AI 人才的培养是人力资源行业的未来方向。在即将到来的职场变革中，我们亟须培养更多具备 AI 应用能力的“数字员工”，为企业的战略和业务发展注入源源不断的创新动力。

从组织与人才管理的视角看，工作流程优化、工作场所拓展、人才技能培养、工作技术进步，是 AI 赋能新质生产力进化的四大要素，而其带来的价值正逐步显现——更有效的人力资源绩效提升、更智能的人才决策、更高的投资回报率等。

技术的巨大进步，尤其是数字技术，正在以惊人的速度改变世界。虽然信息和通信技术（ICT）在教育领域已有近100年的历史，但在过去40年中，数字技术真正展现了改变教育的巨大潜力。教育技术行业应运而生，并致力于开发和推广教育内容、学习管理系统、语言应用、增强现实技术和虚拟现实技术、个性化辅导和测试工具。最近，人工智能技术取得了突破性进展，进一步增强了教育技术工具的能力，以至于一些人开始猜测技术甚至有可能在教育中取代人与人之间的互动。

过去20年里，数字技术工具得到了广泛应用，学习者、教育工作者和教育机构都积极采用这些工具。大规模开放在线课程的学生人数从2012年的零增长到2021年的至少2.2亿人。截至2023年，语言学习应用程序Duolingo的日活跃用户达到了2000万，而维基百科在2021年每日页面浏览量达到了2.44亿次。根据2018年国际学生能力评估计划（PISA）数据，经合组织国家中65%的15岁学生所在学校校长认为教师具备将数字设备融入教学的技术和教学技能，54%的学生所在学校提供了有效的在线学习支持平台。在全球范围内，互联网用户的比例从2005年的16%上升到2022年的66%。截至2022年，全球约有50%的初中学校已经接入互联网用于教学目的。

关于技术对教育的改变程度仍存在争议。数字技术的应用变化是逐渐而不均衡的，某些环境中的变化较大。数字技术的应用程度受到社区和社会经济水平、教师意愿和准备程度、教育水平和国家收入等因素的影响。除技术最先进的国家外，在教室中普遍使用计算机和设备的情况并不常见，技术的普及程度不是很快。此外，关于技术影响的证据也不一致：某些类型的技术对改善特定类型的学习非常有效，但对其他类型效果有限。同时，使用数字技术的短期和长期成本似乎被明显低估。最弱势群体通常被剥夺了从这项技术中获益的机会。

过于关注教育中的技术通常会付出高昂的代价。在资源匮乏的低收入和中低收入国家，如果将资源投入技术而不是为所有儿童提供教室、教师和教材，则会使实现全球教育目标的进程更加困难。在数字技术出现之前，一些富裕的国家确保了中学教育的普及，使学生获得最低限度的学习能力。孩子们不依赖数字技术也能够学习。

然而，如果没有数字技术，他们的教育会毫无意义。《世界人权宣言》将教育的目的定义为促进个人全面发展、尊重基本自由和促进理解、宽容和友谊。这一观念需要与时俱进。对受教育权的更广泛定义可以包括通过技术有效地支持所有学习者发挥潜力，无论其背景或处境如何。

技术在教育中的作用一直是一个备受争议的话题。一方面，技术可以推动知识的民主化，提供无限机会，实现平等竞争，提高教学质量和学习基本技能；另一方面，技术也可能加剧数字鸿沟，导致依赖技术的未来无法回头，造成排斥和负面影响。因此，政府需要确保创造适当的条件，为所有人提供公平的教育机会，对技术使用进行监管，以保护学习者免受其负面影响，并为教师做好准备。引入技术时，应该符合学习者的最佳利益，并与教师的面对面互动相辅相成。教育是实现其他发展目标的关键，尤其是技术进步的目标。因此，在将技术视为解决方案之前，社会需要正确地提出教育问题，并意识到其中的风险。

数字技术以前所未有的速度、低成本地传输和存储信息，使学习者能够获取大量知识。信息处理技术让学习者能够即时获得反馈，并根据自身特点和背景调整学习进度与路径。此外，数字技术降低了互动和沟通成本，使信息共享更加便捷。尽管数字技术具有巨大潜力，许多工具并非专为教育设计。人们对如何在教育中有效应用这些工具并没有给予足够的重视，尤其是在不同的教育环境中如何运用这些工具。

虽然技术具有解决教育中许多难题的潜力，但需要明智的使用和适当的支持。教育者和政策制定者需要确保技术的使用是可持续的、包容的，并与教育目标相一致，以确保最大限度地发挥技术的潜力，同时避免可能造成的负面影响。

尽管数字技术具有巨大的潜力，但许多工具并非专门用于教育。人们对如何在教育中应用这些工具没有给予足够重视，也没有明确指出在不同的教育环境中应该如何应用这些工具。这意味着在将数字技术纳入教育战略时，需要仔细考虑如何选择和使用这些工具，以确保其最大化效益。

当前的教育应该更加关注教育本身，而不仅仅是技术。解决教育中的难题需要综合考虑公平和包容、质量和效率等因素。技术可以是实现这些目标的有力工具，但其应用必须与教育的核心价值和目标相一致，确保每个学习者都能获得平等的机会、高质量的教育并实现个人潜力。

数字技术在提高教育质量方面存在不同的观点。一些人认为，数字技术可以创造引人入胜的学习环境，使学生的学习体验更加生动有趣，模拟各种情境，促进合作和联系。然而，其他人认为，数字技术可支持个性化的教育方式，减少学习者在现实生活中通过观察彼此进行社交和学习的机会。

此外，数字技术的发展也带来了一些问题。例如，过长的屏幕使用时间会对身心健康产生负面影响。监管不力也会导致个人数据被滥用于商业目的。

教育技术的使用方式非常复杂，不只是资源的替代。技术可以是一对多的，一对一的，或点对点的。技术可能要求学生独立学习或与他人合作学习，可以在线或离线进行，可以是独立使用或联网使用。技术可以提供内容，创建学习者社区，并促进教师和学生之间的联系。技术提供了获取信息的途径。技术可用于正式或非正式学习，并可用于评估学习成果。技术可以作为生产力、创造力、沟通、协作、设计和数据管理的工具。技术可以是专业制作的，也可以是用户生成的内容。技术可以针对特定学校和地区，也可以超越时间和地点。每种技术工具都涉及不同的基础设施、设计、内容和教学方法，并且每种技术工具都可能促进不同类型的学习。

可见，数字技术可以创造引人入胜的学习环境，但也可能带来一些问题。提高效率是数字技术在教育中发挥作用的一种方式，但如何定义有意义的活动以及如何使用技术仍然是一个复杂的问题。

技术发展太快，无法进行评估，我们需要评估来为立法、政策和监管决策提供参考。教育技术的研究和技术本身一样复杂，相关研究将各种方法应用于不同的环境，并使用这些方法评估不同年龄学习者的体验。在某些环境中适用的研究结果并不总是可以照搬到其他地方。因此，很难证明某项技术可以改善某类学习的成果。我们需要进一步思考，为什么人们经常认为技术可以解决各种重大的教育难题，谁来框定技术应该解决的问题，以及需要制定什么标准和准则来评估数字技术目前和未来对教育的潜在贡献，以便将炒作与实质分开。

因此，评估仍然是必要的。评估可以帮助我们了解技术在教育中的真正价值和影响，以及它们是否能够提高学生的学习效果。同时，我们需要更加谨慎地评估教育技术产品，以确保它们真正能够提高学生的学习效果。此外，我们需要制定更加科学和全面的评估标准与准则，以便将炒作与实质分开。最重要的是，我们需要认识到技术并不是解决所有教育问题的灵丹妙药，而是需要与其他教育方法和策略相结合，以实现更好的教育效果。

此外，由于技术的普遍性、复杂性、实用性和异质性，并非所有影响都能轻易加以衡量。人们虽然进行了许多关于教育技术的一般性研究，但针对具体应用和环境的研究数量不足，因此很难证明某项技术可以改善某类学习的成果。

然而，为什么人们经常认为技术可以解决各种重大的教育难题呢？要理解有关教育技术的讨论，我们有必要审视其背后的隐含因素和利益，以及教育技术所服务的利益。谁来框定技术应该解决的问题？这种框定会对教育产生什么影响？谁在宣传教育技术是教育变革的先决条件？这种说法有多大可信度？需要制定什么标准和准则来评估数字技术目前和未来对教育的潜在贡献，以便将炒作与实质分开？评估能否超越对学习影响的短期评估，并洞察数字技术在教育中普遍使用后可能产生的深远影响？

我们应该保持批判性思维，并对技术万能论保持审慎。技术确实有潜力改善教育，但它并不是解决所有问题的灵丹妙药。教育是一个复杂的领域，需要综合考虑学习者的需求、教师的角色和教育目标。对技术的应用应该基于充分的研究和实证数据，而不仅仅是市场预测和宣传。同时，政府和教育机构应该在决策过程中保持独立性和客观性，不受市场压力的影响，确保任何技术的引入都是出于真正的教育价值和需求。

总之，我们需要客观地看待技术宣传和市场预测，并在教育技术的发展和应用中保持理性和审慎。评估技术的价值应该建立在实证研究和教育需求的基础上，同时关注教育的整体目标和长远发展。

3.2.1 挑战一：提供平等的“新教育”机会

生成式人工智能被赞誉为“可能改变教育的最新技术”，但实际上，人工智能在教育领域已经应用40年。人工智能在教育界的典型应用为：智能辅导系统、自动评估写作作业和沉浸式学习和游戏。智能辅导系统可以跟踪学生的进步、困难和错误，并根据情况提供反馈和调整难度，以创造最佳的学习路径。人工智能还可以帮助学生完成写作作业，并自动评估作业，包括检测抄袭和其他形式的作弊。此外，人工智能已经应用于沉浸式学习和游戏中。

这些应用展示了生成式人工智能对教育的潜在影响。自动化重复性任务会增加对更高层次思维技能的需求，教育机构也需要应对这种技能发展的压力。评估方法需要改变，因为书面作业无法完全反映某些技能的掌握情况。如果智能辅导系统取代了一些教学任务，教师在备课和教学实践方面需要进行相应调整。尽管过去宣传的一些技术并未达到预期的变革效果，但生成式人工智能背后计算能力的快速增长引发了一个问题，即这项技术是否可能成为一个转折点。

然而，生成式人工智能也可能不会带来备受关注的教育变革。在教育领域，如何设计和使用人工智能仍然是亟待解决的问题。仅依赖聊天机器人进行单独学习的吸引力可能很快消失。即使这些工具得到改进，它们也难以操作且无法带来实质性改进。教育个性化应该关注学习者的学习路径，而不仅是纠正错误，通过不同的学习路径实现个人潜力。教育机构需要更多证据来了解人工智能工具是否能够改变学生的学习方式，而不仅是表面上的纠错功能。这些工具的普及会简化获取答案的过程，对学生进行独立研究和解决问题的积极性产生负面影响。此外，这些工具的广泛应用会放大报告中提到的各种风险，例如，不当管理学生的学习速度，导致成绩差距扩大。

因此，我们需要反思在由人工智能塑造的世界中接受良好教育的含义。

在新技术工具面前，理想的反应不应是进一步专注于技术相关领域的专业化，而是要保持平衡的课程，注重艺术和人文学科的教学，以加强学习者的责任感、同理心、道德准则、创造力和协作能力。智能辅导系统的目标不应是完全取代教师，而是赋予教师更多责任，努力帮助社会度过这个关键时刻。人们正在形成共识，即在享受人工智能带来好处的同时，需要通过与道德、责任和安全相关的监管来消除不受控制地使用人工智能的风险。

促进教育公平融入深化教育领域的各方面各环节，着力让每个孩子享有受教育的机会，并努力实现更优质均衡的教育。优质的高等教育供给较单一，多元优质高等教育资源等供给不足是实现教育机会平等的理想目标之一。“新教育公平性”问题值得关注不同性别、年级、学校、家庭背景的大学生使用情况有差异，尤其是AI素养不同会显著影响学习效果，特别是对任务应用和迁移创新等高阶认知效果影响更大，这将引发“过程公平”问题。

混合学习策略的优势在于提供了更多支持，平衡了被动活动与互动性和创造性活动，并使学习活动涵盖课堂之外对学生有益的实际技能。混合学习策略的确可以提升学习活动。学生需要培养沟通、协作、批判性思维、创造性技能及品格和公民意识等能力。这些技能最好在社交学习环境中发展，而不是在孤立的环境中培养。将学习活动与真实的任务和项目相结合，并与真正对学生工作感兴趣并从中受益的人合作，可以提高学生的学习效果。

教育技术可以提供更多的学习资源和工具，帮助学生更好地理解和掌握知识。此外，数字技术可以提高学生的学习兴趣和参与度，使学习更加有趣和生动。然而，我们需要认识到技术并不是解决所有教育问题的银弹，而是需要与其他教育方法和策略相结合，以实现更好的教育效果。同时，我们需要更加谨慎地评估教育技术产品，以确保它们能够提高学生的学习效果。最重要的是，我们需要认真思考技术在教育中的应用，以确保它们能够为学生带来实际益处。

人工智能在教育领域的应用有潜力改变教育，但需要谨慎思考和监管。教育的目标应该是全面发展学习者的能力，包括思维技能和人文素养。生成式人工智能工具提供便利，但需要确保它们不仅仅停留在纠错层面，而是能够真正促进学生的学习方式和思考能力的发展。同时，教育机构和教师需要适应和引导这些新技术的应用，以确保教育的质量和个性化实现。

3.2.2 挑战二：个性化学习与社交隔离

个性化学习的核心在于运用数智技术，实现对学习者个体需求的精确识别与满足，从而显著提高教育的针对性和有效性。从教育哲学的角度出发，个性化学习深刻体现了人本主义的教育理念，它强调学习者的主体地位和个体差异，旨在通过定制化的教学策略，激发和促进每个学习者的潜能发展。然而，理论与实践之间往往存在鸿沟，个性化学习在实际应用过程中遭遇了一系列复杂且深层次挑战，这些挑战跨越了技术、教育实践、伦理、社会和经济等多个维度。

首先，从技术层面的挑战分析。个性化学习的实施，依赖于高度复杂的数据分析和算法支持。这种支持要求系统能够实时捕捉并处理学习者的行为数据，以动态调整教学内容和方法。然而，当前技术的成熟度尚不足以完全支撑这一过程。具体而言，数据处理和分析的延迟、算法预测准确性的不足，构成了技术应用的显著瓶颈。这些技术难题限制了个性化学习效果的充分发挥。此外，技术的快速迭代对教育系统提出了持续更新的要求，这对于资源有限的学校而言，无疑增加了额外的技术和经济负担。

其次，教育实践层面也面临诸多问题。在教育实践中，个性化学习对教师角色和教学方法提出了新的要求。教师不再是单纯的知识传递者，而是转变为学习过程的引导者和促进者。这一角色转变要求教师具备较高的信息素养和教学创新能力。然而，现实情况表明，许多教师对于新技术的接受程度和应用能力存在不足，这直接影响了个性化学习的实施效果。同时，个性化学习要求教学方法从传统的“一刀切”模式转向更加灵活和多样化的教学策略，这一变革需要教师长期的实践探索和理念更新。

同样不容忽视的还有来自伦理和隐私层面的挑战。在个性化学习系统中，大量学习者数据的收集和处理引发了伦理和隐私保护的挑战。这些数据包含学习者的个人信息和学习行为模式，如何在利用这些数据进行个性化教学的同时，确保学习者的隐私不被侵犯，是教育技术发展中必须正视的伦理问题。此外，数据安全同样是一个重要议题，教育机构和技术提供商应如何保护学习者的信息安全。虽然相关机构反复采取各种措施，实际上，学习者信息被泄露或交易事件时有发生。

另外，来自社会和经济层面的挑战。个性化学习面临的社会和经济挑战主要体现在数字鸿沟和成本问题上。数字鸿沟反映了社会不平等在教育领域的延伸，来自不同社会经济背景的学习者在获取和使用数智技术方面存在显著差异。这种差异不仅加剧了教育不平等，而且进一步扩大社会阶层之间的差距。成本问题则涉及个性化学习系统的开发和维护费用，对于教育资源有限的学校来说，这是一个现实的障碍。

当然，学习者的社交互动和社会心理也面临巨大的挑战。

如何在促进个体发展的同时，维护学习者的社会性和内在动机，是教育实践中需要深入探讨的问题。个性化学习对学习者的社交互动和学习动力会产生影响，是心理社会挑战的另一重要方面。个性化学习往往依赖技术媒介，这会减少学习者之间的面对面交流，从而影响社交技能的发展。同时，在个性化学习环境中，学习者的学习动力会因为缺乏同伴竞争和集体活动而受到影响。

个性化学习强调满足学习者的兴趣和需求，这种模式有助于激发学习者的内在动机。当学习内容与学习者的兴趣和需求相匹配时，学习者更容易产生学习的热情和动力。如果学习内容过于依赖学习者自我驱动，则会缺乏外部激励，影响动机的持续。另外，过多地强调自我学习，竞争与成就感会逐步减少。在集体学习环境中，学习者之间的竞争和比较可以激发成就动机，促使学习者为了超越他人而努力学习。然而，个性化学习模式缺乏这种机制，会导致学习者失去动力。

过度依赖个性化学习会加剧学生的社交隔离的风险。过于注重个体差异会导致学生缺乏共同的学习经历和社交互动，削弱了他们的社区归属感。过度依赖科技手段进行个性化，也会进一步加剧学生的社交孤立（Bernacki M，2020）。社交隔离会对学生的个性化学习产生负面影响。研究发现，社交孤立感会降低学生的学习动机和参与度，影响他们的学习效果。同时，社交技能的退化也会限制学生个性化学习的发展空间（Redding，2013；Shemshack，2020）。

如何在个性化与社交需求之间寻求平衡，是一个新的挑战。一方面要充分利用技术手段满足学生的个性化需求，另一方面要保证学生获得足够的面对面交流机会，培养社交技能，增强社区归属感。

3.2.3 挑战三：学习共同体的构建与新知识创造

AIED 不仅重塑了知识传授的方式与路径，更对学习共同体的构建提出了新的要求。学习共同体作为促进知识共享、深化理解与创新的重要载体，其健康运作直接关系到教育质量的提升与人才培养的成效。然而，在数智化转型的浪潮中，学习共同体的合作机制、个性化学习策略的实施以及新知识创造的动力机制均面临前所未有的挑战。

权力结构与信任基础的重构是一大难题。传统教育体系中，教师权威与学生服从的二元对立结构，严重阻碍了基于平等与信任的学习共同体的形成。数智化技术的引入，虽为权力关系的重塑提供了可能，但如何在新环境下构建一种既尊重个体差异又强调共同愿景的信任文化，成为首要难题。此外，家长、社区等多元主体的参与，虽然丰富了教育生态，但也带来了文化背景、教育观念差异导致的沟通障碍，进一步加大了共同体建设的难度。

过多强化个性化学习，使合作动力的缺失与协作机制难以奏效。合作学习虽然被视为提升学习成效的重要途径，但在实际操作中，学生与学生之间的合作动力往往因目标不一致、资源分配不均等问题而大打折扣。数智化工具虽然能辅助信息交流与资源共享，但过度依赖则会引发信息过载、注意力分散等问题，反而削弱了合作学习的效果。更严重的是，技术的滥用会加剧学生与学生之间的不平等，损害共同体的凝聚力与包容性。

个性化与集体目标的平衡困境。个性化学习强调尊重个体差异，鼓励学生根据自身特点自主学习，而学习共同体则要求成员围绕共同目标协作努力。两者之间的张力，在数智化背景下尤为突出。如何在满足学生个性化需求的同时，确保共同体目标的达成，避免教育同质化与单一化，成为亟待解决的难题。

个性化学习的实现依赖对学生学习数据的全面收集与深入分析。然而，这一过程不仅技术门槛高、资源消耗大，还涉及数据隐私与伦理的复杂问题。如何在保障学生隐私的前提下，实现学习数据的精准分析与应用，是个性化学习实践面临的重要挑战。

个性化学习鼓励学生按照自己的节奏和方式学习，这虽然有助于提升学习成效，但也加剧了学生在知识掌握上的差异。如何在差异性的基础上实现知识的有效共享与创新，成为个性化学习实践必须面对的问题。此外，过度强调个性化会导致学生与学生之间形成知识孤岛，影响知识的广度与深度，进而抑制创新能力的发展。

个性化学习在一定程度上加剧了教育资源的不平等分配。拥有更多资源和机会的学生能够更容易地获得优质的教育资源和个性化的学习体验，而资源匮乏的学生则会面临更大的学习挑战。这不仅违背了教育公平的原则，也限制了整体教育质量的提高。

可见，只有构建更加平等、信任的学习环境，优化合作机制与个性化学习策略，才能有效促进知识共享与创新能力的全面提升。同时，加强教育资源的均衡配置与数据伦理的规范建设，确保教育公平与质量的双重保障。多方共同努力与持续创新，推动教育向更加人性化、智能化的方向发展。

3.3 AI 大模型应用赋能教学创新

随着人工智能技术的持续演进，其在教育环境中的广泛应用及其重要性日益凸显。人工智能在教育中的应用也可理解为人工智能赋能教育，强调通过将人工智能技术与学习科学（包括教育学、心理学、神经系统学、语言学、社会学及人类学）相结合，旨在服务于教师、学生、学习伙伴 / 工具以及管理者。AI 技术不仅优化了学习环境，还激发了学生的积极、主动和创造性思维。此外，AI 技术显著提升了教师的课堂管理能力，实现了更合理、高效的教学管理（Thomas K, 2023）。随着现代科技的快速进步，AI 技术在教育领域的应用不断深化，为教学改革做出了重大贡献。

2016 年，AlphaGo 在围棋比赛中战胜世界围棋冠军，这标志着 AI 技术的突破性成就，引发了全球对 AI 研究的广泛关注。在教育领域，AI 技术的研究主要集中在辅助教学、智慧校园建设、智能化学习、教学和管理等方面。图像识别、人脸识别、自适应学习等 AI 技术的应用，已在教育领域引发一系列变革，提高了教师的工作效率和学生的学习体验。AI 技术与大数据相结合，通过深入挖掘和分析教学数据，进一步促进教学改革，提高教学质量（Williamson, 2020）。

随着人工智能（AI）技术的迅猛发展，其在教育领域的应用已成为推动教育现代化的关键力量。根据斯坦福大学发布的《2024 年人工智能指数报告》，2023 年全球新的大型语言模型数量显著增长，人工智能技术的广泛应用对生产力提升和就业市场产生了深远影响。在此背景下，AIED 模式逐渐成为教育创新的重要方向，引领教育理念与实践的变革。AIED 模式的核心在于利用 AI 技术优化教育的过程，实现个性化学习、智能评价与教学管理的智能化，从而提高教育质量和效率。

在引领新一轮科技革命与产业变革的浪潮中，AI 技术作为一项核心驱动力，不仅催生了一系列新产品、新技术、新业态及新模式，更为教育现代化的进程开辟了广阔的可能性空间。正如习近平总书记所强调的，中国深刻认识到人工智能对教育领域的深远影响，正积极推动 AI 与教育的深度融合，以期促进教育的根本性变革与创新。这一战略导向在国家层面的政策规划中得到了充分体现。

具体而言，国务院发布的《新一代人工智能发展规划》明确指出，应充分利用智能技术加速推动人才培养模式的革新与教学方法的改革，旨在构建适应未来社会需求的教育体系。随后，教育部出台的《高等学校人工智能创新行动计划》，进一步细化了这一战略部署，并分两批次启动了人工智能助推教师队伍建设的试点工作，旨在探索 AI 赋能教师专业成长的新路径。此外，中央网信办等八部门联合认定了一批国家智能社会治理实验基地，其中包含 19 个聚焦于教育领域的特色基地。这些基地致力于研究智能时代背景下各类教育场景中的智能治理机制，以期形成具有前瞻性和示范性的智能教育管理与实践模式。与此同时，科技部等六部门联合发布的通知中，将智能教育纳入首批人工智能示范应用场景，旨在通过实践探索，形成可复制、可推广的经验模式，为智能教育的全面普及奠定坚实基础。“人工智能 + 教育”的融合实践不断激发新的创新火花，为教育的深刻变革与持续发展注入了强大的动力。这一系列政策举措与实践探索，不仅彰显了我国对智能教育发展的高度重视，也为全球教育现代化的进程贡献了中国智慧与中国方案。

然而，AIED 模式的推进也面临技术、伦理、隐私保护和教育价值实现等方面的挑战。在技术层面，须解决 AI 技术的适用性问题，避免对技术的过度依赖，同时注重数据安全与隐私保护，建立健全的数据全生命周期管理体系。在价值层面，应确保 AI 技术的应用服务于教育过程，而非主导或取代教育过程，重视学生的全面发展和个性化需求。

未来，AIED 模式的发展须在技术应用、数据安全、价值实现、知识生产与传播、师生角色适应、资源共享等方面进行深入探索。具体而言，应坚持技术祛魅与技术化归相结合，明确 AI 在教育中的辅助地位，关注学生的全面发展，增强 AI 教育产品的文化包容性，并探索多元化人才培养模式。

3.3.1 教学创新的 AI+ 基础逻辑与作用机理

人工智能技术的广泛应用，使许多知识和技能被 AI 系统迅速掌握并高效执行。这种情况下，传统的知识传授模式会失去优势，因为 AI 可以在很短的时间内获取大量知识，并且准确和高效。在人工智能时代，人类的能力被分为两种不同的类型：

第一种能力：在没有 AI 的帮助下，个人凭借自身知识和技能所展现的能力。这种能力主要体现在传统的学术知识、技能掌握及独立思考等方面。在过去的教育环境中，这种能力被视为成功的基石，是衡量一个人成就的重要标准。

第二种能力：在人工智能的加持下，个人所体现的能力。这种能力强调与人工智能技术的协同工作，通过利用人工智能的优势来提升个人的创新力、判断力和解决问题的能力。这种情况下，个人不再仅仅依靠自己的知识和技能，而是通过与人工智能系统的互动，将人类的智能与人工智能相结合，实现更高效的问题解决和决策。

这两种能力在人工智能时代会共同存在，但随着AI技术的普及，后者将越发显得重要。教育体系需要逐步从注重培养个人在没有人工智能助力下的能力，转向培养人在人工智能加持下的综合能力。

面对人工智能时代的挑战与机遇，教育体系须进行深刻反思与适应性调整。重新定位教育目标，从单纯的知识传授转向能力的培养与素养的提升，特别是注重培养学生在不确定环境中自我学习、持续创新及有效沟通的能力。在课程设计中融入更多跨学科元素与AI技术应用，促进学生对新兴技术的理解与应用，采用项目式学习、探究式学习等模式，鼓励学生与AI+互动，通过实践探索知识的边界，培养解决真实世界问题的能力。

3.3.1.1　教育中的人工智能（AIED）技术分类

在教育领域，人工智能（AI）的应用正日益成为教育行业发展的重要推动力。随着AI技术的持续进步，AI教育市场在发达国家和地区迅速扩张。通过对大量研究文献的综述我们发现，教育中的人工智能（AIED）主要涵盖以下几个关键领域：基于AI的个性化教学和对话系统，AI支持的探索性学习、学生写作分析、游戏环境中的智能代理，以及学习支持聊天机器人。此外，AI驱动的学生/导师配对系统有助于学生更有效地控制自己的学习进程，自主学习。AIED还包括学生与电脑的一对一互动，全校范围内的智能化运行，以及学生在教室外通过手机等设备进行学习。此外，AIED还能帮助教育工作者更深入地理解和改进教育实践。

在技术应用方面，人工智能可以助力教学过程的个性化和智能化。例如，通过学习学生的数据，人工智能可以为不同学生提供定制化的教学计划和内容；利用语音识别、面部识别等技术进行智能评估，全面和客观地了解学生的学习情况；运用虚拟现实技术构建虚拟实验环境，丰富传统教学模式。此外，人工智能还可以辅助开展远程教育，实现教学资源的共享利用。

现阶段，深化现代数智技术与教学融合，确立以学生为中心的理念，推动课堂教学革新，打造智能时代金课等智慧教学使命在开创教育发展的新时代。

在数智技术的加持下，教学体现将从不同的维度全面重构，例如，重塑教学理念、重构教学环境、创新教学方式、优化管理服务、改革评价方式、营造教学文化、拓展教学资源、提升教学能力。智能辅导系统（领域模型、教学法模型、学习者模型、标准的 ITS 架构、评估）都在不断地升级。

尽管 AIED 技术市场正处于高速发展期，但也面临一定挑战。例如，人工智能教育技术的研发与应用成本高，不同场景下技术标准的统一性待优化，保护学生隐私数据安全需要引起足够重视。

总的来说，随着人工智能技术的不断成熟，AIED 将成为教育改革的一个重要方向。但要推广其应用，还需要加强相关技术的研发与验证，完善相关支持政策，并重视隐私保护等问题的解决，才能实现 AIED 的可持续发展。未来，人工智能将成为教育领域重要的发展要素。

教育领域的 AI 技术生态正在迅速发展，为学习和教学提供了新的机会和挑战。以下是对应用于教育的 AI 技术生态的分析：

①智能辅助学习：AI 技术可以提供个性化的学习辅助，根据学生的学习特点和需求进行智能化教学。通过分析学生的学习数据和行为模式，AI 可以为学生推荐合适的学习材料、个性化的练习和作业，以及实时反馈和评估，从而提高学习效果。

②虚拟教学助手：AI 技术可以创造虚拟教学助手，如语音助手或聊天机器人，与学生进行互动和交流。这些助手可以回答学生的问题、提供解释和示范，甚至进行智能对话和辩论，为学生提供个性化的学习支持和指导。

③自适应学习系统：AI 技术可以构建自适应学习系统，根据学生的学习进度和理解程度，自动调整教学内容和难度。这样的系统可以根据学生的学习表现和反馈，提供针对性的学习路径和资源，帮助学生更高效地掌握知识和技能。

④数据分析和预测：AI 技术可以处理大规模的学习数据，进行数据分析和预测。通过分析学生的学习行为、学习成绩和其他相关数据，AI 可以

识别学生的潜在问题和困难，并提供相应的干预措施和支持，以及预测学生的学习结果和发展趋势。

⑤虚拟现实（VR）和增强现实（AR）：AI技术与虚拟现实（VR）和增强现实（AR）相结合，创造出沉浸式的学习环境和体验。学生可以通过虚拟现实技术参观远程地点、进行实验和模拟操作，通过增强现实技术与虚拟对象进行互动，从而增强学习的感知和参与度。

⑥教师支持和教学优化：AI技术可以为教师提供支持和优化教学过程。例如，AI可以帮助教师自动评估学生的作业和考试答案，提供教学建议和反馈；还可以通过自动化的教学资源整理和推荐，减轻教师的教学负担，提高教学效率。

尽管教育领域的AI技术生态带来了许多机遇和潜力，但也面临一系列挑战。例如，数据隐私和安全问题、算法偏见和公平性、技术可靠性和透明性等方面需要引起关注和解决。此外，教育中的人际互动和情感因素也是不可忽视的问题。

应用于教育的AI技术生态为学习者和教育者提供了大量创新和个性化机会。通过智能辅助学习、虚拟教学助手、自适应学习系统、数据分析和预测、虚拟现实和增强现实以及教师支持和教学优化等方面的应用，AI技术可以改善学习效果、提供个性化的学习支持、优化教学过程，并为教育带来更大的创新和发展。

数智技术在教育中与人类教师的角色相结合，形成合理的人机协作模式，充分发挥各自优势，提供更有效的教学和学习支持。以下是几种常见的人机协作方式：

①个性化学习辅助：AI技术可以根据学生的学习数据和行为模式提供个性化的学习辅助。这些智能辅助系统可以为学生提供个性化的学习材料、练习和作业，帮助他们在自己的节奏和能力范围内学习。教师可以利用这些系统的数据和分析结果，了解学生的学习状况，提供针对性的指导和反馈。

②教学资源整理和推荐：AI技术可以帮助教师整理和推荐教学资源。通过对大量教学材料和资源的分析和处理，AI可以提供教学内容的组织和

推荐，减轻教师的教学负担。教师可以根据自己的专业知识和教学经验，结合 AI 推荐的资源，进行教学设计和指导。

③自动化评估和反馈：AI 技术可以帮助教师自动评估学生的作业和考试答案，提供快速和准确的反馈。这样的自动化评估系统可以节省教师的时间和精力，使他们更专注于学生的理解和学习进展。同时，教师可以结合 AI 系统的评估结果，与学生进行针对性的讨论和指导。

④学习过程监控和干预：AI 技术可以监控学生的学习过程，并根据学习数据和行为模式提供干预措施。例如，当 AI 系统发现学生陷入困惑或学习进展缓慢时，可以提供相应的提示、解释或支持，帮助学生克服困难。教师可以利用 AI 系统的监控和干预结果，及时了解学生的学习状态，进行个别辅导和支持。

⑤人机互动和合作：AI 技术可以创造虚拟教学助手或聊天机器人，与学生进行互动和交流。这些助手可以回答学生的问题、提供解释和示范，甚至进行智能对话和辩论。通过与 AI 助手的互动，学生可以得到个性化的学习支持和指导，而教师则可以通过监控和参与这些互动，了解学生的思维过程和学习需求。

总的来说，人机协作模式将教师和 AI 技术有效结合，发挥各自优势，提供更个性化、有效和高效的教学与学习支持。教师在这个过程中扮演引导者、监督者和评估者的角色，利用自己的专业知识和教学经验，与 AI 技术共同促进学生的学习和发展。同时，教师的人性化关怀、情感支持和人际互动仍然是不可替代的，人机协作模式应建立在教师和学生之间紧密互动和合作的基础上。

AIED 是人工智能技术对于教育的赋能，通过将本身具有跨学科属性的 AI 与学习科学（教育学、心理学、神经系统学、语言学、社会学及人类学等）相结合，促进自适应学习环境的发展，用大数据实现教育的个性化。人工智能技术，尤其是数据挖掘、智能教学系统、学习分析和实时分析工具，已成为自适应学习系统的核心组成部分（Roll I, Wylie R，2016）。这些系统致力于整合测试、教学、学习与实践等教育环节，旨在为学习者提供个性化的学习体验。自适应学习系统通过收集和分析学生的行为数据，能够为每名学生定制最优的学习路径，并通过在线教学视频等资源，完成闭环学习过程。

人工智能技术在教育领域的应用日益显著，众多研究表明自适应学习、智能校园、教师评估、智能辅导机器人和虚拟教室等对教与学在提高教师提供的教学质量和促进学生学习成果产生不同维度的影响。

AI+ 教师的模式可以从多个方面开展探索，如图 3–2 所示。

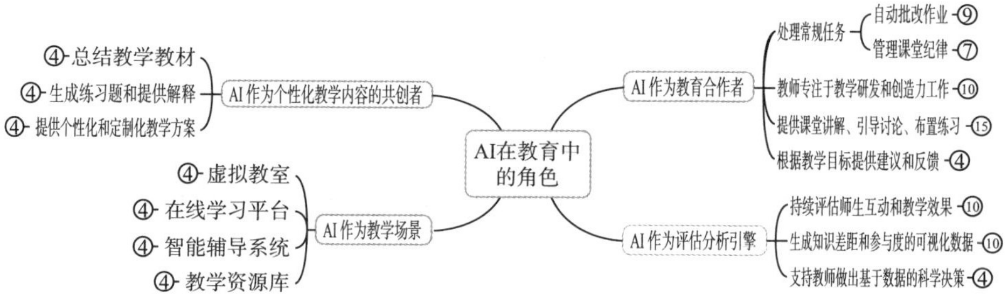

图3–2 AI+在教育中的角色

AI 作为教育合作者。AI 作为助教，能够处理常规任务；而教师则专注于教学研发和其他更有创造力的工作。在教师的监督下，AI 可以帮助教师，提供课堂讲解、引导讨论、布置练习，并根据教学目标提供建议和反馈。

AI 作为评估分析引擎。通过持续评估师生互动和教学效果，AI 可生成有关知识差距、参与度的可视化数据和分析。这样，教师就能有针对性地进行教学，并做出基于数据的科学决策。

AI 作为个性化教学内容的共创者。AI 算法可以总结教学材料，生成练习题，提供解释，并综合对学习资源的分析，提供个性化和定制化的教学方案。

AI 作为教学场景设计师。AI 可以帮助教师设计极具吸引力的模拟环境，从而创造个性化、适应性强的教学体验，通过多样情境和互动促进学生主动学习。

AI 作为教师发展教练。个性化的 AI 辅导可以向教师提供有关其教学实践、教案和互动的反馈，帮助他们通过反思和实践掌握新技能。

AI 作为行政助理。AI 可以处理日常行政工作，如整理课程材料和基本评分。

AI 助理可以简化工作流程，让教师专注于高质量的教学。

在课堂学习中，自适应学习系统通过人机交互技术辅助解决学生遇到的难题，提供即时反馈和支持。市场上已有许多成熟的自适应学习系统，人工智能技术在提升课堂教学效果方面显示出卓越的潜力（Essa，2023）。

在语言教学领域，自适应学习系统通过语音识别和语义分析技术，辅助教师和学生进行口语练习，纠正发音错误。例如，通过游戏化学习模式，提高了学习者的自主学习能力。此外，基于 AI 的大学英语教学平台能够根据学生需求和知识水平调整教学进度与内容，从而提高学生的英语能力和自主学习能力。

虽然人工智能在教育领域提供了机会，但盲目地取代人类的参与并不是解决问题的办法（Ifenthaler D，2024）。现有研究表明，关键在于利用人类和人工智能的优势，创造更有效、更有益的学习和教学体验。因此，“人在循环”的重要性正在成为教育人工智能的核心原则。随着人工智能技术的快速发展，包括教育在内的社会各个领域都需要参与并探索这一现象的影响。因此，本书旨在通过从研究人员和从业者的角度研究人工智能对教育的影响来协助这一过程。笔者进行了一项德尔菲研究，包括对 $N = 33$ 名国际专业人士进行调查，随后与一组国际研究人员进行了面对面讨论，以确定在教育中部署人工智能的主要趋势和挑战。结果表明，三个最重要和最具影响力的趋势是：

①人工智能的隐私和道德使用；

②可信算法的重要性；

③公平与公开。不出所料，这些也被确定为三大关键挑战。

近年来，随着人工智能技术的飞速发展，图像识别、预测系统、计算机视觉等先进技术在教学评价领域的应用日益广泛，极大地推动了教学评价方式的多样化、评价过程的科学化以及评价结果的精确化。

AI 技术在教学评价中的应用可以显著提高评价的效率和准确性。在传统教学中，教师需要投入大量时间完成出题、评分、成绩评价、试卷分析等考核任务。AI 技术能够自动生成考试题，自动批改作业和试卷，大大减轻了教师的工作负担。例如，基于 AI 的自动批改系统能够快速准确地批改试卷，检测空白试卷和疑似同质试卷，提高教师的评估效率。

AI 技术为教学评价提供了新的方式和视角。例如，AI 技术通过智能评分、逐句批改、行为分析、论文精讲、学习记录、智能批改和口语练习，帮助学生提高雅思和托福的备考水平，为学生的学习提供全面的反馈和支持。美国教育考试服务中心（ETS）设计的电子评分器，能够自动评估学生的作文，包括结构、语法和总分，不仅提高教师的评估效率，还能指导学生提高写作能力。ETS 还开发了 SpeechRater 引擎，用于英语口语评估，帮助学生在口语考试中取得优异成绩。

AI 技术还为体育课程的评价提供了新的策略。基于 AI 的体育评价系统能够帮助学生进行自我评估测试，及时获得学习反馈，提高锻炼水平，减轻教师的教学压力。这些系统的设计和应用为现代体育技术的应用和发展提供了新的策略，也为科学教育技术的进一步发展提供了理论支撑和指导。

随着虚拟现实（VR）、增强现实（AR）以及传感与听觉技术的飞速发展，通过技术的集成应用，结合普适计算框架，实现了物理空间与虚拟空间的深度融合，催生了虚拟教室与虚拟实验室等创新教学模式（Encalada & Sequera, 2017）。

虚拟教室成为情境化学习的催化剂。虚拟教室利用先进的虚拟技术，模拟并再现难以直观解释的教学场景，为学生构建了一个沉浸式的学习环境。这一环境通过多维度呈现学习内容，充分调动学生的视觉、听觉乃至动觉等多感官参与，使抽象概念与理论得以直观化、形象化，从而显著激发学生的学习兴趣，提升教学效果。

混合虚拟教室在提供课程出勤灵活性方面显示出巨大潜力，因为它允许学生选择来学校上课或在家远程听课。此外，虚拟仿真实验室通过多媒体、仿真和虚拟现实技术的应用，借助 3D 建模技术虚拟再现真实的实验场景，为学生提供了一个高度仿真的操作环境，使他们能够在计算机上完成各种实验项目，就如同在真实环境中操作一样（Lakhal & Bateman，2017）。

虚拟仿真实验室的应用进一步拓展了教学的可能性。通过 3D 建模和仿真技术，实验室能够再现真实的实验场景，为学生提供一个接近真实的实验环境。这不仅降低了实验成本和风险，还增强了实验的可重复性和精确性。学生可以在这样的环境中进行实验，不必担心实验操作失误或实验条件限制，从而获得了更全面和深入的实验体验。

尽管虚拟课堂与虚拟仿真实验室在教学上具有诸多优势，但亦面临不容忽视的挑战。尽管 VR 在科学学习中具有高度的激励性，但其丰富的视觉与交互元素会导致学习者认知超负荷，进而分散注意力，影响学习效果（Makransky、Terkildsen & Mayer，2019）。因此，教育工作者在设计与实施虚拟教学方案时，须充分考虑学生的认知能力与注意力分配机制，合理控制信息密度与交互复杂度，以确保教学目标的实现。

在教育领域，人工智能技术的崛起，尤其是如 ChatGPT/GPT 等高级语言模型的出现，对学生的学习过程和教育实践产生了深远影响。这些技术不仅引发了广泛的社会讨论，也激发了教育理论家和实践者对教育模式与学习策略的重新思考。

人工智能技术的发展和在教育领域的应用是不可阻挡的趋势。抵制人工智能进入教育领域不仅不切合实际，而且会导致教育创新的滞后。相反，教育工作者应积极拥抱这一趋势，挖掘人工智能在教育中的潜力，以促进教育方法的创新和优化。

人工智能如同水流，已经渗透到我们的生活和工作中。试图阻挡这一历史进程注定是徒劳的。教育工作者应顺应时代潮流，利用人工智能技术推动教育的不断进步和创新。教育者面临的挑战是如何平衡技术的使用与学生的自主学习，确保技术成为学习的助力而非替代。完全禁止使用人工智能技术并非明智之举，教育工作者应引导学生合理利用，发挥其潜力。教育工作者应认识到，人工智能技术已成为社会发展的重要驱动力，正确使用这些技术将有助于学生提升创造力、批判性思维和解决问题的能力，为他们的未来事业和生活奠定基础。

曾经在课堂上传播的信息现在无处不在，先是在网络上，然后在聊天机器人中。教育工作者现在必须做的不仅是告诉学生如何找到信息，还要告诉他们哪些信息值得信任，哪些信息不值得信任，以及如何区分它们。教师不再是信息的守门人，而是促进者，教师正在大型语言模型经常产生的错误信息和偏见中寻找机会。这些缺点可以引发富有成效的讨论，因为大语言模型生成的内容并不是完美的事实。

面对不可逆转的科技潮流，教育领域的理论专家应倡导一种积极的应对策略——不是简单地抵制或回避，而是主动拥抱并引导 AI 技术的教育应用。这要求我们从理论层面深入探讨 AI 如何能够优化教学流程、促进个性化学习、提高教育质量，并在此基础上构建新的教育生态系统。具体而言，AI 技术不仅能够作为教学辅助工具，提高教学效率与效果，更重要的是，它能够作为教育创新的催化剂，推动教育理念的更新与教学模式的重构。

生成式探究学习是一种新兴的教学方式，它要求教师和学生在遵守国家法规、伦理道德和信息安全的前提下，运用生成式 AI 辅助教学，同时强调学生的独立思考、批判性思维和创造性思维。这种模式下，师—生—机融合，首先教师通过 AI 的各类工具及平台辅助激发学生学习兴趣，布置相应的学习挑战任务，学生与 AI 对话探索，在新情境中练习并迁移所学知识，并分享结论与发现，最后由专业教师进行评价和总结。学生通过与 AI 的互动对话，以及与教师和同伴的合作交流，构建知识体系，培养综合素质。生成式探究学习模型的六大环节如图 3-3 所示。

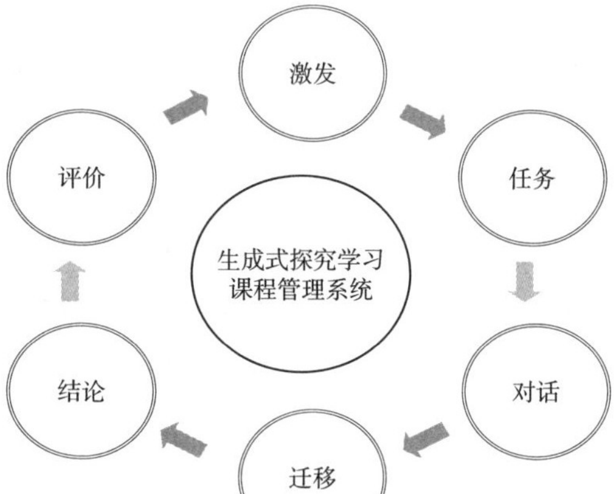

图3-3　生成式探究学习模型

来源：黎加厚（2024）生成式AI对课程教材教法的影响

在教育领域，教学活动的传统构成要素包括教师、学生、校长、教材等关键角色。随着生成式人工智能技术的兴起，这些要素正在经历深刻变革。李秉德先生提出的教学活动七要素理论在此背景下得以扩展与深化，生成式 AI 的融入不仅改变了教学形态，更提高了教学质量与效率，如图 3-4 所示。

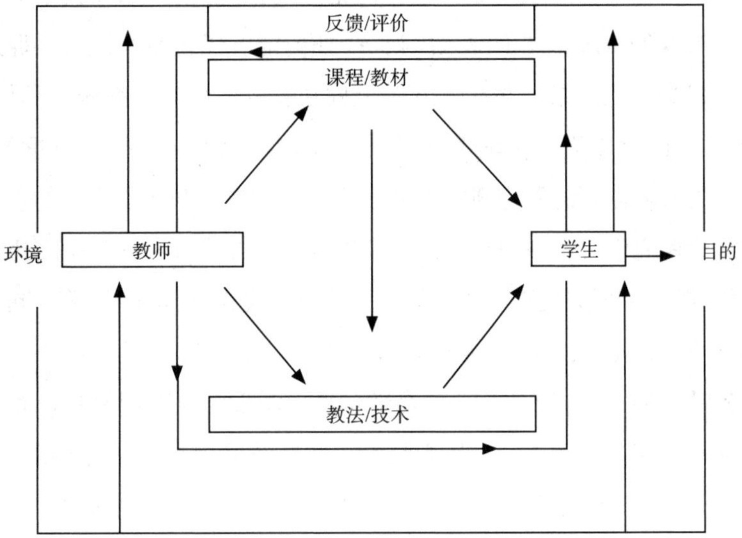

图3-4　教学过程中各要素的关系

来源：李秉德教授关于教学诸要素关系

生成式人工智能（AI）作为智能教学助手，显著提高了教师的工作效率。通过自动化批改作业、辅助教案设计等功能，教师得以减轻负担，将更多精力投入教学创新与个性化指导中。这一变革不仅是对教师劳动的简单替代，更是对其角色的重新定义，使其成为学习过程的引导者和促进者。

每名学生均可借助生成式 AI 获得个性化的学习资源和辅导，实现知识的即时获取与应用。这种智能导师与学伴的角色，促进了学生自主学习能力的提升，也为学生提供了丰富的学习路径和解决方案，有助于培养学生的创新思维与实践能力。

生成式 AI 为校长提供了智能管理助手，辅助教育决策，优化资源配置，提升教育治理效能。这种技术支持下的管理方式，使教育资源配置更加精准，教育决策更加科学，为学校的整体运营提供了新的动力。

教育出版业迎来新的发展机遇，即通过生成式 AI 技术，实现从传统纸质教材向全媒体智能教材的转变。这要求出版社与技术开发商合作，开发针对不同教材版本的 AI 小模型，结合数字人技术、元宇宙等前沿科技，创造沉浸式学习体验，推动教育出版向智能化、个性化方向发展。

生成式课程的出现，标志着课程体系的重大变革。课程不再局限于静态的知识传递，而是通过人机互动，动态生成包含多样化的学习内容，如文本、图像、音视频等，极大地丰富了教学资源，增强了学习的互动性和趣味性。这种生成式课程的发展，是对传统课程模式的补充与拓展，为教育提供了新的可能性。

生成式 AI 在教学中的应用，不仅仅是技术层面的突破，更是对教育理念和实践的深刻反思。它要求教育者重新审视教学活动的本质，探索如何利用技术优化学习过程，真正实现因材施教。生成式 AI 的融入，使教学活动更加灵活、个性化，为教育的可持续发展提供了有力支持。在未来，生成式 AI 有望成为教育改革的重要推动力，引领教育进入一个全新的智能化时代。

生成式人工智能（AIGC）技术在课程设计与实施中的融入，正在引发教育范式的深刻变革。这种融合不仅涉及课程的各个环节，更通过 AI 与师生的交互对话，动态生成丰富多样的学习内容和资源。这一过程呈现出三个显著特征：生成性、不确定性和丰富性。

这种新型的课程模式为教育工作者提供了一个独特的机会，使其能够将教育学理论、教学策略，以及学科特定的训练数据集有机地整合到课程设计、资源生成和教学活动管理中。这种整合不仅强化了 AI 对课程内容的理解能力，还提升了其生成自适应学习资源的能力，从而与传统课程资源形成互补关系。

可见，生成式 AI 在课程建设中的应用代表了教育创新的新前沿。它不仅改变了课程内容的生成和传递方式，还对教学方法、学习评估和教育管理提出了新的要求。未来的研究应关注如何最大化 AI 技术的教育价值，同时应对其带来的挑战，以确保教育质量和公平性。

3.3.1.2 AIGC 思维与常见的应用工具

AIGC 是指由 AI 自动创作生成的内容，即 AI 接收到人下达的任务指令，通过处理人的自然语言，自动生成图片、视频、音频等。

想象一下，AIGC 犹如一支拥有无尽创造魔力的神笔马良。然而，这支神奇的笔却是由人工智能精心设计而成。它不仅能够自如挥洒，更能将无限的创意转化为现实，呈现出一个个令人惊叹的内容作品。

赵晓伟、沈书生等（2024）研究追溯了千年前苏格拉底对话的教育智慧及对话进程，提出了苏格拉底对话新形态——“数智苏格拉底”（I-Socratic），形成了数智苏格拉底对话中促进学习者主体性塑造的“3S3L”提示语策略，揭示了数智苏格拉底对话的三种样式：与作为引导者的 AIGC 对话，以启发式问答促进学习者获知；与作为扮演者的 AIGC 对话，以多角色对话拓宽学习者视角；与作为回答者的 AIGC 对话，以适应性交互支持学习者反思。

AIGC 融合了人工智能的理解力、想象力和创作力，能够根据特定需求和样式生成各种形式的内容，包括文章、短篇小说、报告、音乐、图像甚至视频等。AIGC 的出现犹如打开一个全新的创作领域，为人们提供了无限的创作可能性。

从用户生成内容到专业生成内容，再到如今的人工智能生成内容，我们目睹了内容创作方式的巨大变革和进步。这一演进不仅在技术层面带来了革新，也在语言和文化领域引发了深刻思考。

随着 AIGC 这股强大的潮流在现实世界掀起惊涛骇浪，众多行业都迎来了前所未有的自我革新和升级的新契机。在这场变革的浪潮中，文本应用、图片应用以及视频应用三大领域，正携手 AI 开辟出一条充满挑战与机遇的进击之路，引领我们共同探索与 AI 共事的无限可能。

当 ChatGPT 走进大众视野时，我们看到不少人感叹它强大的表达能力和迅猛的反应能力，无论向它抛出什么样的问题，它都能对答如流，甚至对于同一命题，也能给出许多不同的答案。AIGC 的出现，不仅提高人们在绘图工作中的效率，而且解锁了绘画创作的更多可能性，带来一些在艺术审美上的灵感。不得不说，AI 的想象力、审美力和创作力已然被更多人所见。某旅游 App 曾使用 AI 技术生成了一组世界风景图，并将画面投放至地铁广告里，来往的人都能一睹 AI 眼里的世界。随着 AIGC 的横空出世，内容生产的工作流正在发生不小的变化，向 AI 发送任务指令，再通过线上的一些调试，便能形成一段视频。某社交媒体发布的广告片《探》，便是完全由 AI 制作的。

3.3.1.3 AI 大模型的提问技巧与教学设计的 AI 提示词

提示词（Prompt）可定义为在利用人工智能（AI）工具如 ChatGPT 或 Midjourney 等时，用户输入的特定文本指令或参数集。这些指令作为关键媒介，深刻影响 AI 模型的理解过程及输出内容的性质与精度。具体而言，在 ChatGPT 应用中，提示词起引导对话机器人回复逻辑走向与内容丰富度的核心作用；而在 Midjourney 等图像生成平台，它们则是指引 AI 算法创作符合用户预期视觉效果的指令蓝图。

AI 提示词可视为解锁 AI 能力潜力的密钥，其搭建了用户与 AI 系统之间高效沟通的桥梁。精准、恰当的提示词能够显著提升 AI 对用户意图的捕捉能力，促进生成内容的高度贴合与满意度提升。相反，模糊或不切题的提示词则会产生误导，导致输出成果偏离用户期望，影响最终效果。

ChatGPT 是基于大型语言模型构建的对话系统，以其卓越的自然语言处理能力，成功跨越了多个应用领域，实现了对复杂任务的精准理解和生成。在这一过程中，提示词的作用不仅限于简单的问题解答，它们是引导模型深入理解用户意图、遵循特定指导原则和风格的关键工具。用户通过精心构造的提示词，能够为 ChatGPT 提供明确的方向，促使其输出更加符合用户期望、信息价值更高的内容。

例如，当用户寻求关于“如何有效提升教学效果”的策略时，若仅输入宽泛的概念如“教学效果”，模型会提供一般性信息。然而，如果用户细化提示词为“如何高效运用教学工具以提高课堂教学，提升师生互动效果”，ChatGPT 便能生成更为专注、深入且实用的建议，显著提高信息的相关性和实用性。这一过程凸显了提示词在精确定位用户需求、引导对话方向上的核心作用。

Midjourney 等文生图工具与提示词策略的深度剖析，下面笔者以国内文生图应用豆包 AI 为例介绍如何利用提示词，让 AI 帮助生成更好的图片。文生图 AI 应用的核心机制依赖于用户输入的提示词，旨在将抽象的文本描述转化为具体的视觉效果。在这个转换过程中，提示词的准确性和丰富性成为决定生成图像质量和创意表达的关键。

设想一下，用户希望生成一幅冬日暖阳的图像，如果仅输入“暖阳”，虽然能够触发豆包 AI 的基本图像生成功能，但结果可能缺乏特色和细节，如图 3-5 所示。而当用户采用如“在一个寒冷的冬日，阳光穿透薄薄的云层，洒在大地上。街道两旁的树木，枝头挂满了晶莹的冰珠，闪烁着光芒。人们穿着厚重的冬装，匆匆走过，脸上带着一丝寒意。然而，就在这时，一束暖阳透过窗户，照进了屋内。整个房间瞬间被温暖的光线填满，仿佛春天的气息提前到来。屋内的人们感受到这股暖意，不禁放松了紧绷的身体，脸上露出了舒适的微笑。一位年轻女子坐在窗边，手里捧着一杯热茶，享受着阳光的拥抱。她的脸上洋溢着幸福的光芒，眼中透露出对生活的热爱。窗外，一只小鸟停在树枝上，欢快地唱着歌，似乎也在享受这美好的时刻”这样具体且充满画面感的提示词时，豆包 AI 便能捕捉更多的细节，生成更加生动、层次丰富且充满创意的图像，如图 3-6 所示。这一现象深刻揭示了精确且富有想象力的提示词在激发 AI 创造力、推动图像生成向更高层次发展中的关键作用。

图3-5　冬日暖阳

图3-6　有细节描写的冬日暖阳

优化提示词的过程是一个旨在提升 AI 响应精准度与创意契合度的策略

性任务，其核心在于精确界定用户意图与期望风格。提示词的重要性往往会被低估或者高估，低估是因为正确的提示技术如果使用得当，可以让我们走得更远；高估是因为基于提示的应用程序，需要围绕提示进行大量的工程设计才能运行良好。

以下是一些优化的方法：

①明确性与具体化：首要步骤是清晰界定目标，确保提示词具备高度的明确性和具体性。通过详尽描述场景、对象特征、情感氛围等细节，如“创作一幅细致描绘古代中国集市喧嚣场景的高清图像，强调赶集的人与商贩交易的生动互动”，有助于AI模型精准捕捉并实现用户的具体需求。

②关键词精准选取：识别并精准运用能够概括核心需求的关键词，这些词汇应直接关联至用户的创作愿景或查询意图。例如，在“古代中国的集市”的案例中，“古代中国”“集市”“喧嚣场景”“高清图像”等关键词共同构成了指导AI创作方向的精确指令集。

③语气与风格调控：根据应用场景的不同，灵活调整提示词的语气（如正式、轻松、幽默等）与风格（描述性、指令性、隐喻性等），以符合特定的沟通氛围或创作目标。恰当的语气与风格选择能够显著提升AI输出的贴近度与感染力。

④迭代优化与反馈循环：将AI的初步输出视为宝贵的反馈资源，通过仔细分析输出内容，识别其中的亮点与不足，进而对提示词进行针对性的调整与优化。这一过程构成了一个动态的反馈循环，有助于不断逼近用户心目中的理想结果。

⑤工具特性融合：在使用文心一言、豆包等AI工具时，深入理解各平台的技术特点与算法偏好，将优化策略与工具特性相结合，以最大化发挥提示词的效能。通过精准匹配工具的功能边界与优势领域，用户能够更有效地引导AI工具生成高质量、符合期望的创作或查询结果。

下面是教学过程中结合AI进行探索时可以参考的提示词框架：

（1）TAG框架。

任务（Task）：描述您所要求完成的具体任务。

行动（Action）：细致描述所需采取的动作。

目标（Goal）：明确您追求的最终目的。

提示词（Prompt）示例：

任务：请帮我设计一组问题，帮助学生更深入地讨论“责任与担当”。

行动：请提供一系列问题，旨在引导学生在“创新创业与时代发展”中的本质、企业家精神和创新创业行动推动了经济的繁荣发展。

目标：我期望通过这些问题，激发学生对“责任与担当”的深度理解，促使更富有洞察力的讨论。

（2）SPAR 框架。

情境（Scenario）：勾勒出背景蓝图。

问题（Problem）：阐释所面临的难题。

行动（Action）：详细说明所需实施的策略。

结果（Result）：描绘期待的成果。

提示词（Prompt）示例：

情境：学生对“专创融合”概念的理解不够深入。

问题：能否生成一些生动形象、易懂的案例解释，适合大一新生？

行动：请以简单有趣的方式解释“专创融合”，并附带一些互动例子。

结果：我期望学生通过解释更加深入地理解“专创融合”概念，提高课程兴趣以及对专业能力创造美好未来的信心。

（3）TRACE 框架。

任务（Task）：确定并明确具体的任务。

请求（Request）：表述所希望请求的具体事项。

行动（Action）：描述必须实施的行动。

背景（Context）：提供相关背景或情境。

示例（Example）：用实例来阐明您的见解。

提示词（Prompt）示例：

任务：请帮我设计一份关于环保的讨论题，适用于大学生。

请求：我希望题目能够引导学生思考个体行为对环境的影响，并激发实际行动。

行动：生成一些贴近学生生活、发人深省的讨论题。

背景：学生们对环保概念有一定兴趣，但需要更多实际行动的启发。

示例：请设计一个讨论题，鼓励学生分享个人的环保实践，以及可以在学校推行的节能减排、低碳可持续发展措施。

（4）SCOPE 框架。

情境（Scenario）：描写当前状况或情境。

复杂情况（Complications）：讨论任何潜在的复杂因素。

目标（Objective）：描述预期的目标。

计划（Plan）：阐述实现目标所需的策略。

评估（Evaluation）：讲述如何评估成功的标准。

提示词（Prompt）示例：

情境：刚开学，大二学生对英语阅读兴趣下降。

复杂情况：学生的英语阅读水平和兴趣各异，需要个性化的激发方法。

目标：我想鼓励学生积极参与英语阅读和课堂讨论。

计划：请基于学生的情况（阐明情况），生成一系列不同难度和主题的阅读挑战，并提供激励机制。

评估：学生的参与度和提高的阅读水平。

（5）APE 框架。

行动（Action）：说明所完成的具体工作内容。

目的（Purpose）：讲解行动背后的意图或目标。

期望（Expectation）：阐明所期待的结果或成功的标准。

提示词（Prompt）示例：

行动：请帮我设计一份简短的管理科学介绍，适用于大一学生。

目的：希望这份介绍能够激发学生对管理科学发展历史的兴趣。

期望：既简洁易懂，同时能够引发学生的好奇心。

（6）SAGE 框架。

情况（Situation）：描述背景或当前情况。

行动（Action）：详细说明所需进行的行动。

目标（Goal）：明确目标所在。

预期（Expectation）：阐明您所期望获得的结果。

提示词（Prompt）示例：

情况：这是一门大三学生的“创业管理”课程，计划参加大学教师的教学创新大赛，主题是“创业风险与突破”，请帮忙提出5个创新设计的思路。

行动：请给予一些建议，激发学生勇敢面对风险的信心。

目标：学生们勇于面对“创业风险”，学习合理评估风险，科学规避风险。

预期：请提供具体的授课技巧，同时给予学生一些实用的思考启发。

（7）RTF框架。

角色（Role）：定义GPT的角色定位。

任务（Task）：详述特定的任务内容。

格式（Format）：说明您所期望的答案形式。

提示词（Prompt）示例：

角色：我是大二年级的高校“创业管理”老师。

任务：我需要你帮我检查一下学生的《创业计划》，并提供一些建议。（提供创业计划内容）

格式：请用红色文字标注错误，并在旁边写上修改建议。

（8）ROSSS模型。

角色（Role）：界定GPT所扮演的角色。

目标（Objective）：明确您的意图。

情境（Scenario）：描述具体情境与环境。

解决方案（Solution）：设定所期望的结果。

步骤（Steps）：咨询解决问题的具体步骤。

提示词（Prompt）示例：

角色：你是一名大三的高校创业课程老师。

目标：我想演示商业画布在企业项目中的应用。

情境：学生们不清楚商业画布在企业项目中的应用。

解决方案：请设计一个简单的制作方案，演示商业画布在企业项目中的应用情况。

步骤：提供明确的步骤，让学生能够轻松理解商业画布设计的过程和可能的价值。

（9）CARE 框架。

背景（Context）：界定讨论的场景或上下文环境。

行动（Action）：说明期望完成的行动。

结果（Result）：阐明期待的结果。

示例（Example）：提供一个例证以阐述您的观点。

提示词（Prompt）示例：

背景：学生们不会制订高效学习计划。

行动：请给学生们提供一份个性化的学习计划建议。

结果：我期望学生们制订出更有效的学习计划。

示例：在我的大一学生中，学生们来自不同的省份和家庭背景，面临着各自的学科难题。为了帮助他们更好地组织学习时间和任务，希望提供一些建议，帮助学生们制订个性化的学习计划。

可见，提示词越具体、明确、针对性越强，获得与自己想要的答案越接近。

首先，让它扮演一个角色，例如，告诉它你是一名大学教授，讲授本科一年级的“管理学原理”课程。提供背景信息：可以添加“管理学原理”的课程描述和 / 或有关该课程学生的信息。

教学策略：

您能为［插入年级］的［插入主题］教学推荐一些互动活动吗？

在［插入年级和 / 或学科领域］课堂上教授批判性思维技能有哪些策略？

如何将课程思政纳入我的［插入学科领域和 / 或年级］课程？

教育资源和材料：

我可以使用哪些原始资料来补充我关于［插入特定主题］的课程？

我正在为［插入主题］制作一个选择板。我可以添加哪些选择来鼓励学生在展示学习成果的同时发挥创造力？

反馈与反思：

您能否建议一些形成性评估，我可以在即将开始的关于［插入主题］的课程中使用这些评估来衡量学生的理解程度？

我需要为一名［填写年级］学生写一份课程论文评语，他一直积极参与课堂讨论，并表现出很强的合作能力。请能帮我写一份积极鼓励的评语，突出他们的贡献吗?

内容创作与分析：

请为我的［插入年级］学生创建一个包含故意错误信息的文本，让他们发现并纠正错误。

请提供一个关于［插入主题］的说服性论证示例，让学生进行评估并识别所使用的说服技巧。

请制作一份学习指南，帮助［填写年级］学生练习［填写具体主题和/或技能］

3.3.2 智能技术与育人本质的匹配

自从人工智能（AI）概念于1956年首次提出以来，随着计算机算力和算法技术的突破，人工智能正持续演进并广泛渗透到人类生活的各个领域。智适应教育作为教育行业的重要成果，利用人工智能、大数据分析等智能技术，结合丰富的用户数据，针对个体学习过程中的差异性，提供适应个体特征的教育形式。其目标是为学生提供个性化的学习体验，推动真正落实“因材施教”的教学理念。随着人工智能技术的深化和在线+离线（OMO）模式的推广应用，智适应教育将扮演更为重要的角色，体现更高的教育价值（中国智适应教育行业白皮书2023）。

智适应教育是基于人工智能和大数据分析等智能技术的重要成果，旨在针对个体学习过程中的差异性提供个性化的教育形式，实现真正的“因材施教”教学理念。在教学过程中，智适应教育通过深度整合人工智能技术，实现全流程数据的连接和个性化学习体验。

人工智能技术在教育领域的应用不断增多，为实现个性化学习和自适应学习提供了新的可能性。个性化学习通过利用AI技术分析学生的特征和学习行为，调整教学方法和内容，满足每名学生的个性化需求。自适应学习则根据学生的学习表现实时调整教学策略和资源，提高学生的学习效果。然而，实现个性化和自适应学习面临技术、隐私和伦理等挑战。未来的发展需要更多的研究和合作，以确保AI与教育的融合为每名学生真正带来教育价值。基于人工智能技术的自适应学习系统不仅能够更加精细地进行分层，甚至实现一人一层的个性化教育，还能够根据学生实时的学习情况动态调整下一步的学习内容和路径，从而实现可规模化的个性化教育。

学习者应该明白学习其实是积极地建立认知能力的一种方式，他们需要学会如何应用这种能力。最重要的是，他们应该在现实生活情境中积极地运用它，评估结果并进行反思。体验式学习、社会化学习消除了课堂和现实生活之间的界限，还能创造一个持续的、多维的学习生态系统。这使学习者能够全身心地体验无序、偶然发现和不可思议的生活，让大脑有机会经历罕见的路径。这让他们有机会在陌生的情境中进行互动、发明和独立思考。当人类学习者沉浸在丰富多样的体验中时，他们可以摆脱预设的数据输入限制，而计算机无法做到这一点。计算机无法打破编写的程序，也无法升级它们的思维能力。

尽管智能机器学习在某些领域表现出色，但它仍然受限于预先设计好的算法和数据输入。它们无法像人类一样自由地在无限的体验中学习和创新。因此，人类学习者在这方面具有独特的优势和能力。在未来的发展中，人类的体验式学习与智能机器学习应紧密结合，以充分发挥两者的优势。人们通过将人类的创造力、创新和独立思考与机器的计算能力和数据处理能力相结合，可以探索更广阔的学习领域，推动科技进步和社会发展。

人智交互，效率跃升，形成“AI四能教育”新模式，如图3-7所示。“AI四能教育”新模式，即以AI为基础，旨在帮助人们从低能到高能、单能到多能、多能到超能、超能到异能的教育模式，帮助学习者实现能力跃迁，认知突破。

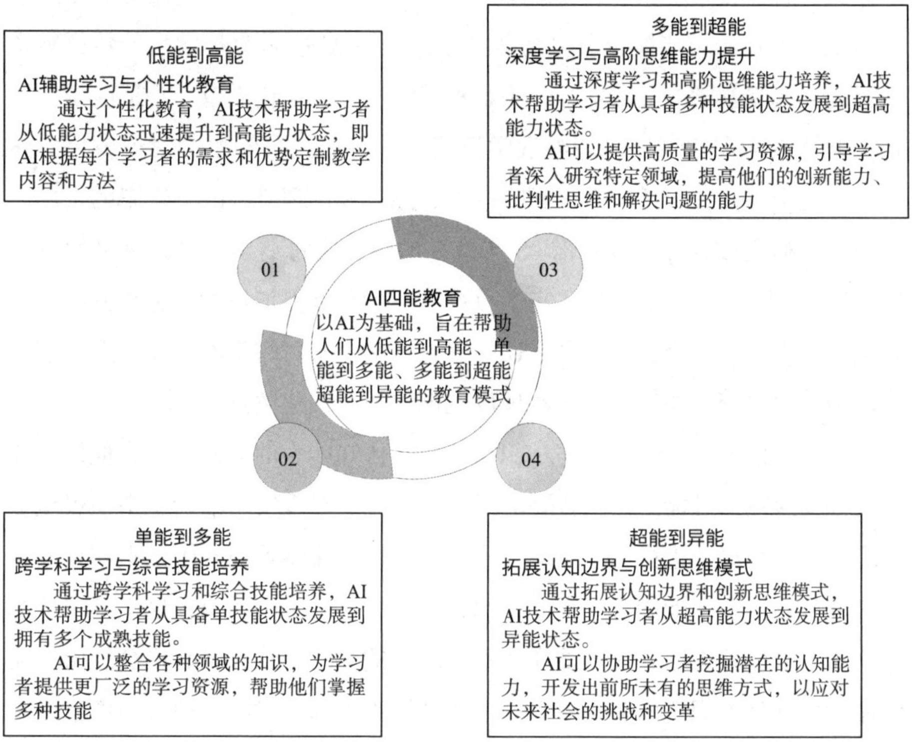

图3-7 “AI四能教育”新模式

AI 技术在教育中的应用给教育带来了深远影响。通过智能化手段重构教育生态，促使传统教育模式、教学策略及学习体验发生根本性、系统性变革。

在微观层面，AI 技术的应用使物理环境、混合学习模式，以及虚拟与现实的交互环境得以有效整合。通过构建针对个体学习需求的学习情境，教育者能够更好地满足不同学习者的特征和偏好。这种整合促使学习者在个体化学习群体中，自主决定学习的节奏与方式，进而提升学习效果。同时，数智技术的应用使跨时空教育资源的连接成为可能，提升了教育的可及性，并为更多学习者提供了优质的学习机会。

从宏观角度来看，“人工智能 + 教育”不仅是一种技术工具的应用，更是一种全新的教育理念和模式的体现。它强调以学生为中心，注重激发每名学生的独特潜能，并通过 AI 技术实现教育资源的优化配置与高效利用。在这种模式下，教师的角色发生了变化，不再只是知识的传授者，而是成为学习的引导者和支持者。同时，学生也不再是被动接受知识的对象，而是主动参与学习过程的主体。

AIED 还促进了交叉学科的合作与共享。通过智能化技术，教育者可以打破学科之间的壁垒，促进不同领域知识的融合与应用。这种交叉学科的合作不仅能够丰富教育内容，提高教育质量，还能培养学生的综合素养与创新能力，使其更好地应对复杂的社会挑战。此外，AI 的引入使教育个性化的实现成为可能。学习者可以根据自身的兴趣、能力和需求，自行决定学习速度和进度。这种个性化的学习方式不仅增强了学习者的参与感与自主性，还能够有效提升学习效果，培养终身学习的能力。

生成式 AI 的引入则可能催生一个动态、自适应的课程生态系统。这个系统能够根据学习者的需求和进展实时调整内容与难度，实现真正的个性化学习。在这种新型课程模式下，教师的角色将从知识传授者转变为学习设计师和引导者。随着 AI 在课程中的深度应用，培养学生的信息素养、批判性思维和 AI 伦理意识变得尤为重要。课程设计需要纳入这些关键能力的培养。传统的标准化测试不再适用于评估 AI 辅助下的学习成果，需要开发新的评估方法，以衡量学生在 AI 环境中的问题解决能力、创造力和批判性思维。

值得关注的是，在教育领域，技术始终是一种媒介，其作用在于促进学习过程和成果的优化。然而，技术的影响是多维度的，它不仅能够实现传统教学功能的替代，还能够催生前所未有的教学任务和方法。因此，教育者必须具备深入理解技术影响的能力，以便在教学中做出明智决策。他们需要认识到，技术不仅是学习工具的简单升级，还是能够引发教育范式转变的催化剂。

最后，教育者还需要关注技术在教育中应用的伦理问题，确保技术的使用不会侵犯学生的隐私，不会加剧教育不平等，并且保证教育过程的公平性和透明度。他们需要不断升级自身的数智能力与素养，才能更好地利用技术来增强学习体验，促进学生的全面发展。“人工智能 + 教育”不仅是一场技术上的革命，更是一场深刻的教育理念和模式的变革。通过合理运用 AI 技术，我们可以构建一个更加开放、包容且富有活力的教育生态系统，为每位学习者提供最优质的教育资源和服务。

第 4 章　慕课混合式学习应用案例研究

时至今日，尽管科技发展日新月异，但教育实践却未能与之同步。在许多教育环境中，传统的教学方式仍占主导地位，教育工作者常常对新技术望而生畏。然而，近年来，慕课及人工智能技术迅猛发展，给教与学带来了新挑战，引起教育界的广泛关注，同时，中国教育数字化十年发展行动加速了教育的变革进程如图 4-1 所示。有效推动了教育公平。

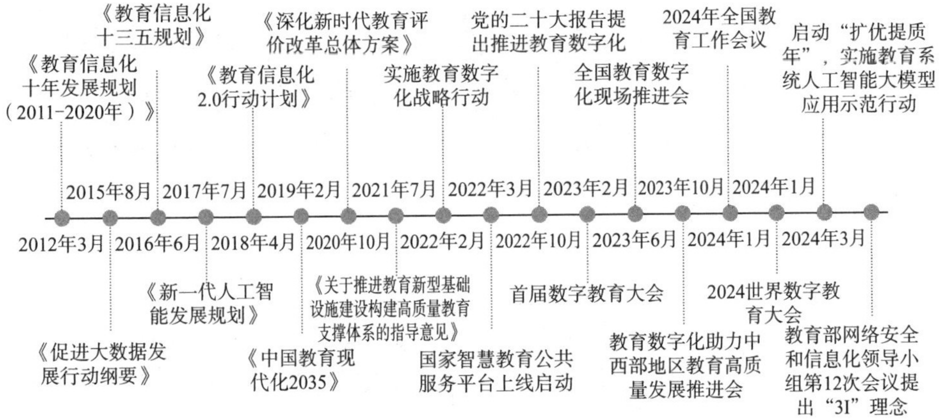

图4-1　中国教育数字化十年发展历程

2024 年 12 月，在伦敦举办的 2024 世界慕课与在线教育大会上，全球教育界首次明确提出“智慧教育元年”这一全新概念，这标志着高等教育发展进入了一个变革的新纪元。随着人工智能的迅猛发展，高等教育不仅是知识传递的场所，更是培养创新人才、促进公平教育的重要平台。近年来，以大模型为代表的新一代智能技术正迅猛推进，促使教育行业实现全方位的智能化升级，高校正在展开一场人工智能的全球实验，探索高等教育重构的新路径，为实现教育公平与个性化发展共同努力。AI 技术助力教育变革，随着“智慧教育元年”的到来，我们正面临教育理念、方法和模式的深度变革。随着科学技术的日益进步，“大模型”的崛起为教学改革提供了强大的工具。智慧教育元年不仅为高等教育带来了新机遇，也面临着一系列挑战。从经济转型来看，数字经济与教育的关系愈加紧密，亟须培养适应智能经济的人才。反过来，教育的智能化提升了智慧教育的相关产业，为数字经济的发展注入了强大动力。

2024 年，我国启动“扩优提质”行动，改变学生的学、改变教师的教、改变学校的管，改变教育的生态，积极推动技术赋能的教育深刻变革和战略转型，从“3C”走向“3I”，为教育带来了新机遇，如图 4-2 所示。如何重塑教育实践共同体，以支持师生的成长型学习心态？本章尝试做一些探索分析，内容涵盖了教师运用新技术新理念进行慕课混合式教学创新的实践与反思，突出有效策略和技术应用的实际效果。当然，无论是行之有效的教育方法，抑或是难以克服的挑战，还是有效的技术融合带来的微小变化，本章仅代表部分一线教师重构教学，并付诸实施的勇敢尝试，希望能为面向未来的混合式教育与学习提供参考的样本。

3C		3I	
· Connection	联结为先	· Integration	集成化
· Content	内容为本	· Intelligence	智能化
· Cooperation	合作为要	· International	国际化

图4-2　教育数字化从“3C”走向“3I”

4.1　慕课混合式学习在高等教育中的应用及存在的问题

在深入探讨大规模开放在线课程（MOOCs）的实践形式时，本研究基于布鲁姆（Benjamin Bloom）认知目标分类以及穆尔（Michael Moore）的教学交互分析框架，对三种典型的 MOOCs 实践形式进行了细致分析。以内容传递为主的 MOOCs（xMOOCs）根植于认知行为主义理论，其核心在于知识的有效传递。此类 MOOCs 侧重于学生与课程内容之间的交互，旨在实现认知目标分类中的“知识”和“理解”层面，位于布鲁姆分类体系的底层。以任务完成为主的 MOOCs（sMOOCs）融合了认知主义和建构主义学习理论，强调“做中学”的教学理念。此类 MOOCs 重视学生之间的协作及师生之间的互动，致力于达到布鲁姆认知目标分类中的“应用”和“分析”层次，居于分类体系的中间层。**以网络建立为主的 MOOCs（cMOOCs）基于联通主义学习理论，认为学生与内容的交互是学习发生的基石，学生之间的互动是关键，而学生与教师的交互则是学习过程的有效保障。此类 MOOCs 位于布鲁姆认知目标分类的“综合”和“评价”层面，处于分类体系的最上层。**

通过对这三类 MOOCs 的优势与局限性剖析，在 MOOCs 的设计与开发过程中，应打破既有分类界限，根据具体教学目标，精心选择教学内容与方法，确保目标、内容、方法之间的协调与最佳匹配。教育工作者在新的 MOOCs 的设计与开发实践中，须深入思考如何借鉴和利用精品课程建设的成果，如何开放学习过程，以及如何在过程中培育具有本土特色的 MOOCs，以吸引学习者的大规模、持续性参与。通过分析发现三类 MOOCs 所强调的教学目标与布鲁姆的认知目标分类之间存在明显的对应关系，如图 4-3 所示。同时，它们在教学交互方面的侧重点亦各有差异。

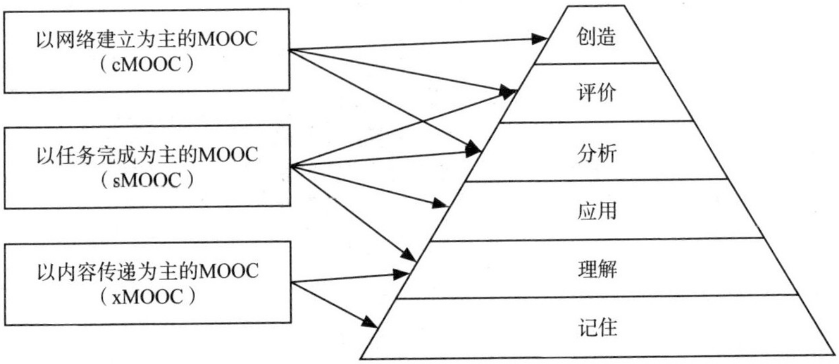

图4-3 不同类型MOOCs的重点目标

王志军、陈丽（2014）研究提出，现存的三种 MOOCs 类型各自适用于不同的教学目标。这些 MOOCs 类型的差异源于它们各自的理论基础以及与之相匹配的教学目标，从而导致它们在多个维度上存在显著差异。这些维度包括内容呈现的方式（如结构化程度）、教学交互的参与度、对学生自主学习能力与高阶思维能力的期望、学生对学习过程的控制程度、学习的难易程度、所需投入的时间、学习成果的产出量，以及课程设计的焦点，不同类型 MOOCs 特点比较及设计重点如表 4-1 所示。值得注意的是，在表 4-1 所列的比较项目中，所谓的“低”“中”“高”等级别都是相对而言的，用以区分三类 MOOCs 在这些维度上的差异。有趣的是，在“自主学习能力要求”这一维度上，三种 MOOCs 均被归类为“高”，这反映了 MOOCs 的开放性特征，它要求学习者必须具备较强的自主学习能力，以确保学习活动的有效进行。通过表 4-1 的分析可以看出，由于三种 MOOCs 的核心目标各异，其设计重点也不同。

表4-1　不同类型的MOOCs特点比较以及设计重点

维度	以内容传递为主的 MOOC（xMOOC）	以任务完成为主的 MOOC（sMOOC）	以网络建立为主的 MOOC（cMOOC）
理论基础	行为认知主义	认知建构主义	联通主义
适合的重点目标	记忆、理解	理解、应用、分析	分析、评价、创造
结构化程度	高	中	低
交互情况	学生和教师交互低 学生和学生交互低 学生和内容交互高 交互少且集中	学生和教师交互低 学生和学生交互中 学生和内容交互高 交互中等且分散	学生和教师交互低 学生和学生交互高 学生和内容交互中 交互多且非常分散
自主学习能力要求	高	高	高
高阶思维能力（批判性、创造性）	低	中	高

续表

维度	以内容传递为主的MOOC（xMOOC）	以任务完成为主的MOOC（sMOOC）	以网络建立为主的MOOC（cMOOC）
学生之间的互动	低	高	高
学习难度	低	中	高
消耗时间	较少	一般	较多
学习输出	少	中	多
设计重点	内容设计	任务情境设计，社区建构	交互引导，网络建构

教育工作者在设计 MOOCs 之前，不能盲目跟风，必须对课程特点、学习目标、各种 MOOCs 的特点以及交互的特点形成清晰的认识，在积极借鉴已有经验的基础上再做细致的分析和设计。在实际教学开展过程中，一门课程往往包括多个层面的目标，与目标的多样性相对应。不同类型的 MOOCs 不是绝对对立的，它们可以出现在同一课程中，实现优势互补。在课程开展过程中，只有把握好目标与手段的一致性，才能设计出有效的 MOOCs，并帮助学习者更好地达到学习效果。

4.1.1 教育部的五大“金课”

2019 年 10 月 31 日，教育部发布《教育部关于一流本科课程建设的实施意见》，对一流本科课程（简称“金课”）的建设内容和要求做了更明确的阐述。同时，作为附件，发布了《“双万计划”国家级一流本科课程推荐认定办法》。一流本科课程建设是我国新时期高等教育教学改革的一项持续性的重大工作，是重中之重，覆盖全国全部高校、全部专业。“双万计划”是一流本科课程建设的总目标之一，是指在一流本科课程建设过程中，经过三年左右的时间（从 2019 年到 2021 年），建成万门左右国家级和万门左右省级一流本科课程，如图 4-4 所示。该计划自 2019 年开始，分三批进行，覆盖全部 92 个本科专业类，突出示范性和特色。

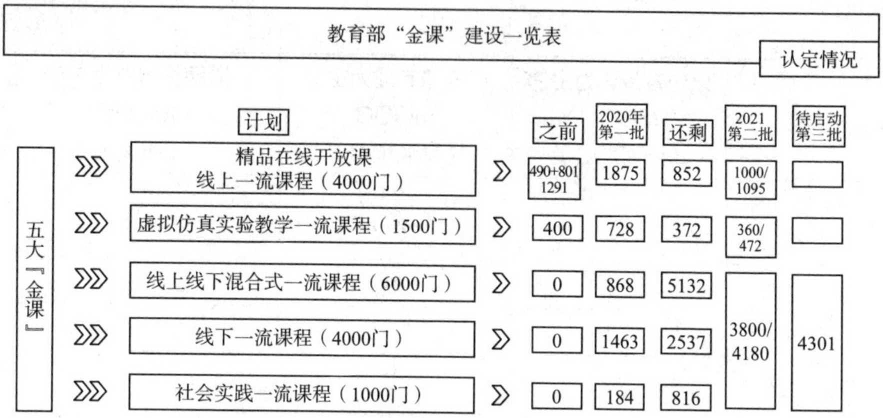

图4-4　教育部五大“金课”建设情况

教育部推出的五大“金课”旨在推动我国高等教育课程建设和教学改革，提高本科人才培养质量。这五大金课分别是：

①国家级精品在线开放课程：这类课程以在线形式提供，强调互动性和资源共享，旨在提供高水平的在线学习体验。这些课程通常由教学经验丰富的教师主讲，课程内容覆盖各个学科领域。

②国家级线下一流课程：这类课程侧重于传统的面对面教学，强调教学方法的创新和高品质的教学内容。这些课程通常在高校内部进行，旨在提供深入、全面的学习体验。

③国家级线上线下混合式一流课程：结合线上和线下的教学方式，这类课程旨在充分利用两种教学模式的优点，提供灵活、高效的学习体验。线上部分通常包括自主学习材料，线下部分则侧重于讨论和实践。

④国家级虚拟仿真实验教学一流课程：这类课程利用虚拟仿真技术，为学生提供实验教学的模拟环境。它特别适用于那些需要实验操作但难以在现实中开展的课程，如某些高风险或高成本的实验。

⑤国家级社会实践一流课程：这类课程强调理论知识与实际应用相结合，鼓励学生参与社会实践活动，如志愿服务、实地考察等，以增强学生的社会责任感和实践能力。

五大“金课”的内容、特点及主要评价标准的整理，如表 4-2 所示。

表4-2　五大“金课”的内容、特点及主要评价标准

类型	内容	特点	主要评价标准
线下	以面授为主的课程，重塑课程内容，创新教学方法，激发课堂活力	强调学生为中心，打破传统教学模式，增加师生互动	课程内容的深度与广度，教学方法的创新性，学生的参与度与满意度
线上	精品慕课，面向高校和社会学习者开放，利用网络平台提供优质课程资源	课程内容前沿，教学形式先进，互动性强	课程的开放性，学习资源的丰富性，在线学习的便捷性
线上线下混合式	结合线上学习和线下面授，通过创新性改造校内课程，实现混合式教学	线上自主学习与线下面授结合，提高教学质量和学习效果	课程设计的合理性，线上线下教学的融合度，学生的适应性和学习成效
虚拟仿真	利用现代信息技术和人工智能技术，提供虚拟仿真实验教学	解决传统实验教学难题，提供“网上做实验”和“虚拟做真实验”	虚拟仿真技术的先进性，实验教学的有效性，学生的实践能力和创新思维
社会实践	推动思想政治教育、专业教育与社会服务紧密结合，培养学生的社会认识和服务能力	强调理论与实践相结合，提升学生解决实际问题的能力	社会实践的深度与广度，学生的社会参与度，实践成果的社会影响

“金课”强调课程的“两性一度”，即高阶性、创新性、挑战度，以及结合课程思政，金课需要达到“价值引领、目标高远、内容前沿、学生中心、学业挑战”五个标准。这些标准旨在确保“金课”能够真正提高人才培养质量，实现学生更好发展，全面夯实教育教学“新基建”。“金课”的推出，旨在通过创新教学方法和内容，提升本科教育的整体水平，培养更多高素质、创新型人才，也是为推进教育数字化，建设全民终身学习的学习型社会、学习型大国奠定基础。

设计一门符合教育部“两性一度”标准的“金课”，需要遵循以下步骤和原则，表4-3概括了设计高质量课程的关键要素，以确保教学活动的有效性和学生的学习成效。

表4-3　“金课”设计的步骤与原则

步骤 / 原则	描述
教学目标	设定高阶性教学目标，培养学生解决复杂问题的能力，掌握高级思维技巧。目标应具体、明确、可衡量
内容设计	确保课程内容创新，包含前沿知识和时代特色，整合最新学术研究和实践案例
方法创新	运用多样化教学方法，如翻转课堂、项目式学习、案例分析等，利用信息技术增强互动性和吸引力
活动设计	设计以学生为中心的挑战性学习活动，鼓励主动学习和探索，激发学习兴趣
评价与反馈	建立公正透明的评价体系，结合形成性和终结性评价，提供及时反馈，指导学习改进
资源开发	整合和开发丰富教学资源，包括教材、参考文献和在线资源，满足学习需求
持续改进	根据学习成果和反馈不断调整优化教学设计，提升教学效果和学习体验
学生参与度	确保所有学生积极参与学习活动，激发学习动机，促进全面发展
时间管理	合理安排课程时间，利用记忆规律，在关键时段安排重要内容，提高学习效果

课程是人才培养的核心要素。课程解决的是教育的最根本问题，是落实“立德树人成效”根本标准的具体化、操作化和目标化。技术是学习革命的关键突破。基于慕课的混合式学习，这一融合了传统面授与网络在线学习优势的教学模式，近年来在教育领域得到了广泛关注和应用。据统计，全球范围内采用混合式学习的教育机构数量在过去 5 年中增长了 30%，显示出其巨大的发展潜力和广泛的影响力。然而，真正有效实施并非易事，面临多重挑战。接下来，本章探讨这些挑战及其内在难点，并尝试提出相应的解决策略，以期为教育工作者提供实践参考，推动基于慕课混合式学习模式的进一步发展。

教师在混合式教育与学习实践中需要同时扮演教学者、学习者、研究者三重身份，不同角色的交织塑造了教师的教学素养，角色之间的内在挑战构成了教师追求教学卓越的关键动力。教师正是在设计教学、体验学习、凝练成果的过程中，生成自己的教育认知和“实践性知识”，不断追求理论知识实践化和实践知识理论化。一方面，他们在理论知识实践化上表现卓著。这部分教师更加注重学生的个性化学习体验，开始从“如何教”向“如何促进学”转变，对以学生为中心的教育理念有更深刻的体悟，对建构主义、人本主义、学习环境理论等有更加准确的把握。而且，他们已然意识到教学并非只是个体经验的产物，而是源自对学生的理解和学习的认知，需要科学的教育理念和学习理论作为支撑。另一方面，他们在实践知识理论化上遭遇阻碍。真正困扰教师的不是习得或运用纯粹理论知识，也不是实践经验的累积，而是如何从实践知识向教学理论的跨越与转化，如何将实践知识与教学技能内化升华为理论知识和教研成果（李颖，2022）。

在数智时代，教育工作者面临的教育场景不只是数字化转型对教育领域的单向赋能，也不只是简单地将“教育＋人工智能”应用于教学和学习领域。实际上，我们正在走向教育与人工智能的深度融合，如图 4-5 所示，这将引发划时代的教育变革和学习革命（杨宗凯，2024）。正如联合国教科文组织在《教育中的人工智能：可持续发展的挑战与机遇》报告中所指出的，人工智能将直接影响学习方式、学习机会、学习质量、学生能力、教师发展等方面，也为推动教育公平、教育政策和提高教育质量带来新的机遇。

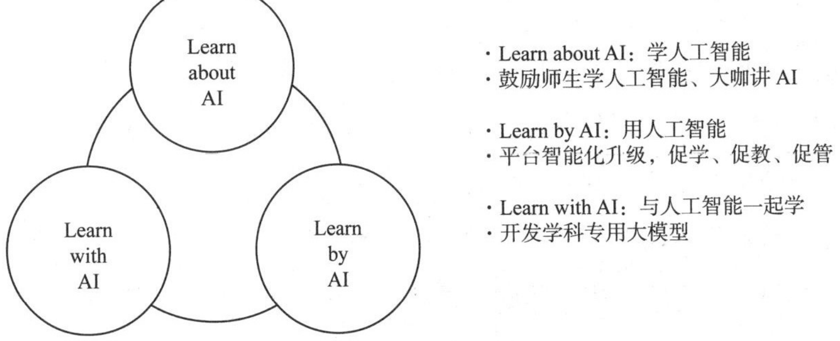

图4-5 “3I”智能化：人工智能技术赋能教育学

4.1.2 基于慕课的混合式课程建设与运营情况

自 2012 年慕课（MOOC）问世以来，全球高等教育经历了深刻变革。慕课的崛起不仅激发了教育界的广泛讨论，也推动了在线教育模式的多元化发展，包括翻转课堂、混合式教学和直播教学等新形式。尤其受新冠疫情的影响，在线教学迅速成为教育常态，促使教育者和学生对这一领域进行了更加深入的认识与实践。

在慕课的初期阶段，社会对其潜力存在诸多疑虑，普遍担心慕课将削弱传统高校的地位。然而，从今天来看，慕课不仅为课堂带来了新的机遇与挑战，更促进了传统大学的转型与进化。许多高校开始灵活运用慕课，推动教学模式的创新与优化。

2013 年，清华大学和北京大学等高校纷纷推出在线课程平台，推动优质教育资源的共享与传播。2014 ～ 2016 年，慕课在中国迅速发展，高校自主开发课程的热潮不断涌现。尽管许多课程在内容深度上仍显不足，过于注重形式，但这一阶段为后续课程质量的提高奠定了基础。2017 年，国家开始积极推动慕课建设，强调课程内容的重要性，并通过精品课程评选机制来激励教师的参与和投入。

2020 年突发的新冠疫情促使高校快速转型，大规模在线教学成为现实。许多高校加大资源投入力度，建设在线课程，推动教育的数字化转型。在这一过程中，融合式教学逐渐成为主流，旨在将线上与线下学习有效结合，以提高教学质量和学生体验。

疫情结束后，高校开始重新定义校园建设，注重为师生提供更优质的学习与工作环境。同时，课程设计也愈加关注学生的实际需求，强调灵活性和个性化，以适应快速变化的职业市场。

如今，智能技术的广泛应用推动了新的教学模式的形成。人工智能在学习分析和教育工具中的应用，使课程设计更加符合现代教育需求，提高了教学效率与效果。

慕课作为高等教育的重要组成部分，未来继续发挥变革作用。随着在线学习和混合式学习的不断普及，教育工作者需要积极探索和整合各种教学模式，以适应新形势下的教育需求。未来的高等教育将更加注重灵活性、适应性和个性化，致力于构建一个泛在智慧学习环境，推动全面的数字化转型。这一进程不仅重塑教育的形式与内容，还为学生提供更加丰富多样的学习体验。

教育部大力倡导引用国家精品在线开放课程开展混合式教学中的线上教学部分，推动了较为良性的平台竞争和地域性慕课联盟的发展。例如，“慕课西部行项目”通过强强联合的方式，帮助西部高校开展大量的混合式教学。

随着人工智能和大数据技术的发展，未来的混合式课程进一步融合信息化技术，实现智慧课堂教学。这不仅提高了教师和学习者的信息素养，还丰富了“互联网 + 教育”“人工智能 + 教育”的知识体系。在高等教育中，基于慕课的混合式课程建设与运营已经成为一个重要的教学改革方向，通过不断优化教学设计和考核评价机制，有效提高教学质量和学生的学习体验。

混合式课程的设计通过“互联网 + 教育”理念来增强实体课堂的学习效果。优秀的混合式课程应围绕课程目标和学生情况，精心挑选课程内容，并采用灵活的教学模式如“大班讲授 + 小班翻转”等，鼓励学生主动参与学习活动。

根据《高等学校慕课建设与应用指南》，混合式课程可以基于三种方式进行：基于慕课、基于 SPOC（专属在线课程）以及基于 MOOC+SPOC 的混合式课程。这些方式各有其特点：基于慕课的混合式课程，充分利用高质量的慕课资源，提升课程内涵，同时注重本地化和差异化的内容选择；基于 SPOC 的混合式课程，提供完整的讲授视频和配套数字化学习资源，覆盖课程大纲要求的教学内容；基于 MOOC+SPOC 的混合式课程，将高质量的慕课嵌入 SPOC 中，既继承了慕课的所有特性，又能在 SPOC 中呈现本地化、差异化特性。

在推广基于慕课的混合式课程方面，不同国家或地区有许多成功的案例和经验。清华大学通过世界慕课大会和世界慕课联盟平台，展示了其在全球融合式课堂项目中的成功经验。该项目由北京大学、清华大学与上海交通大学联合开设，旨在为联盟内外高校学生提供优质课程资源，并通过在线方式邀请部分学生参与。

截至 2023 年 7 月，西安交大系统建成 11 大系列课程群 273 门在线课程在国内外各大 MOOC 平台上线运行。已建成优质资源课程首批上线国家智慧教育公共服务平台 300+，对外开放共享。

黑龙江省慕课联盟发布了 245 个“慕课与线上线下混合式教学案例”，涵盖了多个领域的混合式教学实践。这些案例包括电路慕课、泵与泵站课程的混合式教学、海洋强国背景下的“船海导论”课程新模式、林机产品概念设计、财务管理和通信原理等课程的线上线下混合式教学改革与实践，以及英语师范生线上教学技能培养、书法基础与赏析课程建设和教学改革等。

2023 年，本科教育教学改革典型成果的代表之一：湖南大学采用“慕课 + 智慧教室”的线上线下混合式教学研究与实践项目，响应了国家教育部发布的《教育信息化 2.0 行动计划》和习近平总书记在全国教育大会上提出的加快教育现代化和推进教育改革的要求。该项目探索了多种模式，如完全慕课学习、慕课学习 + 落地化考试等，促使大学的教学模式从以教师为中心转为以学习者为中心。

2023 年，全国慕课教育创新大会（第四届）暨高校在线开放课程联盟联席会，“大学计算机基础”等混合式课程入选全国“慕课十年典型案例”。这些课程的成功建设展示了高校在慕课与线上线下混合式教学方面的卓越成果。

与传统教学模式相比，混合式学习模式包括更多优势，如图 4-6 所示。

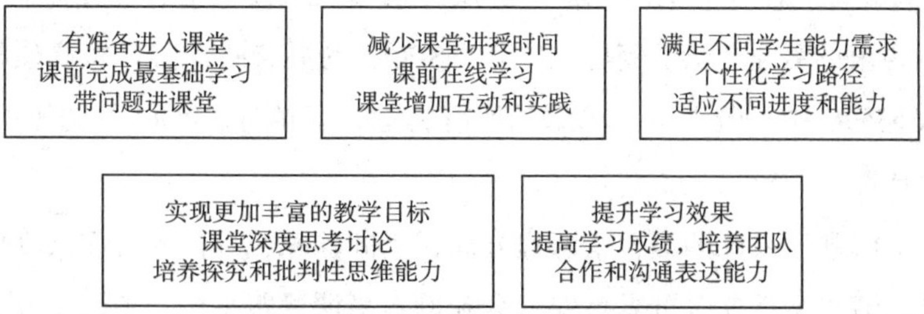

图4-6　混合式学习模式的优势

教育部高度重视混合式教学的发展，通过一系列文件和通知来推动其实施。例如，2019年教育部发布的《教育部关于一流本科课程建设的实施意见》明确提出要全面推进在线开放课程的建、用、学、管，打造在线课程与本校课堂教学相融合的混合式“金课”。此外，教育部还发布了《全面推进线上线下相结合混合式教学改革的指导意见》，鼓励和支持广大师生积极探索与实践线上线下混合式教学改革，进一步促进教学体系创新，全面提高人才培养质量。

混合式教学将成为高等教育教学的新常态，强调要引导学生探究式与个性化学习，从单纯的知识传递转向更加注重能力培养。混合式一流课程需要在同类课程中具有鲜明特色和良好的教学效果，只有持续改进才能满足学习者不断进步的需求。高等学校纷纷鼓励教师开展混合式教学的课程，提供“智慧教室”等资源，并在评审中优先推荐受益面广、运行良好、学生评价高的课程。

4.1.3 基于联通主义的慕课混合式学习模式

基于联通主义理念的慕课混合式学习是整合在线课程资源与实际教学活动，旨在促进学习者与学习者之间、学习者与教师之间以及学习者与学习内容之间深度互联的教学模式。

在高等教育领域，混合式课程的实施效果与学生反馈总体上呈现积极态势，但也面临若干挑战。研究表明，混合式教学模式显著提高了学生的学习效果。具体而言，混合式学习能够有效促进学生的深度学习，并推动优质教学资源的开发。参与混合式学习的学生在学习成效上有显著提升，表现在自主学习能力、批判性思维、问题解决能力、创新能力、团队合作能力、沟通能力及信息与媒体素养等多个维度（王金旭等，2018）。这些能力的提升不仅反映了混合式教学的有效性，也为学生的全面发展奠定了基础。

从学生反馈来看，大多数学生对混合式学习持满意态度。这一高满意度可能源于混合式教学模式所提供的灵活多样的学习方式，使学生能够在不同的学习环境中找到适合自己的节奏和方法，进而提高学习的主动性和参与度（周建华等，2022）。

尽管混合式教学模式在多个方面表现出色，其推广与优化仍面临一些困境。教师对混合式教学模式的接受度相对较低，主动性不足，以及在时间和精力上的投入较大等问题依然存在。这些挑战会限制混合式教学模式的进一步推广，影响其潜在效果的发挥。

慕课对教师的教学方式和学生的学习方式都提出了新的要求。传统的面对面教学模式需要适应在线学习环境，而学生也需要培养自主学习的习惯。例如，在某些学院的电路原理混合课程中，由于学生缺乏课前预习的习惯，即使教师讲解非常清晰，课堂效果仍然受到影响。

虽然慕课提供了丰富的在线教学资源，但其实施过程中仍需大量的技术支持和管理能力。高校需要投入大量的时间和资金来确保技术平台的稳定性和可靠性。

传统的考评观念受到冲击，需要重新设计过程性评价方法，以适应混合式教学的特点。这包括如何有效监控学生的在线学习进度和参与度，并将其纳入最终成绩评估体系。

教师需要掌握新的教学技术和方法，这对他们的专业发展提出了更高的要求。高校应提供系统的培训和支持，帮助教师熟悉并运用混合式教学模式。

如何有效结合人工智能和大数据技术优化混合式课程的教学设计？可以从以下几个方面尝试：

利用慕课、智慧教室平台及物联网感知设备等技术手段，从课堂教学和线上教学两个情境中获取学习者的基础信息、行为信息、心理信息等多个层面的教育大数据。这些数据包括学生的静态特征（如性别、年龄）、动态特征（如学习进度）、显性特征（如考试成绩）和隐性特征（如情感状态）。

人们利用大数据挖掘算法（如分类、聚类、关联与推理等）可以提取教育大数据携带的信息特征，精准给出学习者个体与群体画像。这有助于教师更深入地理解学生的学习表现与需求，从而实现个性化教学。

结合个性画像和群体画像，从共性特征和个性特征两个层次建立教师对学习者个体与群体的认知，并从教师和学习者两个视角共同推动学习者综合能力的培养。基于此，可以实现个性化学习资源推荐，帮助学生逐一攻克学习中的难点与疑点。

构建基于教育大数据的形成性学习评价模型，解读课程目标所对应的毕业要求中的能力达成情况，为学习者提供个性化服务。这种模型能够定期反馈更新多元考核评价结果，完成形成性评价，促进传统教学模式向“以学生为中心”的教学模式转型。

借助人工智能技术，如机器学习、自然语言理解和情感识别等，发现数据中的行为模式，协助教师从学生表现中收集可操作的见解，做出明智和有效决策。例如，在智慧教室中，通过常态化课堂录播和AI课堂采集终端自动化实现数据驱动的精准教学。

教学设计应结合现代信息技术、数据挖掘、认知心理学、教育心理学等多学科理论与技术，促进传统教学模式转型和有效应用。例如，利用知识图谱和多模态数据资源库，改进线上线下混合式教学模式。

大多数人都认识到，课堂和通信技术的融合会使高等教育变得更好。然而，混合式学习不仅仅是加强讲座。混合式学习是一种连贯的设计方法，公开评估和整合面对面与在线学习的优势，以实现预期的教育目标。现在的挑战在于深入理解混合式学习的需求、潜力和策略，以实现高等教育的理想。目前，有些混合式教学“包治百病”的理念，需要辨别哪些是创新式的混合或者仅仅替代性的信息与通信技术（ICT）使用，以此，创造一种正确的混合式学习的认知。因此，混合式学习首先需要建立正确的规范与原则；其次承认混合式教学，看似简单的概念的复杂性；最后，混合式学习在根本上是不同的，不仅是主流方法的附加组成部分。

混合式学习不仅是技术进步的产物，更是教育理念与教学模式深刻变革的体现。其理论深植于对学习本质与教育目标的深刻理解中，不只是几种学习方式的简单叠加，而是基于建构主义、联通主义等现代学习理论，对学习环境、资源、方法及评价体系的全面重构。建构主义强调学习者的主动建构与知识内化，而联通主义则关注知识网络的构建与信息的有效流通。混合式学习正是这些理论在实践中的生动体现，它通过精心设计的面对面互动与在线学习活动的有机结合，促进学习者在认知、情感及社交等多维度上的全面

发展。混合式学习的首要原则是精心整合面对面与在线学习的各自优势。面对面教学能够提供即时的反馈、深度的情感交流及团队协作的机会；而在线学习则以其灵活性、个性化及丰富的资源库著称。通过合理设计，如利用在线平台进行预习、复习与拓展阅读，同时在课堂上展开深度讨论、案例分析与实践操作，可以最大化地发挥两者的协同效应，创造一种超越单一模式的学习体验。

混合式学习的课程设计须从根本上重新思考，以学习者的需求、兴趣及学习风格为中心。这要求教育者深入分析课程目标、内容结构及学习路径，确保线上线下活动的无缝衔接与相互强化。同时，采用多样化的教学策略，如翻转课堂、项目式学习、同伴互评等，以激发学生的主动性、创造性和批判性思维能力。混合式学习强调对课堂接触时间的重新分配与优化。传统课堂中的大量讲授时间被转移到线上，为课堂内的深度互动、问题解决及创新实践腾出空间。这种转变不仅提高了教学效率，更促进了学生高阶思维能力的培养。同时，教育者须灵活调整课堂节奏，确保线上线下活动的有效衔接与互补。

混合式学习是一种重新设计教与学的方法，超越了传统的课堂模式。理论上，这种新模式非常有效，但**首先需要解决以下两个问题**，如图 4-7 所示。

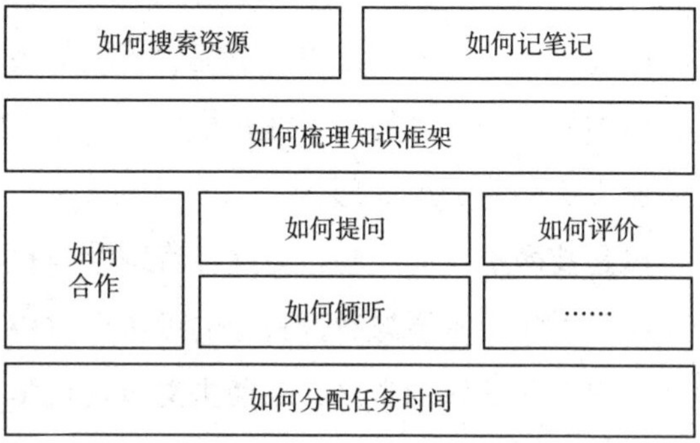

图4-7 混合式学习实施过程的学生层面

其一，学习者有没有做好准备？在教育过程中，学习者是学习的主体。混合式学习模式更加注重学习者的主动参与和自主学习能力。如果学习者没有做好准备，他们无法有效地参与到在线学习部分，导致整个学习过程的效果大打折扣。

其二，教师的角色和作用如何定位？混合式学习要求教师从传统的知识传授者转变为更综合、更灵活的角色，以适应教育发展的新趋势和学习者的新需求。这种角色转变对于促进学习者的全面发展和提高教育质量至关重要，如图 4-8 所示。

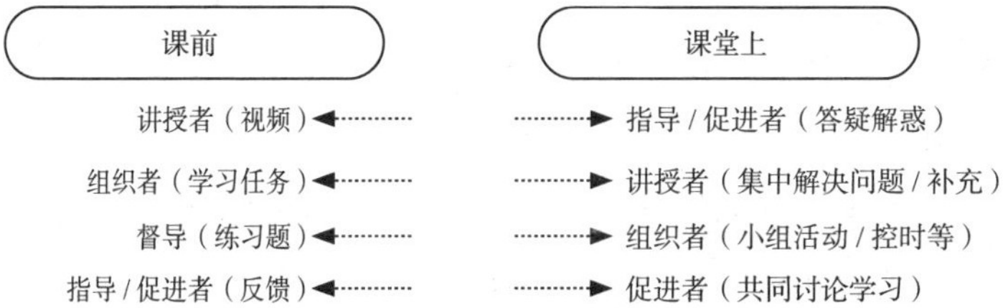

图4-8　混合式学习中的教师角色与作用

当前混合式教学实践所面临的难题中，如“难以将内容与目标区分开”以及“不确定该如何混合”，其根源在于以下方面：首先，在教学设计上仍然秉持“以知识为中心”或“以教师为中心”的价值观，而不是教师主导的课堂，现有很多课堂并不是“以能力为中心”或“以学生为中心”的价值观，如图 4-9 所示；其次，在教学设计中缺乏核心目标的引导，其设计更加偏向内容导向，而非目标导向。

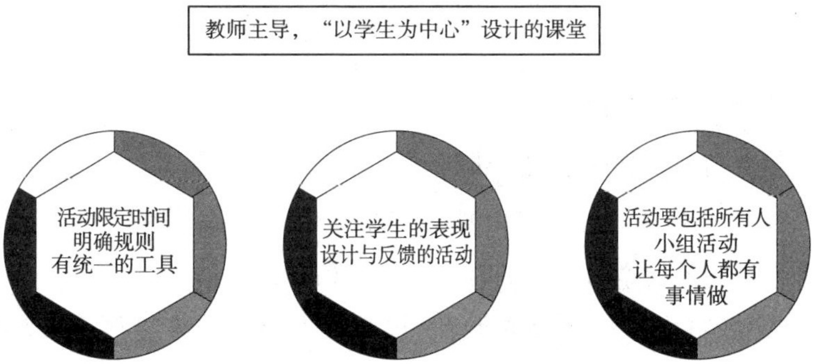

图4-9　“以学生为中心”的混合式课堂设计

要解决当前混合式教学设计中的困难和误区，必须认识到“互联网 +”时代下混合式教学的本质在于促进学生的学习。这意味着教学目标的关注点应从知识的习得转向能力的培养和兴趣的培养，教学设计的目标应从“促进教师的教学”转向“促进学生的学习”。这也意味着教学设计的价值取向发生了变革，相应的教学模式、策略和方法也需要进行调整。因此，混合式教学的设计原则包括“三个转变”和“三个关键词”。

“三个转变”涵盖了三个方面：首先，在设计视角上，需要从教学设计转向学习设计；其次，在设计理念上，需要从知识传授设计转向能力培养设计；最后，在设计范畴上，需要从前端设计转向全过程设计。

“三个关键词”包括核心目标设计、学习体验设计及学习支架设计。在此基础上，我们提出了“核心目标导向的混合式学习设计模式”，该模式以能力为本、以学生为中心的价值观为基础，在“三个转变”和“三个关键词”的设计原则指导下，旨在引导实践者通过三环节、十步骤，实施核心目标导向的混合式学习设计。核心目标导向的混合式学习设计要求教师和教学设计人员透过表象看本质，透过知识看能力，以关键能力为核心目标，通过创设学习体验、搭建学习支架为学习者的学习和能力发展提供解决方案（冯晓英等，2019）。

为了帮助教师更好地实施混合式教学，设计过程中结合混合式学习优势，评估混合的可能性，杰瑞德·博鲁普（Jered Borup，2022）开发了 4E 框架，如图 4-10 所示。该框架询问帮助教师考量自己的混合学习策略是否符合：

- 支持新型的学习活动；
- 让学生与他人和课程内容进行有意义的互动；
- 提升学习活动，包括现实世界的技能，使学生在课堂之外受益；
- 延长学生掌握学习目标的时间、地点和方式。

联合国教科文组织（UNESCO）提出，素质教育系统必须使学习者不断地调整自己的能力，同时不断地获取甚至开发新能力。这些能力在范围上是多样的，包括核心技能、内容知识、认知技能、软技能到职业技能。这些能力使学习者能够在特定的情境中成功地或有效地满足复杂需求，执行复杂活动或任务。这些能力的类型和方法会因实体——国家、组织和个人不同而变化。

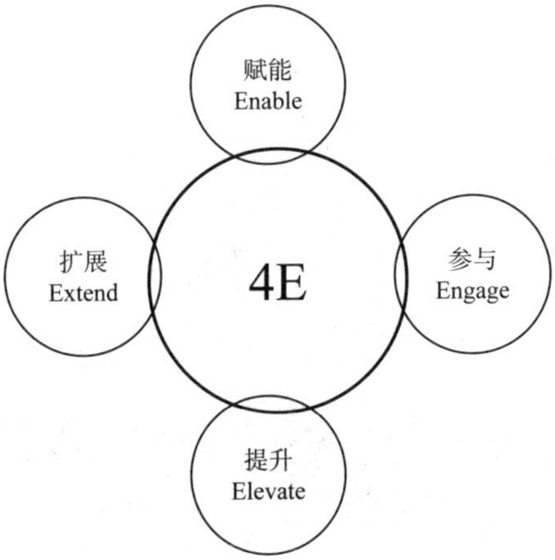

图4-10　评估混合式设计的4E框架

《四个维度的教育——学习者迈向成功的必备素养》（*Four-Dimensional Education: The Competencies learners Need to Succeed*）指出，课程再设计中心（Center for Curriculum Redesign，CCR）综合了来自世界各地35个行政区及组织的课程，并融入教师和学校管理人员的意见，以及雇主、经济学家和未来学家的预期报告，创建了一个统一框架，即：

- 综合的（Comprehensive）：没有主要元素缺失；
- 紧凑的（Compact）：可操作的、可开展的；
- 并行的（Uncorrelated）：无重复或混淆；
- 适度抽象的（Abstracted to the Appropriate Level）：有条理的；
- 全球相关的（Globally Relevant）：有广泛接受度。

该框架将教育目标分为四个维度：

- 知识：我们所知所懂的东西；
- 技能：我们如何运用知识；
- 品格：我们如何表现与广泛参与；

• 元学习：我们如何反思并调节。

通过考察世界各地的研究、理论框架和标准，课程设计中心列出了全部12项能力（除了知识），以代表21世纪教育的目标，21世纪教育目标的四维度，如图4-11所示。

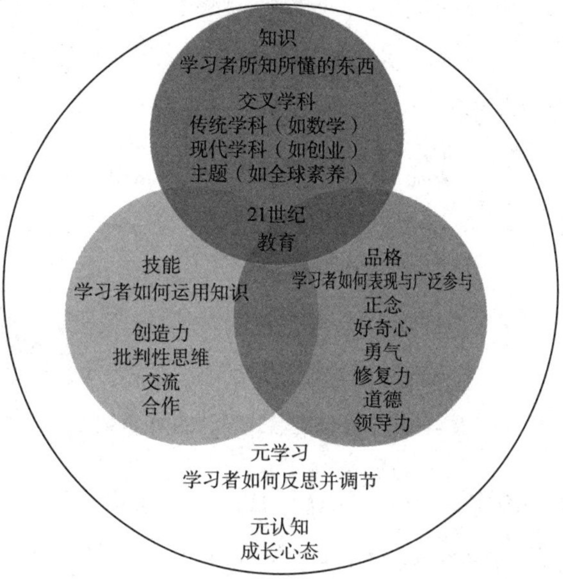

图4-11　21世纪教育目标的四维度

由于能力（技能、品格和元学习）是相当复杂的，教师以概念化方式对其进行深入分析，并将各能力分解出子能力。当前教师的工作是将这些子能力进一步转化为课堂行为和习惯。这项工作的一个额外挑战是，现实中，我们不可能创建一个班级来单独教授每一项能力。事实上，学生最好在知识的背景中学习这些能力。

另外，知识维度将直接并立即受到技术变化的影响，非常值得教育者审视并根据时代的需要快速做出调整。人工智能技术促进并形成了教育新生态，主要体现为“六新”（新环境、新资源、新教学、新培训、新评价以及新治理），并迫使教育者基于数智时代进行教育教学的重构，如图4-12所示。

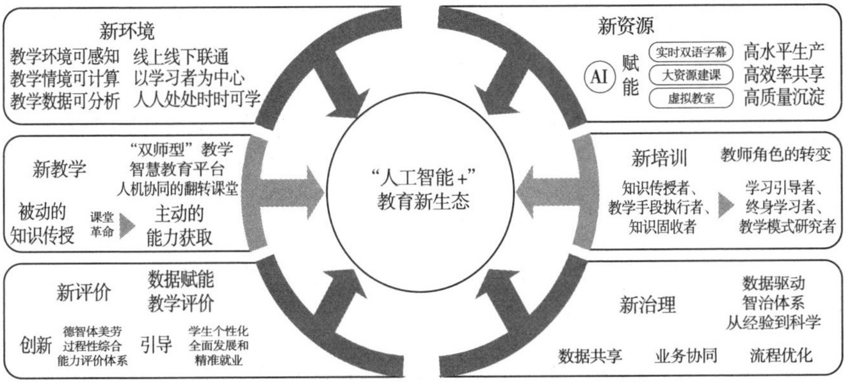

图4-12　数智时代教育教学重构要素

摘自王泉《数字化赋能教学改革与课堂革命》报告

因此，创新数智化时代的教与学方式，充分利用智能技术赋能教育，围绕多样化创新人才培养需要，以数字化教育资源为抓手，加速推进大规模个性化教育、提高人才培养质量，如图 4-13 所示。

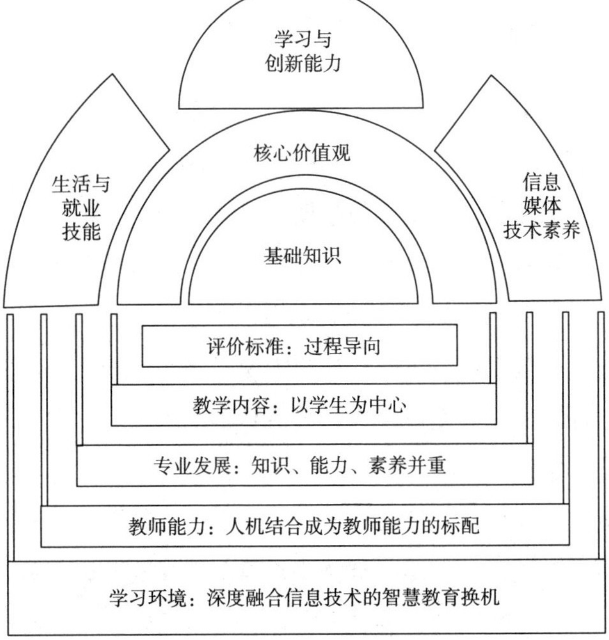

图4-13　数智时代人才培养新体系

接下来，本章将在联通主义学习理论的指导下，探讨如何有效整合慕课资源与数字智能技术，以构建并实施混合式学习新模式。通过深入分析具体案例，阐述慕课混合式学习的实践路径、成效及其对高等教育教学模式改革的启示。

4.2 跨学科—项目体验式的混合式学习

跨学科—项目体验式混合学习是一种结合多学科知识与实践操作的教育模式，旨在提升学生的认知能力和综合素养。它保留了传统教育的优势，同时利用信息技术，提供沉浸式学习环境。这种学习方式通过项目驱动，鼓励学生在真实情境中应用理论知识，促进他们的批判性思维、创造力和问题解决能力。这种学习方式强调在真实情境中进行学科间的关联，注重高阶学习驱动低阶学习，淡化正式与非正式学习界限。通过实际操作和亲身体验，学生动态构建知识，培养跨学科思维，激发好奇心。

4.2.1 课程背景与课程设计理念

4.2.1.1 课程背景

“创业营销”课程旨在应对现代教育发展的趋势，特别是结合创业与市场营销领域的快速变化。传统的教学模式以“教授之文本”为主，强调知识的传递。然而，随着新时代学习者需求的不断增长，当今的课程设计越发倾向于“建构之载体”，这一转变强调知识的构建与应用。信息技术的迅猛发展促使教学方法和技术从传统的口耳相传模式转变为线上与线下相结合的混合式学习，这种转变不仅提供了更为灵活和丰富的学习体验，还为学生创造了多样化的学习场景。

在此背景下，课程组织形式经历了深刻变革。教学模式不再局限于单向知识传授，而是向微课、慕课、翻转课堂等多样开放形式发展。这些新兴形式鼓励学生主动参与和互动，促进了学习者之间的协作与交流。同时，评价方式也从传统的单一选拔转向重视学生认知发展的多元评价，注重乐学与素养的提升。这些教学创新尝试使课程逐渐成为更为综合的教学实践体，使教育过程更具包容性和适应性。

4.2.1.2　课程设计理念

“创业营销”课程设计理念的核心在于强调学生的主体地位和学习的主动性。通过小组合作、自媒体社群和教学辅助平台微互动等多样化形式，课程鼓励学生在实践中探究和发现，逐步形成以学习者为中心的教学环境。学习方式的转变，使课堂成为学生学习的主阵地，促进了他们从被动接受知识向主动探究的转变。课程主题情境化与游戏化探究的设计，鼓励学生在真实的商业环境中进行模拟和实验，促进了从对抗到共赢、从竞争到合作、从独学到共学的转变。这种学习方式不仅关注知识的掌握，更注重实践中的体验与应用。

此外，课程贯彻“做小事，成大事”（Do Small Make Big）的理念，引导学生从“知道”到“体验”的转变，强调学习心态的变化。心态的改变，使学生在面对创业与营销挑战时，更具创造力和灵活性，形成更深远的学习效果。

作为一门通识课程，“创业营销”教学内容从传统“教授之文本”转变为“建构之载体”，教学方法和技术，从口耳相传发展为线上线下相结合；教学模式、策略等组织形式，从单向封闭走向微课、慕课、翻转的多样开放；教学评价，从重选拔到重学生认知发展，成为多元、乐学及素养为重的教学实践探索。通过小组合作、自媒体社群、教学辅助平台微互动等形式使学生的学习者主体地位逐渐得到确立和强化，其学习方式也从被动接受转向主动探究与发现，课堂越来越成为学生学习的主阵地。学习方式的转变尤其是课程主题情境化、游戏化探究，实现了学生从对抗到共赢、从竞争到合作、从独学到共学的改变。如果说从“被动学”到“体验学”是学习状态的改变，那么，贯彻“做小事，成大事”课程理念，从“知道”到“体验到”则是学习心态的改变，心态的改变甚至比状态的改变更加深远。

4.2.2 慕课翻转与项目式学习的融合

如何为学习者主动学习开辟新天地，在“创业营销”课堂，创造更多的对话，更广的合作，更深刻的体验，更有价值的学习探究，是教学团队一直在思考和努力的方向。截至 2024 年 9 月，“创业营销”课程已开设 14 个学期，累计选课 20.52 万人，累计学校 396 所，累计互动 114.21 万次。在大规模在线教学的基础上，每学期开设 3 次见面课，本校选课的学生申请参加见面课，原本线上合作的虚拟学习团队将在见面课上合作并分享团队的项目设想、进展情况等，同时会有其他选课院校的同学同步直播课堂，通过在线平台的方式完成与观看直播的同学之间的互动和答疑。通过线上线下相结合的方式，探索大规模课程与个性化学习的融合方式，如图 4-14 所示，提升学生的学习行动力，鼓励学生“做小事，成大事”，培养同伴学习、合作探索的精神。

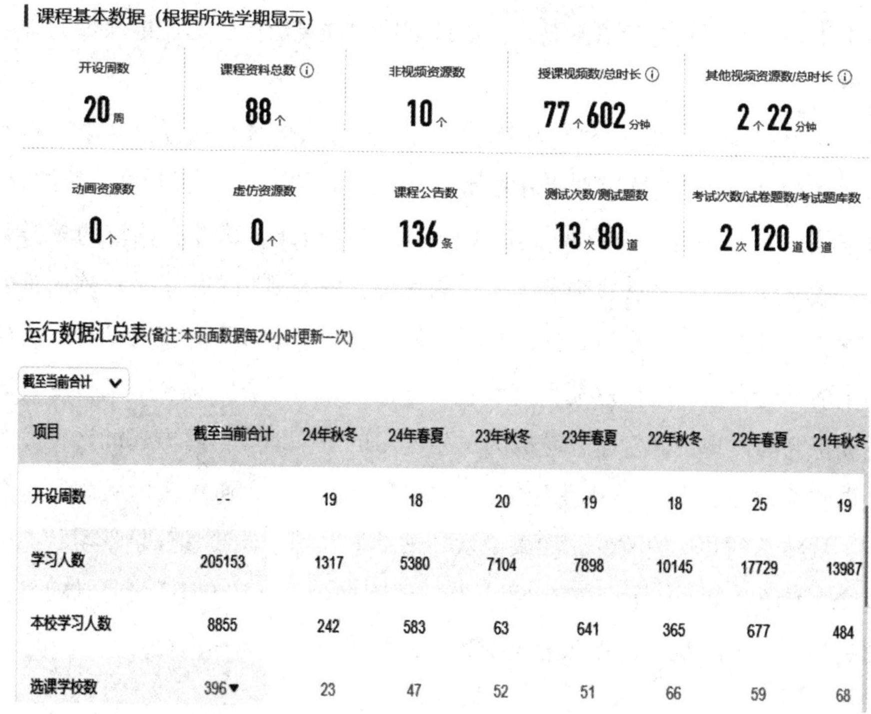
课程基本数据（根据所选学期显示）

开设周数	课程资料总数	非视频资源数	授课视频数/总时长	其他视频资源数/总时长
20周	88个	10个	77个 602分钟	2个 22分钟
动画资源数	虚仿资源数	课程公告数	测试次数/测试题数	考试次数/试卷题数/考试题库数
0个	0个	136条	13次 80道	2次 120道 0道

运行数据汇总表(备注:本页面数据每24小时更新一次)

截至当前合计

项目	截至当前合计	24年秋冬	24年春夏	23年秋冬	23年春夏	22年秋冬	22年春夏	21年秋冬
开设周数	--	19	18	20	19	18	25	19
学习人数	205153	1317	5380	7104	7898	10145	17729	13987
本校学习人数	8855	242	583	63	641	365	677	484
选课学校数	396▾	23	47	52	51	66	59	68

图4-14　创业营销课程直播课主题

课程将创业营销理论与大学生职业发展实际紧密结合，力求不同专业的普适性和教学内容的实用性，达成以下创业通识人才培养的知识和能力要求：

①掌握创业营销战略 4P 和战术 4P 等核心知识点，理解创业营销活动过程及规律性；

②通过 DSMB（Do Small Make Big）实训项目，提高学生运用创业营销基本理论解决创业实际问题的能力；

③通过“我想当”实训项目，帮助大学生及创业营销新手突破市场困境及职业瓶颈。

经过课程团队十多年积淀和三年多建设，课程于 2018 年 2 月在智慧树平台上线后，课程总体满意度为 94.9%，居智慧树同类课程前列，2020 年再次获得智慧树“最佳人气”课程。

“创业营销”课程教学改革的探索，主要包括如下几个方面：

4.2.2.1　较好地解决了创业教育教学中的几大“痛点”问题

（1）大规模学习问题。

通过慕课，传授创业营销之道，可满足“双创”背景下高校大规模培养创业人才和建设高水平创业类通识课程的迫切需要，是目前和今后相当长时间内解决包括天津工业大学在内的全国高校创业师资紧缺问题的有益尝试。

（2）因材施教问题。

通过混合课堂解决了不同需求学生理论联系实际进行个性化学习的问题，解决大学生的创业营销困惑、训练创业营销思维并提升创业营销技能，为因材施教培养创业人才提供分层次、可操作的教学解决方案。

（3）碎片化学习与知识体系问题。

为帮助学生真切体验创业营销活动过程及其基本规律，课程团队反复提炼知识点，知识体系脉络清晰，并且每个微课匹配 1 ～ 2 个问题和若干知识点。主要涉及创业营销本质、消费者需求洞察、创业市场调研、创业环境分析、创业 STP 分析、创业营销战略制定、创业 4P 策略、创业营销运动战与品牌战、创业营销道德、创业商务谈判等内容，共 13 章 66 节微课和 3 ～ 4 次见面课。

（4）快速更新迭代课程内容，顺应时代。

由于创业的不确定性是永恒的主题，课程中的案例和政策都在不断变化，为了让课程紧跟时代步伐，案例和创业信息更加新且全。自 2018 年春以来，已对课程迭代升级 2 次，增加 6 个微课，并不断丰富见面课内容和形式，强化互动，增强实际效果。同时，出版配套教材《创业营销：案例与微课》。

4.2.2.2 “以学生为中心”的主题游戏体验式学习方式正在形成

“创业营销”采用线上线下的混合式教学模式，让学生学习更加从容有效。知识性的内容，学生在智慧树平台观看视频自学，并且完成学习的测试，达到知识的理解与巩固。实践性和应用能力是“创业营销”课程重点培养的能力，因此，除学习理论知识和营销技巧外，课程通过成立项目小组，定期完成合作任务，见面课展示等方式，学生扮演学习的负责人和担当者角色，在小组任务的牵引下，学习逐步从被动接受式学习转向主动参与式学习；从个人独自学转向小组合作学习；学习目标从对抗转向共赢；学习方式从竞争转向合作；学习状态从独学转向共学，从传承性学习转向创新式学习，从记忆传承转向理解与创造，从机械接受转向意义生成。

值得一提的是，每次见面课，为了达到更好的探索与合作效果，同时促进新的思考，课程团队着力探索课程主题游戏化的方式，让学生成为课堂的主力。比如，大学生如何开发新产品，采用“雪花片”作为教具，让学生团队根据所学的营销内容，设计一款具有创意的“情人节”礼物，充分挖掘营销理论和客户需求，做好目标定位，学以致用；又如，创业者如何进行自我营销，让学生团队充分模拟讨论，撰写演讲稿，构建情境，挖掘营销的内涵和卖点，上台进行推销的竞演，十分精彩，通过这样鲜活的案例，学生是营销的主体，更加切实感受到营销的重要性和关键点；再如，互联网广告创意，随机选择不同的广告产品，团队设计文案和广告内容、表现方式，上台演一段广告，最后投票选出最精彩广告……游戏化的课程主题，丰富了课堂内容，活跃了陌生的网上学习者，轻松地将学习者聚集到一起，快速形成团队，为共同的目标而努力献计献策。课程组织与实施过程涉及的环节比较多，如图 4-15 所示，要想达到较好的混合式学习效果，需要师生之间、生生之间、学习者与平台之间的多元互动。

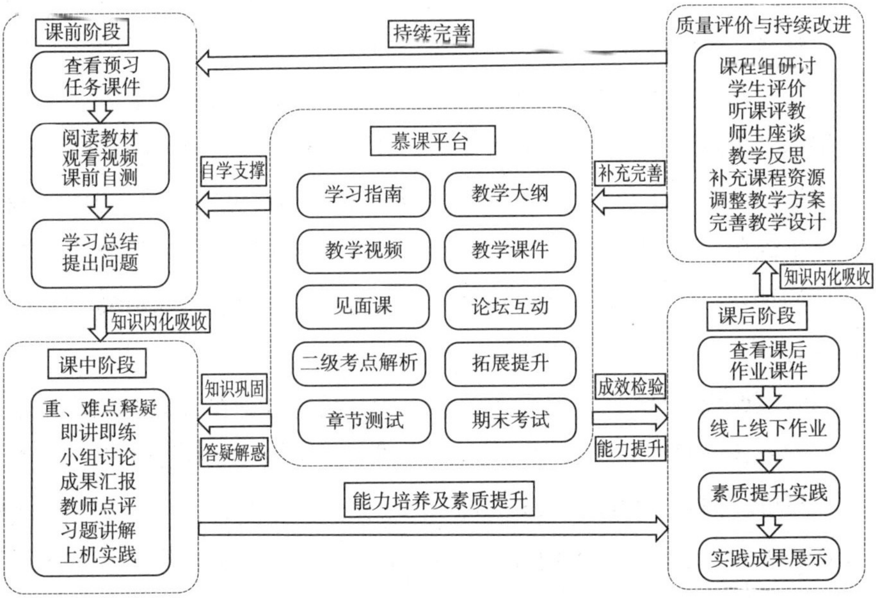

图4-15　创业营销课程教学组织实施方式

4.2.2.3　采用新的教学方法与教育技术，助力聚焦深度学习的新模式

混合式教学，关注除了知识学习，还能让学生尝试完成一些课程拓展目

标。比如，每次课程调研发现，大多数学生的学习目标，一是每天取得进步，二是与朋友们一起开心。教学团队尝试帮助学生达成这些目标的体验，考虑他们需要哪些资源，以及如何整合资源来提供所需的体验。教学团队通过整合资源，将课程教师、教辅人员、物理和虚拟环境、模式及学习文化整合成一个无缝解决方案。

得益于教学的一部分内容转变成在线的形式，师生开始有时间去做过去一直想做却缺乏时间、空间和资源的活动，运用所学的知识和技能以深化学习，提供有助于孩子成长的非学术服务等。

因此，课程团队尽力引导学生不仅要学习知识，还要学以致用，积极探索，合作创新，同时引导学生在不同领域进行辩证思考，掌握合作和社交技巧。一方面要确保学生掌握涉及重要活动的核心知识，另一方面让学生参与这些活动来填补知识空缺，这两方面在实践中确实很难权衡。教学团队通过采用混合式学习的弹性模式，结合在线问答式自主学习和项目式学习。在线问答、弹幕、投稿培养了学生讨论时敢于质疑的能力，面课和微创新要求学生参与面对面的团队协作，并运用他们在自主学习和问答式讨论中学到的概念，培养学生的求知欲以推动在线学习，并以上传社群共享文档，见面课团队演讲展示等为学生提供展现成果的途径。通过小组讨论、创业实践项目，帮助学生深化学习和运用技能，一方面，在线学习主要帮助学生学习，尤其是知识的学习；另一方面，课程团队一直努力促成学生运用知识和实践想法的真正行动。

同时，课程还利用学生手机使用频率较高的特点，在教学中，运用在线工具，课前推送慕课自学，课后推送习题反思，课中使用在线抢答、投票、弹幕、投屏、拍照等功能，将知识的学习和运用相结合，扩大学生学习的视频，推送国内外名校的创业内容，加强课程内的信息互动与展示，提升了合作学习的实效。

“做小事，成大事”理念贯穿整个课程，“我想当”“我来当”，探索未来专业与职业的结合点，鼓励学生从“创业”还是“打工”，“梦想”和“现实”的不同维度进行思考，并且给予演讲展示的机会。许多学生课后的分享都认为这些课程任务的“推动”，让他们看到了不一样的同学，更看到了不一样的自己。如果没有这些刻意的任务推动，学生们更多的只是停留在听和记的浅层次。

4.2.2.4　课程的主要特色及改革的创新点

（1）课程特色。

①**将创业与营销交叉**，重点提升大学生市场开发技能，通识性强，是对现有创新创业类课程的深化和补充。②**选课数量多、互动性强且学生满意度高**。20多万选课学生中，学习完成率高，互动频率高。③**内容实用性强**。线上课针对大学生创业过程遇到的实际营销问题设计，线下见面课以实训项目为主线，将实用理论、鲜活案例和学生的职业发展相结合。④**内容场景化鲜明**。每节微课营造一个创业营销实际场景，深入浅出，让欠缺创业营销理论和实际经验的大学生易学、爱学。

（2）教学改革创新点。

通过混合式教学强化重点与难点：①**线上微课讲透重点**。每个微课10分钟左右，采用PPT动画演示、案例分析、头脑风暴、角色演练等多种教学方法。②**见面课突出难点**。通过游戏、案例、“我来当”演讲和“做小事，成大事”实训项目，打破文、理、工学科壁垒，促进多学科思维融合，着力提升学生就业和校园创业的能力，如图4-16所示。③**注重师生互动**，促进学生研讨式、参与式与合作式学习。发贴提问、主题直播等课程论坛互动12万余次；建立微信公众号，已有万余名学生关注，动态精编并及时推送大数据、人工智能等最新创业营销资讯；建立多个自媒体社群，引导学生分组讨论及微创新活动。

混合式学习中的就地转换、机房转换和翻转课堂模式，将传统与新的教学模式相结合，以达到两全其美的效果。混合式学习中的个体转换、弹性模式、菜单模式和增强型虚拟模式是对传统教学的全颠覆。由于在线学习和混合式学习的颠覆性创新开始逐渐反超传统课堂，学校和教师将把资源转而用在其他重要的职责上，如提供优质的面对面辅导、角色扮演、讨论和拓展学习服务，培养学生的创新技能，如图4-17～图4-19所示。

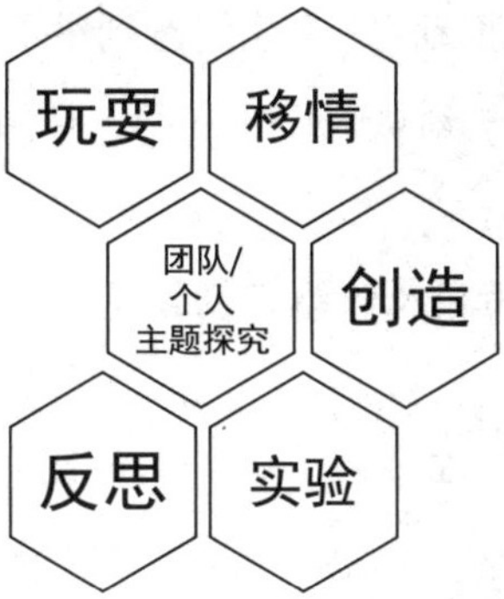

图4-16　创业营销课程教学活动设计思路

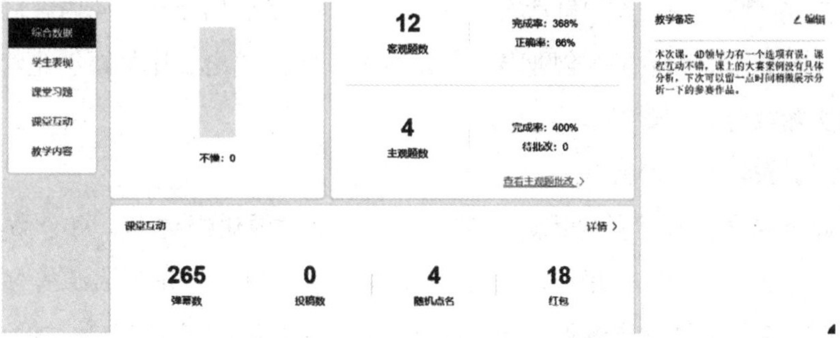

图4-17　课程活动互动数据截图

图4-18　课程教学活动展示

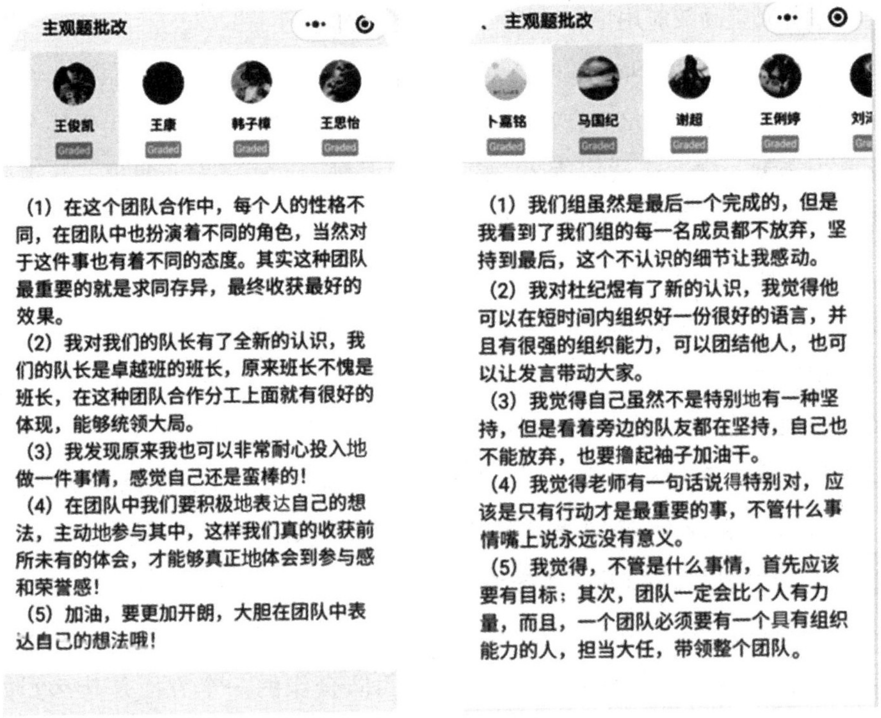

图4-19 互动活动后的学习反思

4.2.3 课程推广、应用及学生评价

（1）本校应用情况。

①专设“创业营销”全校公选课，每学期开课，截至目前共有8000余人选修，涵盖所有专业，学习完成率达95.5%。学生评教平均99.5分，获教育部产学合作协同育人项目一等奖、2018教学成果一等奖、2018教学名师奖。课程学生实践踊跃，两年里近百人参加创业营销大赛，获奖10余项。②探索混合教学，进行课堂翻转，线上学习“创业营销”慕课，线下课堂内外指导。启动“做小事，成大事”和“我来当”实训项目，设立5000元种子基金，引导学生深度实践，鼓励其结合各自专业，进行产品开发、市场推广、商业模式打磨与融资路演。③建立多个自媒体社群，对学生的分组讨论、微创新活动和实践项目进行动态指导。

（2）兄弟高校应用情况。

14 个学期累计 396 所高校选课，为 20.52 万名学生提供课程服务。通过见面直播课、线上论坛、自媒体平台与学生互动并答疑指导，满足学生个性化学习需要。学习完成率达 89.3%，互动次数 114.21 万次。课程总体满意度为 96.3%，在智慧树 30 余门创业类课程中名列前茅。

（3）社会认可。

课程在全国影响力较大，获 2019 教育部协同育人项目一等奖、2018 全国双创教育视频公开课一等奖。课程负责人获 2017 全国高校双创教育先进个人和 2018 智慧树混合式课程优秀教师，并受邀为中国双创教育分会、北京大学、台湾环球科技大学、天津部分高校做专题讲座，交流分享心得。《中国教育报》及天津市市教委对我校将基于慕课的“双创”教育融入人才培养全过程的相关情况进行了报道。

（4）课程结课，学生问卷反馈。

你喜欢慕课 + 直播互动 +PBL 项目团队合作的一个方面是什么？如图 4-20 所示。

图4-20　教学活动词云分析1

你对直播互动 +PBL 项目团队合作怎么看？如图 4-21 所示。

图4-21　教学活动词云分析2

本门课程，你记忆最深刻、收获最大的是哪次课？什么主题？为什么？如图 4-22 所示。

图4-22　教学活动词云分析3

和传统的教学系统相比，视频 + 社交群的互动讨论 + 软件模拟游戏的做法如何？如图 4-23 所示。

选项	小计	比例
a 更糟糕：教科书比视频好看很多	3	2.16%
b 还行：但只是在某些方面更好，在其他方面不如传统模式	14	10.07%
c 不发表评价：相差无几	11	7.91%
d 整体上，是非常不错的	71	51.08%
e 太棒啦，我完全倾向于这样的教学方式，更多老师都应该这样	40	28.78%
本题有效填写人次	139	

图4-23　结课调查反馈截图1

为了学好这门课，你投入了时间去学习和思考，还经常和团队一起讨论，你有没有体验到学习的快乐？如图 4-24 所示。

选项	小计	比例
a 收获了快乐	74	90.24%
b 不快乐	0	0%
c 没感觉	8	9.76%
本题有效填写人次	82	

图4-24　结课调查反馈截图2

本门课程，你记忆最深刻、收获最大的是哪次课？什么主题？为什么？如表 4-4 所示。

表4-4　学习主题的部分反馈

提交答卷时间	本门课程，你记忆最深刻、收获最大的是哪次课？什么主题？为什么？
12/15 13:48	速叠杯，比较有趣
12/15 13:49	收获最大的是“黑天鹅”事件的课程，让我明白了很多创业之中无法预估的事情
12/15 13:55	商战，有意思
12/15 13:56	是那次搭积木的课，因为让我感觉到了成功
12/15 13:59	远程接吻神器那个课，因为我觉得我的想法很棒

续表

提交答卷时间	本门课程，你记忆最深刻、收获最大的是哪次课？什么主题？为什么？
12/15 14:00	商战那次，游戏过程中完成了教学
12/15 14:00	设计情人节礼物让我记忆深刻，我认为我们设计的礼物很好，但是没有配套一个非常好的故事，宣传不到位
12/15 14:12	竞速杯，收获了欢乐，学到了一些技巧
12/15 14:13	随机组队的课都很有意思。因为能和不同同学有沟通
12/15 14:15	最后一次的路演 ppt 演讲。因为它能完全体现出我们的付出与收获
12/15 14:26	创业失败的案例那次课，创业有失败有成功，也会在成功过后失败，成事在人，败事也在人，创业要对自己负责，也要对客户负责
12/15 14:30	叠杯子，“黑天鹅”的出现及预防，因为我们小组真的出现了“黑天鹅”现象，所以印象很深刻，也确实认识到了这个问题
12/15 14:30	竞速杯，“黑天鹅”事件，诚信最重要
12/15 14:31	商战模拟，模拟经营收获很大，获得很多愉快的体验
12/15 14:47	情人节礼物
12/15 17:14	记忆最深刻的是我们的创业项目，是我上台为自己组的产品进行推销的时候，给我宝贵的经验
12/15 17:22	商战模拟，感觉很有意思，能展现个人实力
12/15 21:50	模拟商战
12/15 22:31	叠杯子，因为游戏很有钱，而且马上出现了讲过的“黑天鹅”事件，搞得跌宕起伏的
12/15 22:53	情人节礼物，大家都非常富有创造力
12/15 23:05	速叠杯，好玩，影响深刻，“黑天鹅”
12/16 8:44	记忆最深刻、收获最大的还是第一次游戏体验课中的叠杯子和拼图环节，在那个阶段，我们团队所有人都在全力完成任务，团队凝聚力达到最大，并且我觉得我们那次的创新点也是很新颖的
12/16 9:34	竞速叠杯子，因为这堂课富有趣味性，让我们真正了解到创业的艰辛历程
12/16 9:49	情人节特辑，很有意思，讨论也很火热
12/16 10:05	每次课

续表

提交答卷时间	本门课程，你记忆最深刻、收获最大的是哪次课？什么主题？为什么？
12/16 14:46	模拟商赛
12/16 15:11	模拟商战，让我了解了创业的大致流程，对创业有了大概的认识
1/25 8:48	叠纸杯，我得了两次第一名
1/25 8:48	模拟汽车销售
1/25 8:49	模拟商战
1/25 8:50	模拟创业
1/25 8:50	九型人格让我认识自己
1/25 8:52	模拟商战，感受到了创业过程中的各种难题以及解决它之后获得的成就感
1/25 8:54	共同设计被子，通过小组成员的思想汇聚，大家一起创造、设计被子，激发大家的学习热情，共同分工合作
1/25 8:54	模拟商战，因为没有接触过，觉得很有意思
1/25 8:54	用花形插片做礼物，大家的作品非常漂亮，给了我很多启发
1/25 8:55	创业漫步，能收获创新思维
1/25 8:55	记忆最深刻的是拼被子比赛，这次比赛我们还在短时间内和一个组内不同人带来的布料和观点融合在一起拼出一床被子来，非常考验协作组织能力和领导能力
1/25 8:56	第三次课，团队合作，团队合作给我带来了更多的活力
1/25 8:56	汽车模拟商战
1/25 8:56	模拟商战
1/25 8:58	收获最大的是最后的课堂展示，让我们了解到更多的创业知识
1/25 9:01	实验课那个商战模拟，然后我理解了创业的过程以及不容易
1/25 9:03	课堂模拟游戏
1/25 9:04	商业路演，学生极大的参与性，调动了学生的创造性，也给每一个学生提供了展示自我的机会
1/25 9:05	叠杯子，亲身参与，参与度最高
1/25 9:07	让同学签名的那节课。在那节课之前我都不知道自己的同学有这么多特长

这些学生认真的反馈激励教学团队愿意花更多时间来进行教学改革和新的探索，学生们的真诚与认可鼓舞老师们的教学热情。

通过学生的匿名调查问卷反馈我们发现，课程中许多新的教学方式、教学手段的使用，促进了学生学习的主动性，增加了学生之间的合作，提升了学习兴趣，促进了实践与行动，改变了慕课学习者数量大、生生之间无交互的现象。“创业营销”课程尝试转变师生角色，教师角色从知识的传授者转为学生学习的指导者，学生角色从知识接受者转为知识主动建构者，凸显学习者的中心地位，促进学习者主动学习。在学习科学的指导下，人们将对认知过程有更完善的认识，而促进深度学习的对话式学习、探究式学习、合作学习等学习方式也将进驻课堂，成为课堂教学的常态。除此之外，课堂教学将实现教学过程公平，在公平理念的指引下，教学过程将更有活力，进而实现“让每一个孩子在教育中都能得到足够的爱与尊重”的理想。

通识教育是对心灵的自由滋养，其核心是——自由的精神、公民的责任、远大的志向。自由地发挥个人潜质，自由地选择学习方向，不为功利所累，为生命的成长确定方向，为社会的进步做出贡献。

作为一门通识课程，“创业营销”从最开始的传统课堂，转而开发线上纯慕课，到现在线上线下混合，从传承性学习转变为创新性学习，遵循通识教育的核心理念——自由的精神、公民的责任、远大的志向，一群有教育情怀，愿意在教学上投入热情和心血的老师，不断对课程进行革命，希望通过“创业营销”课程充分发掘学生的个人潜质，让学生在行动体验中反思，为学生成长寻找方向和信心，尝试拥抱凡是教育改革都应该达成的目标——师生共同成长而努力求索。

关于混合式教学设计方案的样例，如表 4-5 所示。

表4-5 混合式教学设计方案

<table>
<tr><td rowspan="2">教学章节</td><td colspan="2" rowspan="2">模块 11 创业产品策略
互动体验：创业者如何开发新产品</td><td>课时</td><td>授课时间</td><td>授课对象</td></tr>
<tr><td>2</td><td>直播课</td><td>慕课见面课学生</td></tr>
<tr><td rowspan="3">教学目标</td><td>知识</td><td colspan="4">区分传统的产品开发与基于用户需求开发。
理解敏捷迭代开发，掌握大学生创业的新产品开发思路和方法。
掌握创业营销的基本工具和方法。</td></tr>
<tr><td>能力</td><td colspan="4">训练学生对细分市场、消费者真实需求的洞察力。
领会目标市场定位的精髓，提升大学生创业的新产品开发能力。</td></tr>
<tr><td>认知</td><td colspan="4">感受产品开发的初衷；观察不同企业、不同产品的开发的特点和实践迭代的重要性。</td></tr>
<tr><td rowspan="3">学情分析</td><td>学生特点</td><td colspan="4">初学创业管理，虽然缺乏对创业管理实践的认知，但他们具备一定归纳和逻辑推理能力，有助于理解产品开发的规律和理论观点的精髓。</td></tr>
<tr><td>知识基础</td><td colspan="4">学生已经完成创业机会、团队、资源、商业模式的学习。
创业者如何回答谁是我们的顾客？什么样的产品能够满足顾客的需求？本节课重在引导学生认识成功的新产品开发的主要视角以及新产品开发的主要方法和步骤。</td></tr>
<tr><td>学习动机</td><td colspan="4">学生对“新产品”充满好奇心，每天大家都在使用各种各样的企业产品，但仍然有许多产品未能满足用户的需求，因此，分析产品设计的过程，开发新产品步骤和方法并 DIY 对学生非常有吸引力。</td></tr>
<tr><td rowspan="7">教学安排</td><td>序号</td><td colspan="3">基本内容</td><td>时间分配</td></tr>
<tr><td>1</td><td>洞察消费者的真实需求</td><td colspan="2">小白思维、共情、洞察人性</td><td>15 分钟</td></tr>
<tr><td>2</td><td>寻找新产品的创意</td><td colspan="2">寸、尺、丈、里</td><td>10 分钟</td></tr>
<tr><td>3</td><td>DIY 互动</td><td colspan="2">小组合作（教具：雪花片）
设计一款情人节礼物并展示</td><td>25 分钟</td></tr>
<tr><td>4</td><td>如何开发最小可行化产品</td><td colspan="2">MVP 的市场定位艺术</td><td>20 分钟</td></tr>
<tr><td>5</td><td>如何进行产品迭代</td><td colspan="2">从产品 1.0 开始的不断升级</td><td>15 分钟</td></tr>
<tr><td>6</td><td colspan="3">内容回顾、随堂测验与作业布置</td><td>5 分钟</td></tr>
</table>

续表

教学难点与重点	❖ 教学重点兼难点：洞察消费者的真实需求，开发 MVP 处理方式：引导学生探索式学习。 从优秀数码产品开发者的“新产品”开发提出好的创意、新的技术，如果不能转变为优秀产品，就无法获得市场，创造价值，在此目标指引下分析概括得到新产品开发的过程方法。 ❖ 教学重点：基于人性的特点如何发现消费者的真实需求 处理方式：引导学生从用户需求的角度看待产品设计的思维。 创业者开发的优秀产品：学生创业项目案例分析，引出小白思维、共情、洞察人性的角度，对洞察真实的用户需求做出点评，最后对比两款手机管家的两个产品的市场表现证明发掘消费者的真实需求、MVP 迭代的关键。
教学模式与手段	❖ 教学模式：以学生为中心 + 教师引导 + 团队合作 +DIY 演练 秉持以学生为中心和教师引导相结合的教学理念，结合学生使用产品的体验，辅以探究与合作学习的教学策略，设计环环相扣、首尾相应的课堂活动。 学生任务：了解主题—关联已知—探索 DIY—内化新知—巩固新知。 教师任务：聚焦问题—激活旧知—示证新知—拓展现实—总结评价。 ❖ 教学手段：多媒体课件为主，DIY 教具，雨课堂互动，辅以板书 多媒体课件和板书相结合，雨课堂 + 板书 +DIY 教具辅助，基于所授知识来合作探究新知；旨在概述知识的要点，揭示知识主线，鼓励学生创意和合作。
教学过程设计	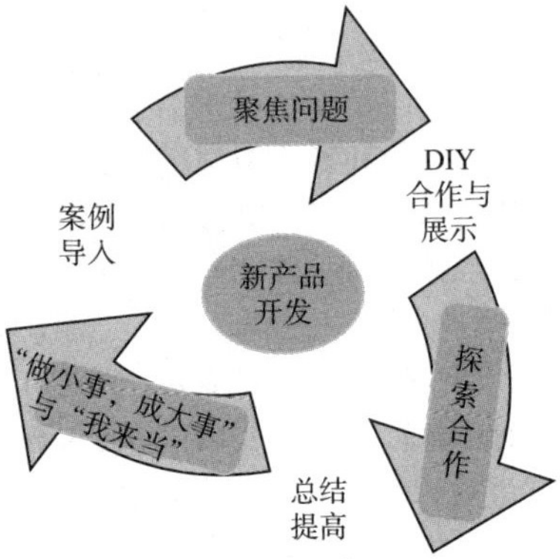

续表

教学步骤与实施过程			
教学阶段与内容	教师活动	学生活动	设计意图
聚焦问题：提出现实问题，交代学习任务 1. 现实问题 好的创意、新的技术，如果不能转变为优秀产品，就无法获得市场，服务社会，创造价值。2019 年第一季，微信的月活跃账户数达数亿，QQ 的智能终端月活跃账户数同比略有增长至逾 7 亿，同比增长 0.9%。微信为什么能在同期同类产品中脱颖而出？今天，咱们将一起探索大学生创业如何开发新产品这个主题。 2. 学习任务 要开发一款受用户喜爱的产品，并非容易，开发者需要全面了解用户，知道他要什么。明晰用户需求之后如何开发符合需求的创意，进而开发新产品的 MVP，在用户使用过程中进行迭代。 新产品开发的思维、逻辑和方法到底是怎样的呢？	设疑：以现实问题引领学习动机； 指导：从新产品开发的案例出发，提出如何评价一个好的产品，开发者眼中和用户眼中的好产品一致吗？明晰本节课学习任务。	反思：如何设计新产品？ 发问：什么才是真正的好产品？	让学生预期接下来的学习将有助于解决其当前困惑，增强学生主动学习意识。
激活新问题：复习 STP 理论，引出用户需求 1. STP 理论 市场细分是指营销者通过市场调研，依据消费者的需要和欲望、购买行为和购买习惯等方面的差异，把某一产品的市场整体划分为若干消费者群的市场分类过程。每一个消费者群就是一个细分市场，每一个细分市场都是具有类似需求倾向的消费者构成的群体，STP 理论，市场细分（Segmentation）、选择适当的市场目标（Targeting）和市场定位（Positioning），是战略营销的核心内容。市场定位就是在营销过程中把其产品或服务确定在目标市场的一定位置上，即确定自己产品或服务在目标市场上	引导：大学生的创业实例引出市场定位问题 激发学生对已有 STP 定位理论的认识。	互动：用雨课堂弹幕，引发学生头脑风暴，提出如何开发不同用户需求的情人节礼物，从而反思。	通过雨课堂和激活旧知识引出新产品开发这个新知识点，使学习自然而然发生。

续表

<table>
<tr><th colspan="4">教学步骤与实施过程</th></tr>
<tr><th>教学阶段与内容</th><th>教师活动</th><th>学生活动</th><th>设计意图</th></tr>
<tr><td rowspan="2">的竞争地位，也叫“竞争性定位”。
2. 用户需求
用户的需求是产品和商业的根基，如果产品没有满足用户的需求，或者这个需求不够强烈，后面的产品迭代就成为无源之水，无论是渠道推广、黏住用户，或者是想要实现变现，都非常困难。因此，打造有竞争力产品的第一步是需求的分析与洞察。
腾讯手机管家团队，曾陷入过盲目追加功能，市场份额被竞争对手不断赶超的产品迷茫期。通过更深入的用户调研，他们明确了用户的画像层级：蝌蚪、穿山甲、考拉、河马。
“蝌蚪”是小白用户，什么都不懂，从功能机换到第一台智能手机，对于手机清理需要傻瓜式的解决方案；“穿山甲”，从蝌蚪成长起来，在意探索安卓手机的功能，会寻找一些更高级的东西；“考拉”，对于手机的功能不关心、不关注，无所谓，这类用户对于安全清理需求不大；“河马”，是安卓机的巅峰用户，他们的态度是你们不要跟我说这么多，我自己能搞定，我一个安全软件都不会装。
在对用户进行深入调研后，手机管家做出产品调整，在手机管家4.0版本里推出核心的一键清理功能，主要满足的是“蝌蚪”用户的需求，同时增加定制化清理，满足穿山甲的探索需求。用户问题、有市场竞争力的产品。</td><td colspan="3">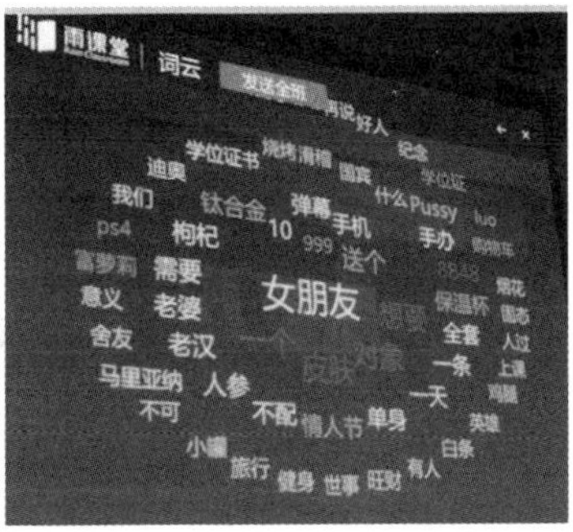
</td></tr>
<tr><td>提问：从细分市场引出针对用户开发新产品，你最想要的情人节礼物是什么？（雨课堂弹幕发送想法）</td><td>反思：产品开发要有针对性，要读懂用户。</td><td>强　化：学生对新知的期望。</td></tr>
</table>

续表

教学步骤与实施过程			
教学阶段与内容	教师活动	学生活动	设计意图
示证新知：通过案例对比，启发新知 （1）小白思维 许多产品的失败都在于开发者定义错了核心用户的需求。比如著名的谷歌眼镜，谷歌眼镜是由谷歌公司于2012年4月发布的一款“拓展现实”眼镜，它具有和智能手机一样的功能，可以通过声音控制拍照、视频通话和辨明方向，以及上网冲浪、处理文字信息和电子邮件等。谷歌眼镜主要结构包括，在眼镜前方悬置一个摄像头和一个位于镜框右侧的宽条状的电脑处理器装置，配备的摄像头像素为500万，可拍摄720p视频。作为可穿戴的重量级产品，研发团队因为是极客出身，把很多自己觉得重要的需求放入眼镜的功能中，如时间、天气、知识搜索等。结果，实际使用中大家最常用的功能并不是搜索，而是拍照和录像。特别是对有小孩、无法腾开双手的家长。还有像极限运动爱好者、驾驶员等，都是因为在工作或者活动中腾不出手拍照，才使用谷歌眼镜。但这个用户人群和团队设想是不一样的，团队对于需求的理解完全凭想象，实际结果证明却是错的，因而，谷歌眼镜没能成为一个大众消费类产品。 2015年1月19日，谷歌停止了谷歌眼镜的“探索者”项目。 2012～2015年，谷歌眼镜的发展历程并不乐观，主要有七个问题困扰谷歌眼镜：成本过高；缺少应用；分散注意力；侵犯隐私；设备漏洞；成瘾风波；影院禁用。	指导：几乎所有对新产品开发失败的研究都表明：很差的市场调研，有限的市场分析和市场调查，市场测试、市场开发和市场活动投入不足都会导致新产品开发的失败； 产品的卓越性是从用户的角度出发来定义的，而不是从客户关系部门、技术和设计部门的角度来定义。	概览：快速了解洞察客户需求的三种方法：	通过设疑、解惑、激疑让学生的思考与认知渐深，使他们无意识地认知新产品的开发的过程。

续表

教学步骤与实施过程			
教学阶段与内容	教师活动	学生活动	设计意图
（2）共情 共情，也称移情或同理心，是心理学专业词汇：设身处地，将心比心。 感同深受：让用户真正有一种被理解和怦然心动的感觉。例如，大家都有体会，孩子出门不肯坐推车，怎么办？某童车公司，重新设计孩子座位，由背对面改为面对面，小孩感觉被理解了，于是愿意坐了。 （3）洞察人性 我们把需求分为两种，一种是用户直观上，具体的需求。比如我需要一个给我送外卖的产品，我需要一个认识更多女生的产品。这类需求用户自己有很清楚的认知，能够帮用户完成某件很明确的事情。 另一种需求是用户内心中某种本能的需要，体现出人性的东西，并没有很明确地体现在某件具体事情上。以福特汽车为例，人们的本质需求是要一种更快的交通工具，提出让福特造一匹最快的马，然而，福特造出了比马还快的汽车，这样的需求往往比较抽象，反映了用户的人性，而且更具普遍性，即大众都有这类需求。 如果从人性的本质需求角度来考虑，所有产品都是由这样的需求而产生的。如果是具体的需求，则需求和产品就没有特定的先后关系。	解析：在开发的市场调研完成之前不能停止客户投入。	教师提问：跟进分析逻辑的过程中，积极预测结论。	具有特定的客户和拥护价值的优秀新产品到底都有哪些共同的特点呢？ ①在满足客户需求，为客户提供独特价值方面具有竞争力，或者解决了一个其他同等竞争产品没有解决的问题； ②对于客户来说提高了产品的性价比； ③相比同等竞争产品而言，为客户提供了优秀的产品质量； ④为客户提供有用而且明显可见的产品价值。

续表

教学步骤与实施过程			
教学阶段与内容	教师活动	学生活动	设计意图
3. 如何寻找新产品的创意 由于探寻产品创意是一个非常复杂的过程，方法很多，今天只对其中一种做详细解释。想要找到新产品创意，问题永远不在于如何产生新创意，而在于如何使自己摆脱旧思维。人的大脑就如同一个塞满旧家具的房间，清理出空间，创意才有机会出现。当我们做创意探寻，创意枯竭的时候非常痛苦，我们摸不着头绪，找不到方向，把自己困在一个思维定式里面无法解脱。从孕育阶段到破壳而出。 产生创意新颖，开发具有用户刚需、高频、乐享的新产品。 破壳妙法：寸、尺、里、丈。 怎么打开脑洞，举一个经典例子和提出两点建议。 美国有一家生产牙膏的公司，销售严重下滑，于是开会商讨对策。会上，员工们提了很多建议： 张三：寸：降价； 李四：尺：买一赠一； 王五：丈：买一赠二（牙刷）。 结果都被老板否决，急得老板直摇头。这时，马六——一位年轻经理站起来对老板说："我有个建议，但若采纳，须另付我1万元！"老板很生气地说："我每个月都支付你薪水，你还要额外费用，是否过分？"年轻的经理解释说："老板，我给你写张纸条，您若不采纳，就把它撕掉，不用付钱。"老板半信半疑接过那张纸条，看完，马上签了一张一万元支票。纸条上写的是什么呢，只有一句话：将现有的牙膏开口扩大1毫米。就是这个建议，使该公司第二年的营业额增长32%。这就是产品创意的威力！可以说是决胜千里之策。	定义崭新和"新产品" ①"产品"是任何一个可以在客观市场中销售、使用或者消费的东西。这包括实质的产品及服务，也可以两者兼有。 ②美国的制造业联合会将新产品定义为："任何对于消费者或者使用者而言具有新的功能、新的特点或者新的收益的东西（可以是实质的产品或者服务），同时它必须经过至少50天的研发。"		

续表

<table>
<tr><th colspan="4">教学步骤与实施过程</th></tr>
<tr><th>教学阶段与内容</th><th>教师活动</th><th>学生活动</th><th>设计意图</th></tr>
<tr>
<td rowspan="2">小组合作：用雪花片设计情人节礼物
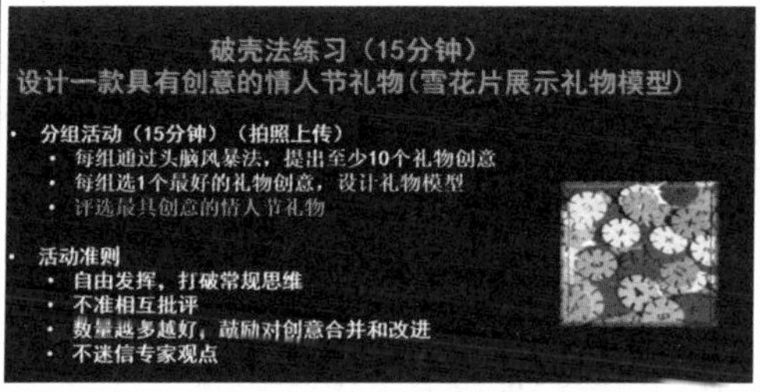

（1）创业者的深度参与
有钱聘请产品经理，没钱可找朋友帮忙开发。但切记：新产品开发坚决不能全部外包，创业者必须深度参与，才能更快地找到产品发展的方向，乔布斯是世界最著名的产品经理之一，没有其参与，就不可能诞生苹果这样的伟大产品。</td>
<td rowspan="2">游戏互动：每组通过头脑风暴法，提出至少10个礼物创意；
每组选1个最好的礼物创意，设计礼物模型，解释创意初心。

*在开发过程中忽略了对核心竞争力和真正创新点的追寻。
根本原因是被处理者没有对项目开发团队提出高于竞争者产品的要求；其次原因是在从构思到发布的过程中遗漏了关键的因素：没有强调产品与众不同的要素和有竞争性的价值比例。</td>
<td>反馈：雨课堂投票。
评选最具创意的情人节礼物。</td>
<td>点评：从用户需求的角度来设计情人节礼物，进一步理解如何洞察用户需求和产品创意的思路。</td>
</tr>
<tr>
<td colspan="2">
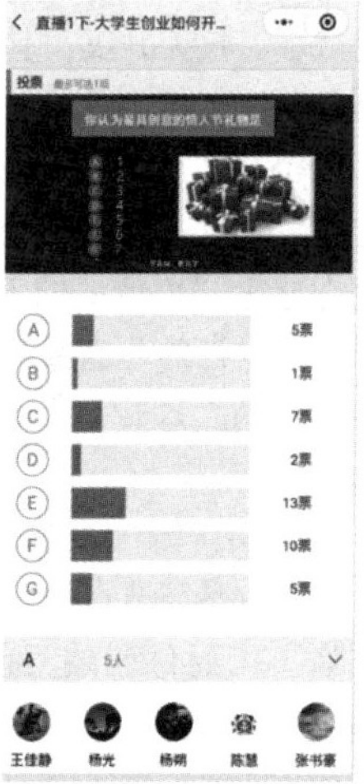
</td>
</tr>
</table>

续表

教学步骤与实施过程			
教学阶段与内容	教师活动	学生活动	设计意图
（2）用户参与式设计 为了让用户深入参与产品研发过程，小米设计了“橙色星期五”的互联网开发模式，核心是MIUI团队在论坛和用户互动，系统每周更新。 在确保基础功能稳定的基础上，小米把好的或不够好的想法，成熟的或不够成熟的功能，都坦诚地呈现在用户面前。每周五的下午，随着小米橙色的标志，新一版MIUI如约而至。随后，MIUI会在下周二让用户来提交使用后的四格体验报告。通过四格报告，可以汇总出用户上周哪些功能最喜欢，哪些觉得不够好，哪些功能广受期待。 MIUI以论坛建立10万人互联网开发团队，团队的核心是当时官方的100多位工程师，核心的边缘是论坛人工审核过的有极强专业水准的1000名荣誉内侧组成员，最活跃的用户是10万名对产品功能改进非常热衷的开发版用户，最外围的是发展至后来有千万级的MIUI稳定版用户。MIUI的升级制度因此形成了不同的灰度和梯队版本，更新最快的是荣誉内侧组的内部测试版，每天升级；其次是开发版，每周升级；随后是稳定版，通常1～2个月升级。 每个周五，用户就开始等待MIUI的更新，这些发烧友很喜欢刷机，体验新系统、新功能。也许这个“橙色星期五”所发布的新功能是他们亲自设计的，或者某一个被修复的BUG是他们发现的。这让每一个深入参与其中的用户都非常兴奋。 MIUI用户参与感的构建： ①开放参与节点 除了工程代码编写部分，小米将产品需求、测试和发布都开放给用户参与。	预先的工作没有做好：预先工作做得不好带来的严重后果就是在做关键决策的时候，如产品设计或者是否进行投资，就会出现很多假设，而非实际事实的支撑。	学生反思：在新产品开发的项目上，市场调研、技术评估和财务评价都需要踏实地工作。	原因常常是没有时间和金钱来做这样的工作，更为常见的原因是人们太过忙于其他工作。另一个原因是希望能够缩短产品面市的时间。

续表

教学步骤与实施过程			
教学阶段与内容	教师活动	学生活动	设计意图
②设计互动方式 基于论坛讨论来收集需求，固定的“橙色星期五”每周更新。 ③扩散口碑传播 进行参与感构建，要尽量减少用户参与的成本以及把互动方式产品化。小米把MIUI每周升级时间固定就是一个减少记忆成本的考虑，设计成四格报告也是对参与成本和产品化的考虑。 正是这样用户深度参与的机制，让MIUI收获了令人吃惊的增长。2010年8月16日，MIUI第一个版本发布时，只有100个用户，是小米一个一个从第三方论坛“人肉”拉出来的，凭借用户的口口相传，没有投一分钱广告，没有做任何流量交换，一年后，MIUI已经拥有50万用户。在这个过程中，消费者也成了生产者。这种模式下，用户不仅使用产品，还拥有产品，拥有感使用户遇到问题后不仅会吐槽，还会参与改进产品。 4. 如何开发最小可行化产品 足够简单、无须思考、及时反馈。 产品1.0仅包含最核心的功能，用最小的代价来验证你的商业可行性，如京东、支付宝、QQ早期版本都特别简单。 对创业者的忠告：创业初期开发新产品若追求尽善尽美，将面临产品胎死腹中或者失去市场先机的惨痛局面。开发—衡量—学习概念中的一个不可分割的部分就是MVP，它本质上就是“在一个新产品的版本开发中，它让团队以最小的代价收集客户尽可能多的使用后的认知”。	解析：对客户和用户的需求缺乏足够的洞察力。 当对市场缺乏足够了解和研究的时候，产品开发团队或者执行者就决定了一个产品开发的概念。	讨论：小组创业的最小可行化产品该如何设计？	模拟实践：根据教师的案例解析，来设计自己的MVP。

续表

教学步骤与实施过程			
教学阶段与内容	教师活动	学生活动	设计意图
（1）节奏感 做产品就像打仗，首个版本的上线只是一个阶段性的胜利，接下来的迭代可能会引起团队成员的疲劳，这个时候管控好迭代的节奏，让产品功能一点一点释放，对于保证团队的战斗力是非常重要的。同时，维持固定频率的更新，也能很好地向用户交付新功能，让他们保持对产品的期待。 （2）需求排序 当一个版本面对多个需求时，怎么取舍，怎么排序，是一项非常考验人的工作。一般有两种思考维度：一种从用户价值出发，去区分哪些是基本型、哪些是期望型或者哪些是兴奋型需求，基本型需求一般都需要马上解决，而期望型需求和兴奋型需求则要重点选择几个来解决；另一种从企业角度去权衡需求的商业价值，每个功能的优化对于商业价值的提升一般是可量化的。 （3）数据驱动 如果把做项目看作一次不确定的航行，那么数据就是这次航行的仪表盘。关键指标的反馈直接决定了某个探索是否正确，以及是否需要再持续投入。同时，每一个功能的持续提升，也需要通过数据分析发现薄弱环节在哪里，从而明确需要优化的方向。	指导：人们看见具体的物品或者有相应的体验之前是不清楚自己到底想要什么的。所以，快速地为客户提供物品，然后一直重复测试直到真实产品测试。 让你的成果出现在客户面前，即使这个成果离最终产品还有很长的距离。然后尽快获得客户可信的反馈，对这个产品做必要的改进，在下个循环中为客户提供更加成熟的产品版本。	思辨：在项目最初阶段，最佳创新企业会努力平衡市场导向的任务和技术活动，那些最差创新企业则倾向于一股脑投入技术开发中，而对于市场和产品只是在口头上表示重视。	总结：让学生明白产品迭代的规律，没有一蹴而就的好产品，好产品都是不断地通过用户反馈和市场竞争打磨出来的。

续表

<table>
<tr><th colspan="5">教学步骤与实施过程</th></tr>
<tr><th colspan="2">教学阶段与内容</th><th>教师活动</th><th>学生活动</th><th>设计意图</th></tr>
<tr><td colspan="2">总结评价：
回顾研究，总结新产品开发的理论。
（1）大部分公司开发产品时，不细分客户，而是针对一个总体市场进行开发，导致在每个细分客户群都找不到卖点。当面向高端客户时，功能性能落后；当面向低端客户时，在成本和服务上又不领先，导致产品上市失败。
（2）新产品的开发要遵循以下步骤：
①对整体市场进行细分，明确各细分市场的市场吸引力及客户需求特征。选择细分市场，并明确各细分市场的竞争对手。②洞察消费者的真实需求。③寻找优秀的新产品创意。④开发最小可行化产品。⑤进行产品迭代。
同时，产品开发团队不能全部由研发人员构成，而要建立以研发经理、市场经理和营销经理为“铁三角”的队伍，先进行细分市场，明确各细分市场的需求，再找准对手，设计卖点，最后开发产品。</td><td>回顾总结：产品的卓越性是从用户的角度出发来定义的，而不是从客户关系部门、技术和设计部门的角度来定义的；
在思考和定义产品的独特性时，应该从客户使用价值出发，对客户的需求、问题、喜好和厌恶有深入的了解。</td><td>思辨体会：在客户眼中，成功的产品就应该“独特”“不同”和有“卓越的价值”。</td><td>总结提高：让学生建立系统的联系、形成新产品开发的完整思考。</td></tr>
<tr><td>课后作业</td><td colspan="4">讨论：设计小组创业项目的 MVP 并且对用户设计和使用进行探讨
复习：与小组同学讨论新产品开发的思路和方法
预习：创业者的自我推销与生存管理</td></tr>
<tr><td>课程资源</td><td colspan="4">教材：《创业管理》第 5 版，机械工业出版社，2020.
资料：智慧树平台，慕课《创业管理基础》，案例——微信的开发历程
教具：雨课堂、雪花片、多媒体</td></tr>
<tr><td>教学评价</td><td colspan="4">学习效果评价：依据学生发言情况、团队合作成果、随堂测验等记录课堂成绩。
教学效果反思：安排顺畅与否？教法得当与否？有哪些待改进环节？</td></tr>
<tr><td>教学备注</td><td colspan="4">本教案设计中与学生间的互动较强，对学生的提问较多，可以在观察学生反应和接受的基础上，注意突出重点和难点，避免喧宾夺主。
游戏互动对增强学生的体验感和同伴协作认知非常重要，但要注意时间控制和总结提高；在课堂教学中应把握好授课节奏，同时注意语速及语调的抑扬顿挫。</td></tr>
</table>

4.3 数智赋能，校企共育的融合式专业人才培养

菲利普·菲尼克斯（Philip Phenix）在1964年出版的《意义的领域》（*Realms of Meaning*）一书中提出，课程设计应优先考虑为学生提供创建意义的机会，并且学科分类根据其创建意义的方式，包括典型方法、习得观念和结构特征等。例如，数学和语言学都使用符号系统和约定规则来创建意义。这种创建意义的方法经证明是成功的，因此让学生理解用特定的方式创建意义是有价值的。

在数字化、网络化、智能化促进数字经济高速发展的时代，产业行业市场需求不断升级，企业需要持续创新且具备敏锐的洞察力与灵活性来适应各种不确定性，而优秀的人才是永续创新的基石。同样，高校作为人才培养的摇篮，面临各种转型升级的挑战，高校应对标人才需求，侧重培育敢于**创造创新、行动与突破、快速适应情境、解决复杂问题**的内创业人才。**内创业（Intrapreneurship）**是指在企业内部，由企业员工自主发起、管理、运营创新项目，以推动企业创新和发展的一种创业行为。**内创业人才**通常是公司内部的员工，在现有企业的体系内，通过独立思考、创新思维和创业精神，开展新的业务、产品或服务，以期提高企业的竞争力和市场占有率。内创业可以**激发员工的创新激情和创业精神**，帮助企业**发现新的商业机会**，提高企业的**竞争力和市场占有率**，助力企业降低研发和市场推广成本，提高研发和商业化效率。

基于此，校企合作探索内创业人才培养的教学创新模式，以**数字赋能为新机制**，**以培养学生**内创业精神和创新创业能力为目标，**尝试融合知识学习与实践能力磨炼的跨界培养**，尝试当下高等教育人才培养与产业需求的新模式。

4.3.1 案例背景与课程设计理念

课程团队积极对接**纺织相关上下游企业、电商平台、新媒体平台、时尚**

美业等，**挖掘行业产业人才需求特点**，以课程为抓手，利用校友资源，通过校企导师合作、企业项目组实战等形式，相继与 **20 余家企业或平台合作**，充分激发学生的专业技能和职业志趣，加强学习与实践的联系，深入企业现场，**师生合作—生生合作共同解决企业真实问题**。在探索问题解决的同时，充分利用教师团队录制 **3 门慕课资源（其中，2 门国家级一流本科通识课程，1 门生涯管理课程），如图 4–25 ~图 4–27 所示**，以及雨课堂内置网络营销慕课等，从技能、专业知识、职业理念等多维度赋能学生“泛在学习”的机会和资源，建立校企“赋能”机制，选拔优秀企业员工作为内训项目导师，通过**数字平台**（智慧树慕课网、雨课堂智慧学习平台、学堂在线、创业基础实训平台、腾讯会议、云空间、微信社群等）实现导师与学生之间、企业与学校之间的互动交流，打破时空限制，发挥准确赋能的优势。通过 7 年多的实践摸索，培养出一批已经上岗的**就业创业人才**，其职场适应能力明显提高，多数学生表现出**优秀的内创业能力、岗位创业精神**，为企业快速发展注入活力，成效显著。

图4–25　国家一流本科课程和国家精品在线开放课程“创业管理”

图4-26　国家一流本科课程“创业营销”

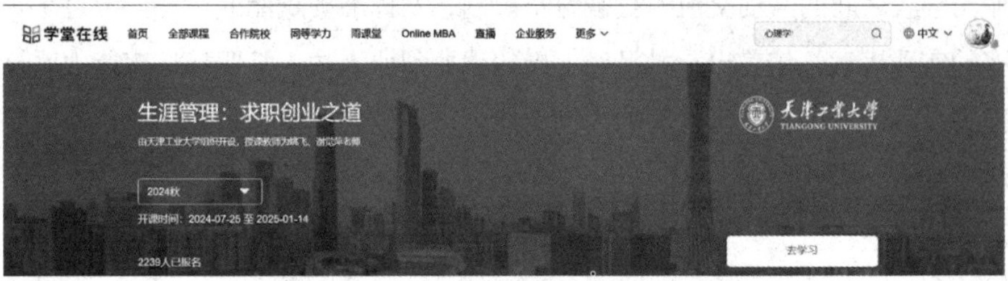

图4-27　学堂在线平台慕课“生涯管理”

教学团队以“互联网+”大环境下的企业真实问题为行动基础，贯穿“**理论教学与实践教学相融通，线下教学与线上教学相融合，课堂内教学与课堂外教学相结合**”的三大教学策略，采用“**课堂理论教学+课外实战体验+数字化赋能深度学习与交互+小组课堂分享+校企师资点评**”五大教学路径，实施“**讲给学生听，做给学生看，带着学生干**”三大教学方法，通过**融合式混合教学模式**来全面激活学生学习的积极性、主动性、参与性和责任感，全面锻造**新工科院校不同专业学生**成为地方经济和社会发展之有用的工匠人才。通过数字赋能助力校企共育，探索内创业人才培养的创新实践，实现专业知识与能力培养的有效结合，有效地拓展了专业人才的综合素养，增强了学习者面向未来的职业能力与自信，全面激发了企业的创新活力，有力地促进了地方经济的发展。

4.3.2 翻转课堂与项目式学习的融合

4.3.2.1 新工科背景下“教—学—用—育”中的几大“痛点”问题与解决方式

（1）教的痛点。

课程内容与市场需求脱节，教学以知识传授为主，教学方法过于单一。创设**与市场需求相符合的课程内容**，如针对新工科专业和行业的需求，提供丰富的线上课程资源，团队录制了3门优质的慕课，学生随时选择想学的内容，通过混合式教学的方式，运用线上慕课、线下翻转、游戏互动、雨课堂智慧教学平台等多种形式与学生互动，同时，**增设实践和实训环节，**例如，在纺织学院非织造专业特设“创业管理基础”课程，创业课程中通过创业基础云平台，增加MBTI、九型人格、DISC团队组建与管理等心理学测评工具，帮助学生更科学地认知自我，同时理解如何更好地与不同的人沟通和合作，结合人人对抗的商战模拟演练，让学生体验如何从0到1建设一家创业企业，深刻体会创业者的思考模式和行动机制，学会换位思考，运用设计思维、创业思维更好地指导未来的实践，如图4-28、图4-29所示。同时，**采用更加灵活、多样化和实践性强的教学方式，**如案例教学、实验教学、项目实践等，让学生更好地学习和应用知识与技能，提高他们创造性解决问题的能力。

图4-28 “创业基础：虚拟仿真训练平台”测评部分

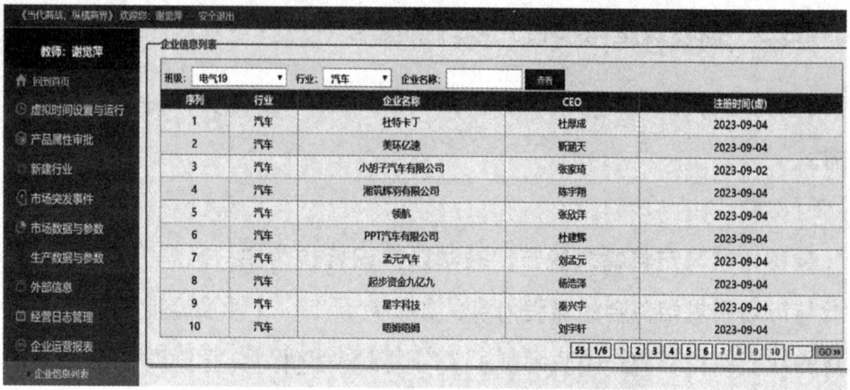

图4-29　创业者测评及创业企业模拟商战部分

（2）学的痛点

学非所爱，考非所用的双重矛盾。学很多，考不断，考试能力日益提高，面向未来的学习能力逐渐下降。让学生热爱学习且对所学内容感兴趣是提高学习效果和成就感的关键。教学团队关注学生的兴趣，将所学内容与实际应用联系起来，让学生理解所学知识的应用价值。激励学生参与企业项目、鼓励提出问题，及时提供反馈等方式，引导学生团队自主学习与探究，激发主动学习的动力。提供实验室模拟、实践课程、实习等机会，让学生有更多选择和自主权。采用开放性题目和生成性评价方式，如行业分析、对标企业访谈、商业画布、项目路演等，鼓励学生整合网络及身边的资源，调研用户等方式提升市场洞察力。不断完善实践教学体系和教学平台，让学生在实践中掌握知识和技能，强化创新创业教育，为学生提供创新创业的机会和平台，培养他们的创造性思维、创新精神和实际应用能力。

增加学科交叉和综合素质内容，教学团队跨界合作，**带领来自纺织专业的本硕博学生、经管学院、材料学院、生命科学学院的学生，跨专业跨年级跨学院组队，**基于多个学院教授的发明专利，尝试技术的产品化、平台化等商业转化，不断研讨和打磨商业计划书，参加大学生创新创业训练、“互联网 +”、高校市场调查竞赛等活动，增加学科交叉讨论与合作的机会，让学生了解多个学科领域的知识和技能，培养跨学科思维能力。

（3）用的痛点

企业内创业人才严重不足培养的问题。近年来，企业面临市场变化、技术革新等多重挑战。新工科背景下，企业对内创业人才的需求越来越高。工科院校的传统教育注重学生对于技术的掌握，忽略了新兴技术的学习，如数字化、智能化、物联网等；学生缺乏行业实践机会，对于市场需求和生产技能的了解不够深入。教学团队与企业建立更多的合作关系，为学生提供真实项目的磨炼机会，让学生清晰地接触市场需求和生产工艺，参与技术研发、智能化改造和环保可持续方面，这些尝试不仅解决了企业创新创业型人才储备的问题，节约了人才培养的时间和成本，也为具有内创业能力的学生搭建了展示的舞台。

（4）育的痛点

创业教育与专业教育、职业发展脱节的问题。加强创业教育与专业教育融合，让学生在学习专业知识的同时，了解创业的基本知识和技能，如市场分析、商业模式、财务管理等。设置工商管理专业（创业方向），为全校不同专业开设近10门创业课程，让学生在专业学习的基础上，系统学习创业知识。**建立完整的创业实践教学体系**，让学生在实践中掌握创业知识和技能，如创业训练营、创业比赛等。建立创业网络和资源，为学生提供创业资源和支持，多名教师担任学院学校的创业导师、创业孵化器导师等。**创业教育成为学生职业发展的重要组成部分**，为学生提供更全面的职业素养和创新能力成长机会。增强实践能力、培养团队合作能力和强化市场意识等方式，帮助学生习得系统的创业思维、内创业能力，助力职业发展中快速适应挑战和发现机遇，奠定坚实的基础。

4.3.2.2 “以真实问题解决为中心”的专业教育、“项目团队合作探究”的教与学模式正在形成

“以真实问题解决为中心”的融合式教育以及“项目团队合作探究”的教与学模式正在逐渐成为课程团队的突破重点。此学习方式旨在让学生更加深入地了解专业知识，并将其应用于实际问题解决中，从而提高学生的综合能力和创新能力。以行动学习为导向，在实践中帮助学生逐步认知企业需要

的知识、技能，培养学生职业能力与职业自信。校企导师合作参与企业项目，不断地解决真实问题的过程，基于 PBL 的团队合作促成了学习者综合素养的发展，面对未来更加复杂的世界，学习者将受益于这些训练。同时，项目完成过程也帮助企业发现人才，增加了课程内容的深度和价值，实现多方的共同成长，如图 4-30 ～图 4-33 所示。

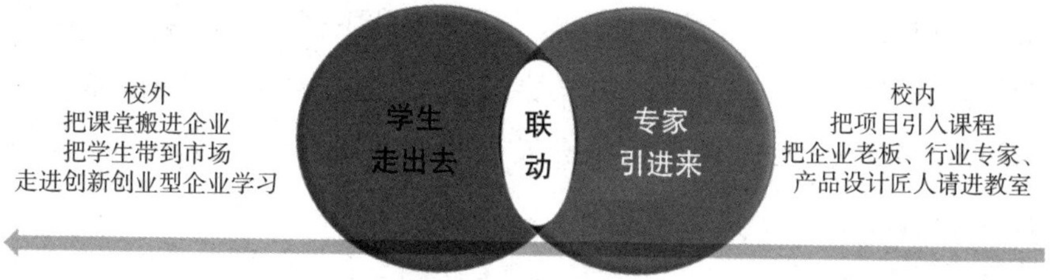

图4-30　校企合作思路

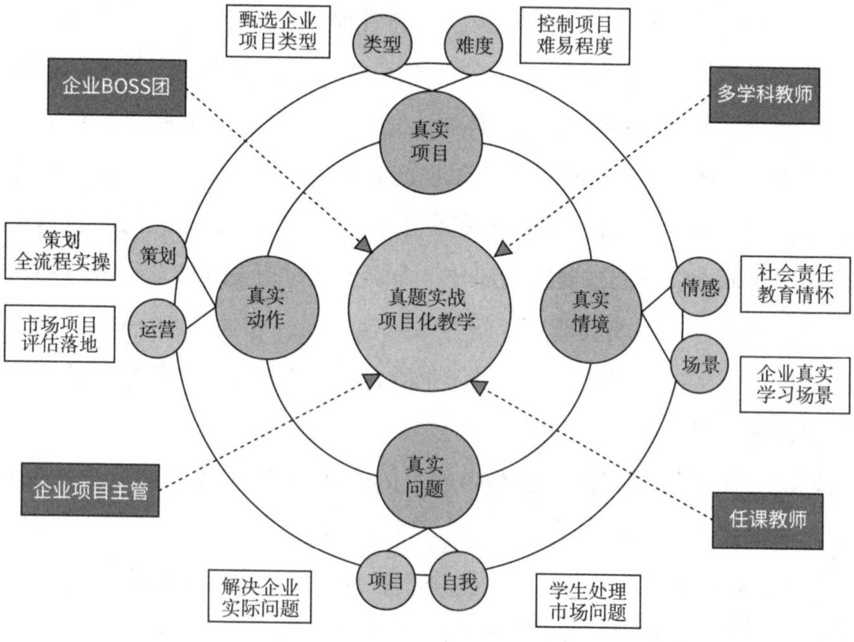

图4-31　“真题实战”项目化全流程教学模式

图4-32　“真题实战”项目过程

教学阶段	1.项目发布阶段	2.项目初始阶段	3.项目进阶阶段	4.企业作业完成阶段	5.作业转化作品阶段	6.作品转化“产品”阶段
•项目化全流程教学策略	•校企合作项目共选 •实地调研发现问题 •企业任务清单发布 •学习资源上传	•校企团队教学 •初步方案设计 •小组讨论与答疑 •个性化资源学习	•企业任务讨论 •市场问题解读 •难点知识拓展 •一对一问题解答	•个性化指导作业 •修改完善 •公开评估、公布结果 •各取所长，极力运营	•完善团队方案 •课程沙龙与拓展 •团队策划展示交流 •策划方案修改与完善	•“作品”设计 •运营实战 •方案落地与实施 •企业验收 •团队奖励

图4-33　“真题实战”课程组织

团队教师整合各种资源，多次拜访天津市大学生优秀见习基地、创业孵化器、众创空间、校友企业等，经过与企业的反复沟通交流，充分调研学生、企业、教师的需求基础上，确定校企合作的价值点和良好的合作方式。联合具有教育情怀和社会责任的企业人士，倾力推出了企业真实项目实战。学生直接参与企业真实项目开发过程中，包括新媒体、电商、企业咨询、陶瓷等行业的企业项目，由企业项目负责人全程指导，课程组教师鼎力支持，学生根据企业任务，承担计划运营、市场营销、客户沟通交流、数据分析等方面的具体任务，体验真实工作环境，解决市场真问题。

团队先后与多家机构达成合作，共同推进项目进展。

①百胜（中国）天津人力资源部合作，联合主办学院的招聘会，同时请该公司招聘负责人多次给学生做讲座和实践的全程指导，学生们在学院招聘会中的突出表现，5 名学生被百胜招聘为实习生，1 名学生毕业后入职百胜，负责人力资源部的相关工作。

②团队教师带领学生参与草帽众创空间系列活动，众创空间负责人法卓带领女性创业团队来校宣讲交流，多名学生加入创业项目进行锻炼，协助农村女性创业编织的推广活动，负责组织和策划。

③带领教师和学生参与星火创业孵化基地活动，与企业交流，11 名学生参与星火广告创业团队工作，负责调查分析天津市教育培训机构的广告推广方案和数据分析，提出星火的产品和营销策略。

④深度参与上海威亮商贸有限公司在京东美妆的营销与运营，师生近 35 人，分别进驻威亮在京东合作的美妆品牌运营的 8 个项目，如伊利冰淇淋、玻儿、馥绿德雅、海蓝之谜、品牌全域营销、数据挖掘等团队，有 10 名左右学生成功选拔为实习生，5 名被评为“优秀实习生”，1 名学生通过该项目的锻炼后，回家乡创业，将威亮的品牌营销思路运用到企业的转型升级中，运用新媒体运营思路开启了传统生产型的新营销探索。

⑤ 4 个团队近 15 人参与天津修源铭诚国际贸易有限公司合作，电商渠道运营研究分析与创新，分别完成竞品的新媒体种草渠道分析、图文种草分析、站内渠道分析等企业任务。

⑥与优加少儿口才培训机构合作，完成天津市教育机构经营情况的市场调研，分析少儿口才课程的植入合作的需求和实施可能性，师生团队设计相应的口才产品。

⑦与星火广告公司合作完成市场营销推广，通过大量的客户沟通、交流、接触打造自己的人际关系，扩张人脉资源。

⑧联合威道市场调查公司，参与市场督导和数据研究员相关工作，负责问卷设计、执行方案，数据分析的问卷筛选、数据处理等，完成分析报告数据采集、客户沟通、数据整理。

⑨参与西柚科技媒球球项目的社群营销，负责社区产品的日常运营工作，对社区用户活跃度负责，积极策划和推动重点事项的执行与解决。

⑩景德镇陶瓷美术馆产品设计与新媒体营销，负责陶瓷产品、文化、工艺、故事的挖掘与创造，抖音号的设计及内容创造、发布。其他合作包括：6人参与天津市河东区人力资源与社会保障局仲裁院的见习项目，负责仲裁案件的分析与整理；200名左右学生参与市河东人社局直播带岗活动，事业单位及公务员面试讲座指导；推荐学生参与中天人力资源实习基地项目；立晟天津科技有限公司企业营销服务项目；7个团队40余人参加七琪美甲公司国内市场的全域营销项目，涉及企业微信建立及私域流量运营、抖音及小红书等新媒体平台创建与运营、新媒体内容创作项目等；上海瀚什企业管理咨询有限公司（MGA）校园推广项目；等等。

4.3.2.3　采用数字化技术、智慧教学平台，因材施教促职业发展

数字化促指导：雨课堂、腾讯会议的应用为团队提供了更加便捷和高效的工具与平台，以提高教学效率和学生学习效果。采用在线学习平台可以让学生随时随地进行学习，节省学习时间和成本。同时，智慧教学平台可以根据学生的学习情况和兴趣，提供个性化的学习资源和建议，更好地满足学生的需求。

数字化促合作：在线共享文档、任务甘特图，项目社群建立，方便项目组快捷分享市场信息、寻找合作伙伴、进行市场推广等，同时利用社交媒体和电子商务平台进行销售与宣传，如图4–34、图4–35所示。数字化为师生提供了更加灵活的合作方式，校企合作方以任务解决、项目目标为指导，灵活地选择工作方式，并利用在线协作工具和云空间等技术开展合作与资源共享。学生从实践中学习研发过程管理、团队协作等软技能，教师通过项目来更新企业需求知识，改进教材与教学内容。

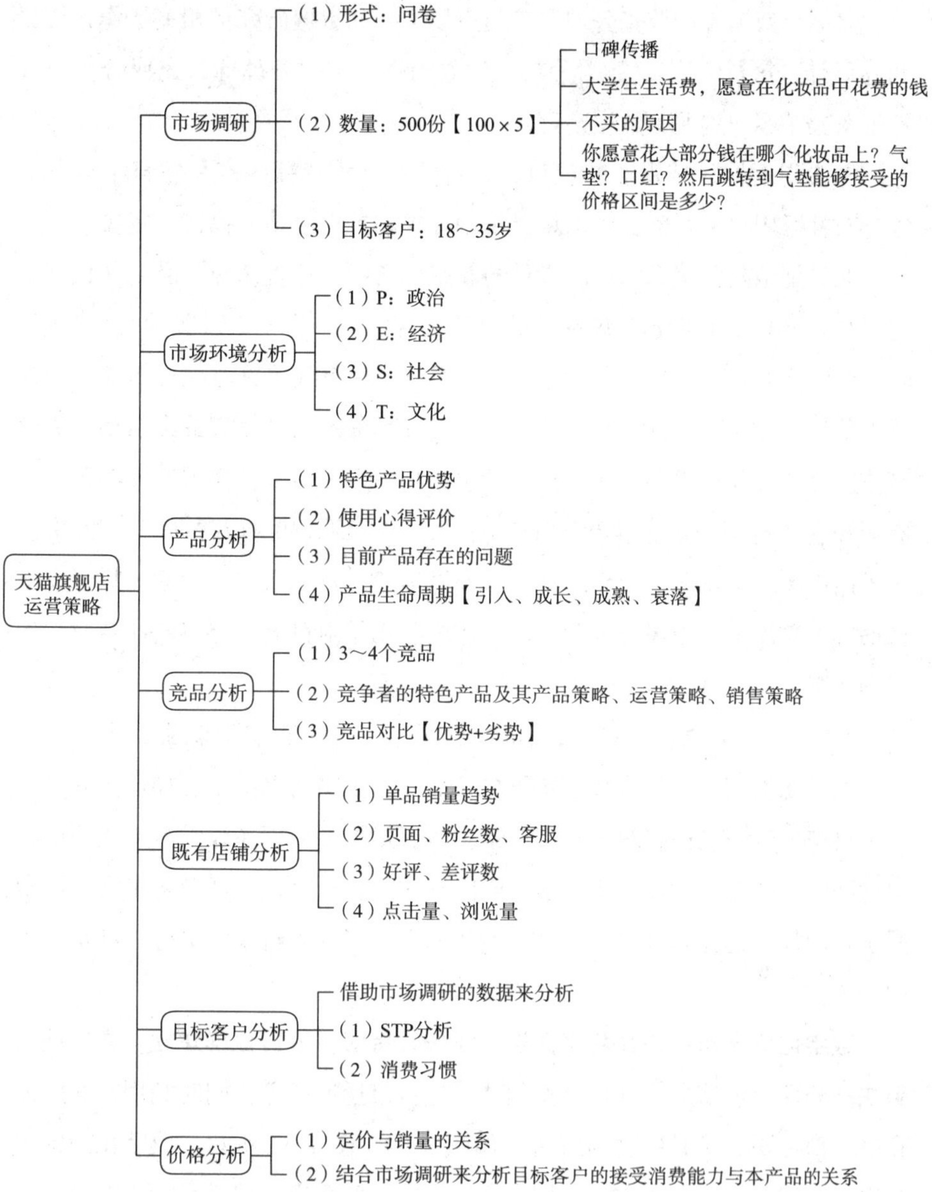

图4-34　项目小组的任务分工

- 某次会议记录【下周四之前完成任务】
  - 竞品分析
    - 做出表格，三个品牌间进行比较【需要购买竞品进行实物对比以及使用心得评价】
      - （1）人群定位
      - （2）价格
        - A：最标准促销价格
        - B：小促价格
        - S：最低的、惊喜价格【618、1111】
        - 市场定价
      - （3）竞品优缺点
      - （4）爆款产品
        - 分析成功的原因，跟踪其促销活动
        - 观察店铺销量
        - 产品销售主要渠道
  - 既有店铺+天猫平台分析
    - （1）分析时间拉长到2年
    - （2）高峰和低谷的原因【与店长进行交流】
    - （3）活动分析
    - （4）对会员的行为进行分析
    - （5）关键词投放
    - （6）爆款价格分析
  - 价格分析+风险
    - （1）价格区间
    - （2）爆款价格
    - （3）利润款、引流
    - （4）心理接受价格、促销方案
  - 产品+财务成本分析
    - （1）拉出3～4款爆款，针对爆款进行研究【双效气垫、眼唇卸妆、遮瑕、化妆棉】
    - （2）推广及展示的方法
    - （3）对竞争产品进行分析
    - （4）价格分析、利润分析
    - （5）包装的改变方向
    - （6）解决方案的时间表、成本
  - 市场调研+市场环境分析
    - （1）市场资料搜集，孟总会给资料入口
    - （2）把爆款定义出来（爆款包括:双效气垫、眼唇卸妆、遮瑕、化妆棉），分析爆款的品类趋势，例如：气垫的走势
    - （3）推广渠道、形式，搜集的资料要具有时效性，比如：通过公众号、化妆品协会官网等，抓住彩妆目前的爆款，或者利用天猫排名来分析气垫爆款
    - （4）问卷调查如果需要奖励的话，要进行沟通
  - 总结
    - （1）每次会议都需要做会议记录
    - （2）选出了爆款【双效气垫、眼唇卸妆、遮瑕、化妆棉】
    - （3）接下来的研究任务：①如何进行推广？我们的卖点在哪里？②我们的爆款应该怎么做？比如包装、价格
    - （4）组长去拿到产品分给大家

图4-35　项目小组的企业组会

数字化促职业：鼓励学生通过网络学习各种知识和技能，参加在线课程和研讨会，提高自己的职业素养和能力。同时，教学团队根据人才测评的结果，提供简历撰写、面试技巧、团队训练、一对一咨询等全方面的精准指导，为人才招聘和招聘过程的问题解决提供了更加高效与精准的工具和训练，教学团队深挖校友资源，通过校友社群发布学生信息，并沟通企业需求进行简历匹配和面试评估，如图 4-36 ～图 4-38 所示。

☆**项目哪些方面与我们现有课程内容相结合，本课程收获如何**

在完成市场分析白皮书阶段，我们将任务分成了以下几个部分，市场调研、市场环境分析、产品分析、竞品分析、天猫旗舰店店铺分析、目标客户分析、价格分析。这些部分的内容是与我们的课程内容相结合的，我们也运用自身所学的专业课知识成功完成了这些任务

课程收获：在这次实践中，我们团队将协作能力发挥得淋漓尽致，分工完成合作，每一步都脚踏实地，通过这次课程，让我们真正走到企业中去，从想象走到现实，切实体会到企业工作的复杂，从而使我们收获良多

①通过直接参与企业的营销运作过程，学到了实践知识，同时进一步加深了对理论知识的理解，使理论与实践知识真正结合，圆满地完成了教学课程的实践任务

②提高了实际工作能力，为就业和将来的工作取得了一些宝贵的实践经验

③在实习单位受到领导的认可，促进就业

④为毕业论文的撰写和设计积累了大量的素材和资料

图4-36　项目促职业思考1

☆**课程收获**

①项目完成过程中小组成员相互间在沟通、合作方面遇到的困难以及如何解决

由于我们小组长期合作的关系，项目实施过程中各取所长，密切配合，积极讨论需要解决的问题，大家一起出谋划策

②在与企业（包括企业导师）沟通合作方面的困难以及解决方式方法

线上沟通提出问题与得到回复之间有时存在时滞，在沟通过程中应尽量将问题表述清楚，如果遇到问题需要请示，不仅仅要提出问题本身，还应该分析原因，提出可能的解决方案

③项目哪些方面与我们现有课程内容相结合，本课程收获如何

本节课给我们的收获很大，我们经历了从发出合作邀请到解决企业与商家的疑惑，最终达成合作协议的全过程，海报的精准发放以及线上引流和科学的运营社群使得我们小组取得不错的产品销售成绩。值得一提的是，我们做的所有事前准备，包括准备了PPT介绍媒球球步数换权益，向店家发出邀请；确定活动产品前算好了价格再做产品组合，即一个人正常走的步数再加上多少个人贡献的步数达到目标是有可能实现的；产品上架我们先自己操作一遍了解全过程等。不管是在工作中还是学习中，都有全面系统的思考，做充足的准备。企业经营案例分析课为我们模拟了一个实战环境，是很有意义的实践课程

图4-37　项目促职业思考2

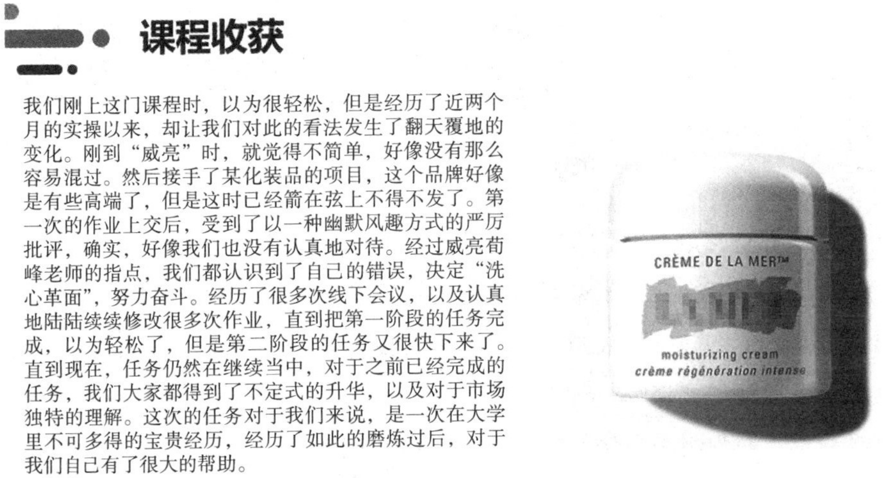

图4-38　项目促职业思考3

4.3.3　成果评估与学习效果分析

4.3.3.1　该成果的主要特色及改革的创新点

（1）成果的主要特色。

利用数字技术构建教与学的互动环境，融合真实企业问题的实践，培养学生的创新创业思维、团队合作精神和解决复杂问题的高阶能力，特别是通过校企联合，跨专业、年级、院系、院校合作，拓展学生视野，激发干事创业的动力，培养内生创业人才，促进职业发展。

（2）改革的创新点。

①项目实战性强，有效塑造内创业能力。师生团队以企业内创业团队身份进入项目，参与企业真实项目的市场运营过程，由企业项目负责人全程指导，课程组教师鼎力支持，根据企业任务，承担计划运营、市场营销、客户沟通交流、数据分析等方面的具体任务，体验真实工作环境，解决市场真问题。建立线上线下相结合的混合式课堂，运用 VR 等技术模拟真实商业场景；建立虚拟企业平台，学生在其中进行产品设计、市场运营等实践，如图 4-39 所示。

图4-39　课程项目实施过程

②**跨界交叉融合，切实提升职业综合素养。**师生走出教室，走进企业，用专业知识服务企业高质量发展。紧密联系职业需求，培养学生的专业能力和职业素养。突破空间限制，将更广阔的商业实践活动引入课程，将企业真实的运营项目贯穿课程全流程教学，多元化的校企教学团队融入教学、管理和评价，从教学组织设计、教学内容、教学手段等方面实施全流程的项目教学实战，促使学生严格按照企业真实项目的设计流程与标准执行，学生在实践中具备了提升专业技能、产品开发、市场运作等能力，增强了内创业精神和创新的内驱力与自信，同时也为企业提供了招聘和培养人才的机会，促进高校和企业的互利合作。

③**数字化应用，促进高效学习与合作。**共享文档、云空间、项目社群的创建使成员间轻松地访问和共享课程材料、教学资源、研究成果等，避免了重复劳动和浪费资源。学生可以通过网络课程系统获得高质量的教育资源，学习更加灵活和便捷，数字化技术方便跨校多边合作，在线讨论、虚拟实验、游戏化学习等提高学生的学习兴趣和参与度。

4.3.3.2　应用情况

（1）专家认可度高，取得系列国家级标志性成果。

专家认可度高，取得系列国家级成果。围绕专创融合的长效机制，以数字化和生态化推进一流本科教育高质量发展："创业管理基础"2018 年获国家精品在线开放课程、2020 年获国家一流课程；2021 年获首届全国高校教学创新大赛一等奖，"创业管理基础"慕课入选"学习强国"；2023 年课程入选全国 MBA 在线教育平台、教育部研究生"拓金计划"和国家智慧教育平台，工商管理获国家级一流专业；"创业营销"教学团队 2021 年获教学创新大赛一等奖、优秀基层组织，2023 年获评为国家一流本科课程。

（2）学生覆盖面广，学生和企业认同率高，人才培养效果明显。

“创业管理基础”“创业营销”“生涯管理”3门慕课的选修人数在全国共60余万人，同时作为本校任选课，涵盖所有专业，学习完成率达95.5%，学生评教平均99.5分，获教育部产学合作协同育人项目一等奖、2018教学成果一等奖、2018教学名师奖。设计“做小事，成大事”和“我来当”实训项目，引导学生深度实践，鼓励其结合各自专业，进行产品开发、市场推广、商业模式打磨与融资路演。建立多个社群，对学生的分组讨论、微创新活动和实践项目进行动态指导。

该教学模式通过提高职业素养、增强职业适应能力、提供职业导向和增加职业机会等，为学生的职业发展提供了更为全面和实用的支持，学生获得感高。为学生提供初创企业孵化器、企业内创业平台，企业提供导师辅导及项目资助，鼓励并支持他们进行创新创业实践。该模式既满足了学生的创新创业热情，也为活动的持续开展提供了资源保障。高校与企业达成战略合作伙伴关系，共同推进内生创业人才培养，使教育内容和形式更契合职业发展需求。

跨界合作，重塑创业育人模式。以“教学相长”和“生涯唤醒”两大教学理念引领，强化创业通识和“创业促职业”能力；通过融合式的混合教学，优化教学过程，重构教学内容，促进跨界合作与多元互动。目前全国920所高校50多万名本科生选学我校创业慕课，激发了校园创业精神，形成学习共同体和企业内创业人才培养模式，示范和推广效果明显。教学团队指导的大学生创新创业项目50余项，各类创新创业比赛项目70余项，指导学生成功开启创业作为职业的典型20多个团队。典型学生创业：2012级学生王同学，2016年自主创业成立笑猫科技，专注为企业提供“内容获客”解决方案，依托在新媒体平台的运营经验、技术、资源优势，赋能到互联网化程度低的行业；帮助合作伙伴成长，与其一起为客户提供最佳的产品及服务体验。通过“内容获客”+“合作交付”模式、帮助合作伙伴在细分业务领域成长成TOP品牌。2022年境外运营中心成立，国内运营布局12个城市。目前已成长为团建行业全网获客TOP1的企业。

4.4 AIGC 赋能新商科课程建设

在数字化浪潮的推动下，人工智能（AI）已成为第四次工业革命的核心，极大地推动了社会生产力的发展。在教育领域，技术带来的社会结构和人才需求的变革将直接促进教育体系的重塑：先是影响教育体系的培养目标，而后影响教学、学习和教学管理等培养方式。具体到以生成式人工智能为重要代表的技术融合上，重复的知识生产工作将被代替，未来人才需要更加突出人类自身的独特之处（Lozano A，Fontao C，2023）。根据世界经济论坛发布的《未来就业报告 2023》显示，未来 5 年内，人工智能、商业智能分析师、数据科学等大数据相关职位的需求增长最快，且创造性思维、技术素养、好奇心和学习能力等通识素养是最需要培养的技能。2023 年，艾瑞咨询发布的 AIGC+ 教育行业报告指出，AIGC 技术的出现迫使人们重新思考当代教育框架的问题：在对 AIGC 技术应用进行定义和规范的前提下，教育系统可以让什么样的教学主体、通过什么样的方式、培养出什么样的人才，才能够适应这个被绑在技术战车上快速向前且不知奔向何方的世界。

智能时代背景下，传统的技能已无法满足社会需求，学科壁垒不断消融，跨专业人才需求紧俏。人工智能正在推动教育范式、场景、对象和技术等的系统性创新，如图 4-40 所示。祝智庭、戴岭（2023）研究提出通过教育培育新生代的大学生具有人机共生思维与较强的 AI 渗透技能，有助于破除原有思维惯性，具备创新性问题解决的能力。吴南中、夏海鹰（2019），贾同、顾小清（2021）等分别探究了信息技术、数据技术重塑教育形态的内容与实现路径。随着商业世界变得越来越复杂和动态，对能够将其知识应用于现实世界和实际环境的毕业生的需求越来越大（Christensen & Eyring，2011）。新商科需要关注跨界融合和创新，强调与新技术相结合，强调体验式学习、解决问题以及软技能的发展，如沟通、协作和批判性思维，通过产教融合和科教融合，培养适应现代商业环境需求的复合型、创新型人才。

面对这一时代背景，探讨如何将 AIGC 技术与产教融合应用于新商科课程的模式构建与教育教学实践，已成为教育改革的重要课题之一。

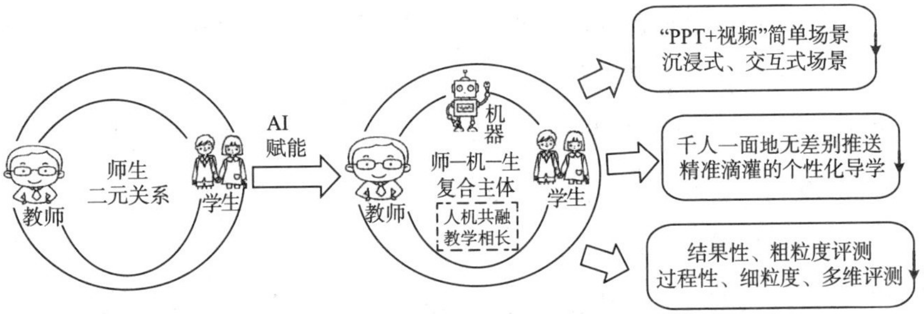

图4-40　人工智能推动教育的系统性创新

4.4.1　案例背景与课程设计理念

教育部高等教育司于 2018 年提出《人工智能引领高等教育数字化创新发展》，鼓励探索“人工智能 +X”的人才培养模式，推动人工智能等信息技术与教育教学深度融合，打造一批智慧课程、“人工智能 +X”课程群，选树一批人工智能赋能高等教育典型案例，提升师生人工智能素养，构建虚实融合、“师—生—机”三元交互的教学新范式。

2023 世界数字教育大会主题报告中有专家提出推动数字教育应用、共享、创新，实施人工智能赋能行动，促进智能技术与教育教学、科学研究、社会的深度融合。推动以智助学、以智助教、以智助管、以智助研，加强人工智能与数字伦理研究，积极引导智能技术合理应用，让技术进步造福师生。

（1）国内外关于新商科智慧课程的研究与实践概况。

智慧课程是以培养创新型人才为目标，体现数智赋能思维，应用数字化、网络化、智能化等技术对教学内容进行组织和表征开展价值引领、成果导向、问题解决的场景化教学活动，并展开教学过程记录和效果循证评价的一种新形态课程。

谢幼如、李成军等（2023）总结了智慧课程的五大特征：①课程目标：指向国家培育和发展新质生产力所需的创新型人才为价值导向；②课程内容，具有高阶性、创新性、挑战性的教学内容；③课程实施：体现“师—生—机”三元结构的协同创新教学活动；④课程评价，实现“教—学—评”一致的诊改增值教学评价；⑤课程形态：利用数字化、网络化、智能化等技术赋能，具有智慧的教学功能。

2023 年 4 月，教育部公布国内首批 18 个“人工智能 + 高等教育”应用场景典型案例，并表示，这些案例在人工智能技术应用上具有代表性、前瞻性且能够产生积极影响。纵观 18 个典型案例，有基于大模型训练人工智能助教的，有做新型实验室用于学生训练的，有的应用于教学垂直细分场景，如编程、物理、传统文化、口语训练等，有的赋能课前、课中、课后整个教学流程，有的切入评测、学业预警等。可见，高等教育已经在方方面面应用人工智能。

在国际领域，教育与产业的融合已被视为培养适应现代职场挑战的关键途径。例如，德勤（Deloitte）公司 2018 年的调查显示，虽然商业和技术领导者对人工智能的潜力感到兴奋，但对解决相关人才问题的高度准备不足，凸显了教育与产业界合作的紧迫性。报告还提出雇佣和培训高能力人工智能专家的需求持续存在。拥有这种对人工智能 / 认知技术的承诺的公司，很可能在很长一段时间内都将面临技能缺口。此外，国外研究强调个性化学习体验的重要性，如通过人工智能驱动的适应性学习系统，以满足不同学生的学习需求。产业—大学合作在确保商业课程的相关性和实用性方面发挥关键作用。有效的知识转移大大缩小了学术研究与产业需求之间的差距。合作促进了产业见解、真实案例研究和实践经验的整合，使课程内容更好地准备学生应对职业生涯中的挑战和机遇（Vick，Robertson）。AI 驱动的教学创新，将 AI 整合到商业教育中有可能彻底改变教学方法并增强学习体验。AI 驱动的技术如增强现实（AR）和虚拟现实（VR）可以创建沉浸式和互动式的学习环境，使复杂的商业概念更易于理解和吸引人（Kurdi G, et al，2020）。此外，AI 赋能的自适应学习系统可以根据个别学生的需求和学习风格制定个性化教育内容和交付方式。对人工智能在教育中的现状和未来发展的总结。探讨 AI 技术在个性化教育、自动化评估和适应性教学方面的应用，AI 对于教育改革的潜在影响，人工智能在教育领域的应用，以及 AI 技术在个性化学习、教学辅助、学习分析和学习评估等方面的应用和其在提升学习效果和教学效果方面的潜力，这些研究为 AI 赋能的新商科课程提供了理论基础和实践指导。

AI 赋能方面，国内外研究普遍认为人工智能技术能够显著提升教育的个性化和互动性。例如，通过 AI 虚拟助手和聊天机器人提供实时支持，以及利用虚拟现实和增强现实技术创造沉浸式学习体验。国内研究在此基础上，进一步探讨了 AI 在教学评估和反馈中的应用，如智能评分系统的开发，以及 AI 工具在促进学生协作中的作用。AI 赋能的商业分析和决策：将 AI 整合到商业课程中可以使学生具备利用 AI 赋能的商业分析和决策工具的技能与知识。AI 可以推动创新，提高效率，并创造新的商业机会（Rao，Selvamani）。通过将 AI 驱动的数据分析、预测建模和自动化纳入课程内容，高校可以更好地准备学生在 AI 驱动的商业世界导航并做出数据驱动决策。开发 AI 赋能的商业课程通常需要商业学院、计算机科学系和产业合作伙伴之间的跨学科合作。这种专业知识的交叉可以促进课程设计和交付的创新方法，将商业智慧与前沿的 AI 技术相结合。这种合作还可以促进知识和最佳实践的交流，推动 AI 整合商业教育的持续改进。随着 AI 被广泛地整合到商业实践中，解决伦理考量并促进 AI 技术的负责任开发和部署至关重要。产业—大学合作可以在 AI 赋能的商业课程中整合伦理框架、公平、透明和问责原则方面发挥重要作用。通过培养对 AI 社会影响的深刻理解，这些合作可以塑造未来的商业领袖，使他们优先考虑伦理和负责任的 AI 采用。

张鹏、汪旸、尚俊杰（2023）总结出生成式人工智能的三层教育价值，如图 4-41 所示。三层教育价值层层递进，首先作为工具促进教学变革，然后与其他技术融合重塑教育体系，最终助力回归教育本质。

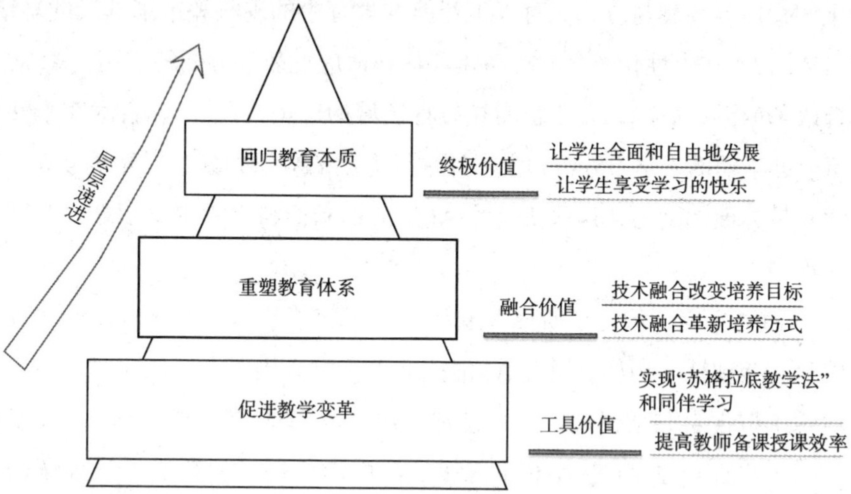

图4-41 生成式人工智能的三层教育价值

国内研究在数智化赋能新商科课程模式构建方面取得了一些进展。国内学者提出了产教融合的三个层级：融入、融通、融合，强调了高校与行业需求对接的重要性。同时，国内高校在新商科课程建设中，开始注重跨学科课程的设计，如结合大数据、人工智能等新技术与传统商科教育的融合。AIGC技术可以辅助教师进行教学计划制订、课程内容设计和课件制作，更快地筛选和整合教学资源。通过学科交叉设置新课程、新专业、新方向，AIGC有助于高等教育培养紧缺人才。同时，AIGC还可以赋能个性化学习，实现大规模因材施教。AIGC技术的介入被看作传统教学形态向“师—生—机”模式转型的契机。AIGC能够通过补充教师资源、实现大规模个性化教学和减轻教师机械劳动，为教学创新提供支持。此外，AIGC的问答式交互、无须下载和配置等特性，使AI技术的使用门槛大大降低，AI技术走向平权化。

AIGC技术正在重塑新商科教育的课程建设和教学方式，为教育创新带来新的机遇，但也面临一些挑战。AIGC技术在精准度和价值观偏见可能产生的误导、学生长期使用AIGC可能导致的技术依赖以及利用AIGC作弊给评价工作带来的压力等方面，引发了教育界的广泛关注和讨论。同时，AIGC技术具有显著的资源密集和依赖特点，如何防止强势资源的相互吸引和马太效应的加剧，也是教育界需要共同面对的问题。

总体来看，国内外研究在新商科课程模式构建与实践方面均取得了积极进展，但仍面临课程内容更新滞后、数智化的教学手段和方法不足、产教融合不够等挑战。另外，现有研究多集中于宏观层面，对微观层面的产教融合模式和 AI 赋能课程内容、教学方法的创新与应用探讨尚显不足。未来的研究需要在跨学科教育、产教融合深度、AI 技术应用等方面进行更深入的探索，以培养适应数字经济需求的复合型、创新型商科人才。

（2）数智赋能商科系列课程的意义。

在 AIGC 技术快速发展的当下，教育领域尤其是商科教育面临重大的转型机遇与挑战。AIGC 不仅改变了信息的处理和传播方式，也重新定义了知识和技能的学习路径。数智赋能商科系列课程旨在深入探讨如何利用 AIGC 技术优化商科教育的课程建设，赋能高质量课堂教学，以培养能够适应未来社会变革的高素质人才。

①理论意义。

丰富新商科教育理论。新商科教育理论是近年来兴起的一个新的研究领域。本书从产教融合和 AI 赋能的角度出发，探索新商科课程构建的创新路径，有助于丰富和发展新商科教育理论。

探索新的教学模式。AIGC 技术的应用促进了教学模式从传统的面对面授课向更加个性化、智能化转变。AIGC 技术通过智能教学助手、虚拟实验室等工具，可以实现更高效和动态的学习体验，这为高质量课堂教学模式提供了新的视角和研究方向。

推动评价方式的多元化。传统的评价体系多依赖于笔试和考试成绩，而 AIGC 技术可以提供更全面的学生表现分析，包括学习行为、互动参与度及创新能力等，推动评价方式向过程性和综合性发展。

②现实意义。

培养适应数字经济需求的复合型人才。随着社会对创新能力和复杂问题解决能力的需求的增长，商科教育需要跳出传统框架，培养学生的跨学科知识整合能力和实际操作能力，AIGC 技术为此提供了有效的工具和方法。

提高教育质量与效率。AIGC 技术可以自动化地实现许多教学和管理任务，减轻教师负担，让他们有更多时间关注学生的个性化需求，同时提高教学资源的利用效率。

（3）研究价值。

AIGC 技术在教育领域的应用不仅重新定义了教学内容的呈现方式，也给课程设计和课堂教学方法带来了新的挑战和机遇。通过 AIGC 在新商科教育中的应用，构建符合产教融合需求、AI 赋能的课程模式，并开展相应的课堂教学实践研究，在当前 AIGC 快速发展的背景下，本书的研究价值主要体现在以下三个方面：

新商科教育理论与实践的拓展。通过产教融合和 AI 技术的应用，探索传统教学模式向数字化、个性化、智能化方向转变，丰富新商科教育的新视角、内涵及实践案例，为教育工作者和政策制定者提供数字化转型的策略和路径参考。

促进产教融合，提高教育质量。通过构建与产业需求紧密结合的课程体系和教学模式，从而提升教育的针对性和实效性，培养符合市场需求的复合型人才。

探索 AIGC 技术的多层次教育价值。本书从工具价值、体系价值和本质价值三个层面深入研究 AIGC 技术在教育中的应用，为教育界提供全面而深入的指导，促进课程教学的创新。

4.4.2 实践分析：新商科课程建设的过程

（1）解决的主要问题。

①学术、技术与艺术融合的课程设计。探索如何将 AIGC 技术有效地融入新商科教育的课程设计中，使其成为提升教学效果与教育品质的关键工具，如图 4-42 所示。“学术”代表扎实的专业知识，“技术”表示熟练使用信息与智能设备和资源，“艺术”意味着数智化的教学设计和科学的课程组织。具体任务包括选择合适的 AIGC 技术、明确应用范畴及发展策略，确保技术和商业知识的高效结合，以培养学生的技术应用能力和商科专业能力。

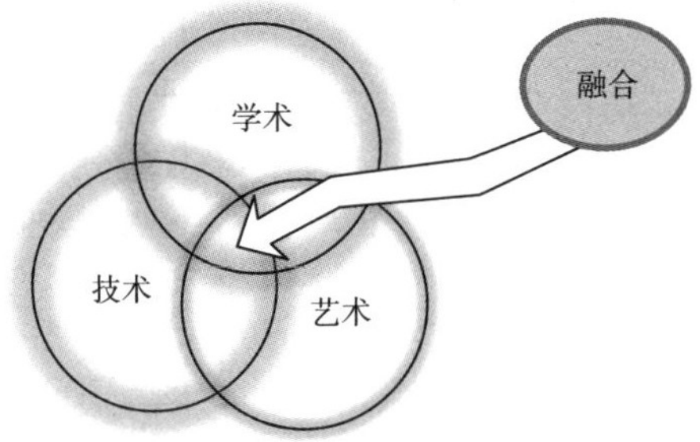

图4-42 学术、技术与艺术融合的课程理念

②课程内容的革新与升级。顺应数字经济时代的趋势，注重顶层设计，从六个维度对商科人才培养体系进行系统性重构，如图 4-43 所示，设计并实施能够体现行业需求、科技进步和管理实务的新商科课程架构，形成商科智慧课程建设的框架，如图 4-44 所示。此项任务需要对现有的商科课程进行系统性评估、革新和优化，确保课程内容与行业标准同步更新。

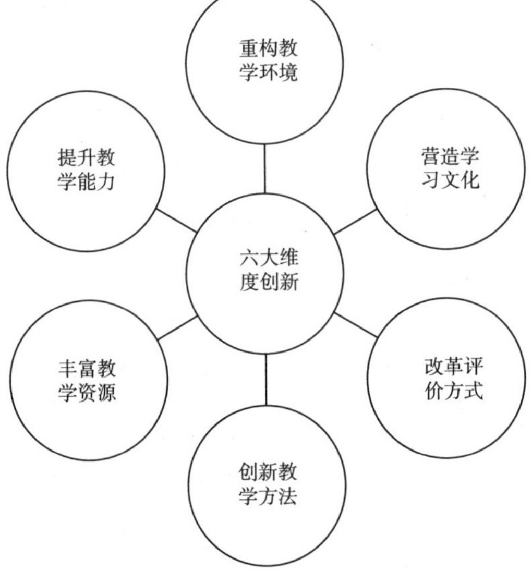

图4-43 商科人才培养体系重构的六个维度

知识组织 图谱化	内容表征 富媒体化	交互活动 智能化	测试评价 实时化	导学助学 个性化
•文本、图片 •音频、视频 •游戏、习题 •AR、VR •……	•知识网络可视 •知识跨界整合 •知识动态更新 •……	•智能检索 •智能问答 •仿真互动 •在线协作 •……	•学习者画像 •诊断性评价 •形成性评价 •终结性评价 •增值性评价 •……	•资源推送 •路径规划 •策略选择 •智能问答 •……

图4-44　智慧课程建设框架

③教学方法的创新。探索和开发与AIGC技术相适应的教学方法，如利用生成式人工智能进行案例研究、模拟商业环境等，以提升教学的互动性和实时反馈。运用AIGC技术的前沿教学策略与模式，如定制化学习路径、智能辅助教学系统、虚拟仿真实验等，旨在激发学生的批判性思维、解决问题的能力与创新精神。

④实践教学的深化。建立校企合作和产学研相结合机制，构建符合产教融合理念的实践教学体系，通过校企合作模式、共建实践基地、实验室建设及项目驱动学习等方式，确保学生通过亲身实践应对真实商业环境中的问题。确保教学内容与企业最新需求同步，提高学生的实际工作适应性和创新能力。加强高校与企业的深度融合，实现资源共享、优势互补，共同开发符合市场需求的课程和实训项目，为学生提供更多实践机会，为企业培养更多优秀人才。

⑤教育评价体系的革新。打造多元、动态、综合的评价体系，利用AIGC技术对学习过程及成果执行全面测评，重视培育与衡量学生的创新能力、团队协作和批判性思维等一系列非智力因素。

通过对这些关键问题的探索与实践，本书期望推动新商科教育的发展，培养出既具备专业知识又能够适应未来社会变革的复合型人才，并促进课程建设与数字技术的深度融合，为教学创新提供理论与实践支撑。

（2）课程建设的主要内容。

整合AIGC技术，重构新商科课程。在新商科课程“AIGC赋能教学”

设计方案中，人工智能技术以教学帮手、学习助手进入教学中，成为继知识、实践教师之后的又一个知识传授要素，发挥其特有的教学价值。分析当前 AIGC 技术的发展现状和未来趋势，如图 4-45 所示。研究 AIGC 技术在教育领域的应用场景和最佳实践，探索 AIGC 技术与新商科教育融合的模式和路径。

图4-45 智慧课程中的智慧工具与功能

充分利用学生的学习行为数据，精确调整 AI 助教的功能，构建课程社区。将“AI 助教”引入课程教学平台，为课程构建一个群体学习的社区环境。在课程社区平台引入 AI 助教答疑、资料查找、语音指令等多模态交互学习功能，鼓励学生在群体学习环境中提问、互动交流。一方面，通过与 AI 助教的智能交互，学生可以利用平台主动学习和持续学习，提高个体学习效率；另一方面，在人机共生的群体学习课程社区，相互借鉴、相互启发，加强对所学内容的理解以及知识体系的建构。

革新课程内容，打造高质量课堂。调研数字经济时代对商科人才的需求，确定课程体系构建的方向，分析现有课程体系存在的问题，提出优化和调整方案，如图 4-46 所示。AIGC 就像一位高级的领域专家，能够提供实时的信息和建议，帮助教师更有效地实施教学，如自动化生成教学案例、商业计划书及市场分析报告，提高课程内容的实时性和实用性，设计包含新兴技术、前沿理论和实践技能的课程模块，同时为学生提供个性化的学习指导和支持，甚至能够根据学生的反馈和学习进度调整教学策略。

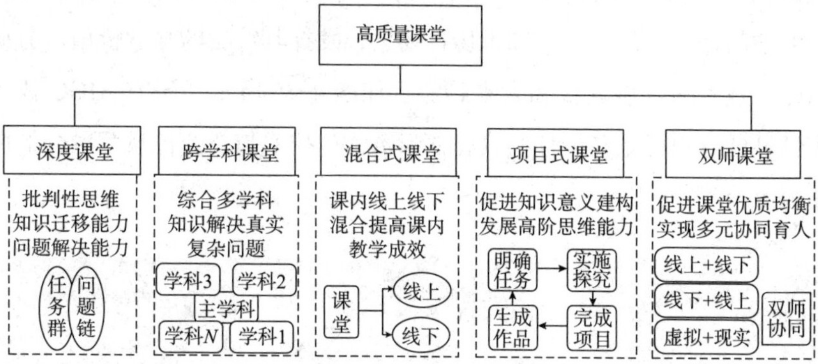

图4-46　AIGC赋能的高质量课堂设计框架

创新教学方法。引入 AI 要素的教学互动模式，从“教师—学生”二元模式进阶到“教师—学生—AI 助教”双师模式，如图 4-47 所示，明确人与机器的分工和协作机制，提升人机协同学习能力。以 AIGC 为代表的人工智能技术降低了初学者的入门门槛，提高了技能应用效率和创造水平，激发了学习者的想象力。将 AIGC 技术引入每个学生的学习工作流中，为学习者设计一个直观高效的人机共生体验环境。利用 AIGC 工具对大量的商业数据进行分析，提取有价值的商业洞察和趋势预测，增强学生的数据敏感性和分析能力。运用基于 AIGC 技术的个性化学习系统，实现学生学习路径的定制化，借助智能辅导系统，提供实时反馈和学习支持。

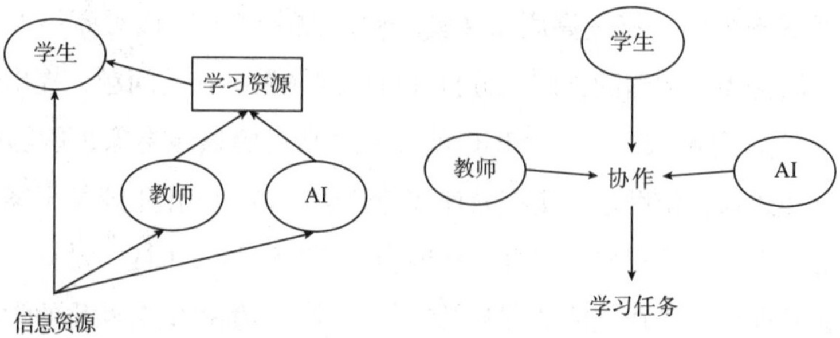

图4-47　AI赋能的“双师”教学设计

AI 赋能课程教学设计，使教学更加高效、个性化，适应多元化需求。生成式人工智能技术自动生成内容的能力，体现在理论教学设计中内容的创造效率和个性化，以及在知识传递中的多样性和互动性。AI 不仅能助力教师的内容创作，提高课程更新率，还能根据学生的学习习惯、知识水平和兴趣，生成定制化的学习材料和资源，提供个性化的学习路径。

通过浸润在人机协同学习的课程社区环境，学生获得了基础层次的人机共生能力；让学生在人机交互中学习；在学习中反思提升。学生与“快问快答 AI 助教”互动交流；基于 AI 助教具有理解和生成自然语言文本的功能，能快速互动交流；降低由于大量技术术语给学习者带来的学习认知负荷，提高答疑互动效率。通过及时互动的学习方式，增强了学生对课程社区的黏度，提高了学生的学习频率。通过收集、分析和标注互动过程中学生的学习行为数据，进一步对 AI 助教背后的算法模型进行训练和微调；在通用模型的基础上，基于特定课程的学习行为数据，进一步训练和微调 AI 助教。随着数据的积累和模型的迭代，AI 助教将更加了解学生的学习习惯和思维模式，将一个通用的 AI 助教转变为符合课程需求的定制化 AI 助教，使其更加适应课程的特定需求，从而提高教学质量和学生的学习获得感。

强化实践教学，打造商科专业实战能力。将 AIGC 技术应用于真实的商业环境，供学生进行经营和决策，培养基于 AIGC 赋能的数字化层面的“商科专业技能”，如图 4-48 所示。提升学生的实战经验和问题解决能力。设计项目驱动的学习模块，让学生参与真实项目的策划和实施。

改革课程评价体系。构建基于 AIGC 技术的学习过程和成果评价体系，实时跟踪学生的学习进度和理解情况，为教师提供教学调整的依据，提高教学的精准性和有效性，实现全面、客观的评估。引入非智力因素的评价指标，如创新能力、团队协作精神、领导力等。设计评价体系的应用框架和操作流程，确保评价的公正性和有效性。

在数字化时代，新商科教育经历了从基础商业知识的传授到信息技术的应用，再到对复杂的市场问题的解决能力培养等多个发展阶段。这一系列的演变不仅映射出商科教育对时代变迁和技术突破的响应，更凸显了现代商科教育在培育具备深厚知识理解、批判性思维、创新精神以及终身学习技能的学生方面所面对的挑战与需求。

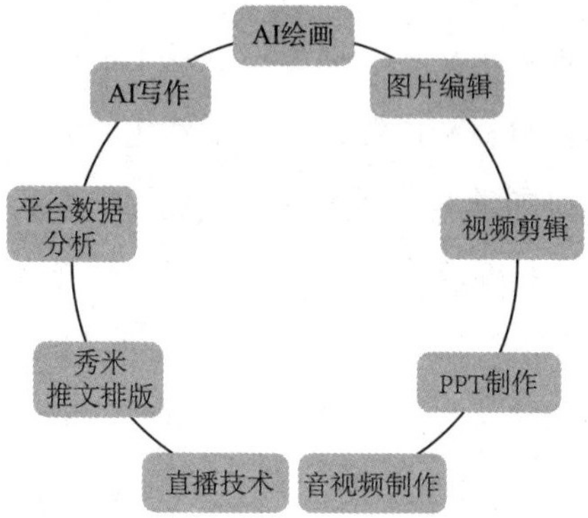

图4-48　基于AIGC赋能的数字化层面的“商科专业技能”

AIGC 技术融入新商科课程中不仅体现在关注教学效率与质量层面，重要的是，它将在激发学生的学习热情和创新能力上有更多探索。通过将人工智能技术融入课程教学设计和实践中，新商科课程的典型实践案例展示了教育工作者在迎接 AI 技术挑战时角色的转变——从传统的知识传递者转变为学习的引导者和经验的塑造者。此外，“教师 +AI 助教”这一协作教学模式为学生营造了更加个性化和互动性的学习氛围，这不仅促进了学生的主动求知，还极大提升了学习过程的趣味性和有效性。

从研究价值的视角来看，深入探讨 AIGC 赋能新商科课程的实践对于理解并掌握人工智能技术在教育领域的应用与未来发展潜力具有重要意义。更为关键的是，它为教育研究者及实践者提供了一个宝贵的契机，重新审视并塑造适应未来需求的教育形态。这样的探索和实践，要求教育工作者不断更新教育理念与方法，同时构筑一个能够不断适应技术进步和社会需求的灵活、开放的教育体系。

AIGC 赋能新商科课程的实践是教育技术融合的必然趋势，在推动教育创新、完善教学策略、提高学习成效方面拥有不可忽视的理论及实践价值。面对 AI 技术带来的挑战与机遇，教师必须积极探索并适应这些变化，以促进师生共同成长，迈向数字化教育教学的新时代。本书将为新商科教育的发展提供理论参考和实践范例，推动教育模式的创新和人才培养的优化，促进教育领域与数字技术的深度融合，为教育改革和创新发展贡献力量。

（3）课程建设新思路、方法。

①建设思路。

本书致力于探索 AIGC 技术在新商科教育领域的深度融合与创新实践。通过精心筛选与商科教育兼容的 AIGC 技术平台，构建一个动态、响应市场需求的课程体系，实现教学内容的实时更新与个性化指导。

在教学方法上，课题研究将突破传统模式，引入智能辅助教学系统、项目驱动学习等创新策略，旨在提升学生的实践操作能力和沉浸式学习体验。同时，课题研究强调校企合作与实践基地建设，以确保教学内容与行业实际紧密衔接，增强课程的应用价值。课题通过多元化评价机制和非智力因素的全面评估，为学牛提供动态反馈，促进其全面发展。此外，课题研究还关注教师角色的转变与能力提升，通过参与专业培训与社区共享，鼓励团队教师成为学习的引导者、体验的设计者和问题解决的合作者。整合 AIGC 技术赋能课程建设与课堂教学，推动新商科教育的课程内容创新、教学方法革新、实践教学深化、评价体系完善以及教师角色重塑，培养能够适应并引领数字经济发展的复合型创新人才。

通过大语言模型和知识图谱等 AI 工具，将 AIGC 技术贯穿于课程教学和管理全过程，形成 AI 助课、AI 助教、AI 助学、AI 助评等“**AI+**”**形式**，研究其有效性、适应性，力争让**学生更加主动地学**，让**教师更加创造性地教**，如图 4-49 所示。同时，探索灵活多样，自适应学习、增强现实和虚拟现实等 AIGC 技术支持的新型学习方式，论证新技术在提高学习趣味性和效率方面的应用价值，探索新时代学习方式的变革。

本书提供对 AIGC 技术在商科教育中应用全过程，深入实际案例，通过访谈、观察和问卷调查收集详细数据，了解 AIGC 在实际教学中如何被应用，哪些做法有效，哪些挑战需要克服。在真实教学环境中实施 AIGC 技术，设置实验组和对照组进行对比实验，以科学的方法验证 AIGC 技术的教

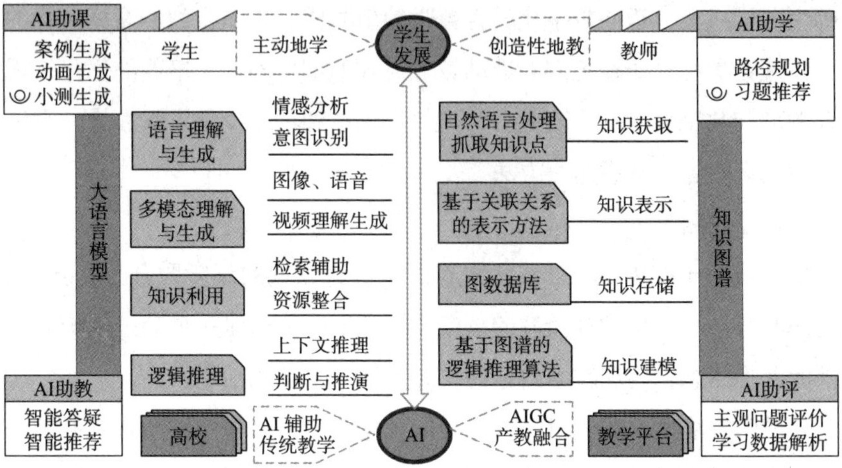

图4-49　AIGC赋能商科课程建设框架

学效果。设计问卷和访谈提纲，从学生、教师和企业的角度收集反馈，了解他们的实际需求和对 AIGC 赋能教育的看法。运用各种数据分析工具处理研究数据，从中提取有价值的信息，支持研究结论的制定和决策的形成。教师将自己作为研究的一部分，在实践中不断调整和优化教学方法，形成适应 AIGC 技术和产教融合要求的教学模式。

②创新方法。

课程内容的动态优化。利用 AIGC 技术动态生成和更新课程内容，确保教学内容与时俱进，反映最新的市场变化和商业实践，根据行业最新形势动态调整教学案例和理论框架，使课程内容更加贴近实际，增强学习的应用价值，培养能解决真实复杂市场问题的专业能力。

教学模式的创新。探索和开发基于 AIGC 技术的混合式教学模式，将在线学习与面对面教学、个性化学习等方式相结合。借助 AIGC 技术增强校企合作的实效，共同设计并实施课程。AIGC 技术辅助教师快速将企业信息转化为教学内容，使学生能够直接接触行业前沿问题，增进学生的实战经验和解决问题的能力。注重发挥生成式人工智能在知识生成、学习互动和评估反馈等方面的优势，同时保留传统教学中的人际互动和情感交流，为学生提供更加全面、高效和灵活的学习体验。

智能评估与学习分析。利用 AI 等智能评估工具，分析学生学习行为数据，实时调整教学内容和策略，实现个性化教学，智能评估系统不仅能够提供标准化的测试评估，还能通过分析学生的学习过程数据，给出个性化的学习建议和辅导。构建结合 AI 技术的多元化、动态化、综合化评价体系，智能平台的使用有助于更准确地把握学生的学习状态，促进学生的全面发展。

通过这些创新点的实施，本书将建立一个适应未来教育需求的 AIGC 赋能的产教融合新商科课程体系，为新商科教育提供新的理论指导和实践范例。

平台基础。充分挖掘超星、智慧树、学堂在线等平台的资源。这三个平台是学校合作付费平台，教学团队一直都在使用。超星平台开发了汇雅大模型，结合实际教学应用场景，打造了包含机器阅读、视频理解、机器翻译、数字人、内容安全检测、相似度分析、AI 助教等一系列人工智能工具的 AI 工具箱，如图 4-50 所示。这些功能将为科研产业注入强大动力，并助推 AI 场景应用在更广泛的领域内实现落地，是对教育研究领域的一次全方位赋能升级，为建设智慧课程提供了强大助力。

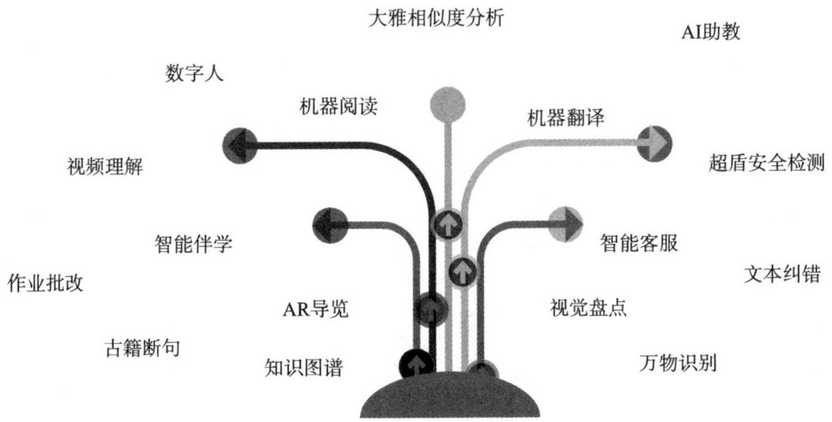

图4-50　AI工具箱

雨课堂是一款优秀的混合式教学工具，它将复杂的信息技术融入教师最熟悉的 PPT 和微信中，通过创建线上虚拟课堂，营造互动高效的学习环境，确保师生在课前预习、课堂教学与课后复习进行有效互动，从而提升学生的自主学习能力，适应学生的个性化学习需求。

以雨课堂和学堂云平台为基础的雨课堂智慧教学工具在课堂互动、课外任务布置以及教学数据分析三个主要模块的功能表现突出，雨课堂在提高教学效率和质量方面的巨大潜力，同时，教师可利用 AI 赋能创新教学方式，通过知识星云（知识图谱）系统，智能构建课程知识图谱，实现个性化教学与分析，提升师生数字素养。雨课堂便捷的考勤功能、高效的课堂互动方法以及问题汇总答疑机制等雨课堂的强大功能能够赋能课程更好的建设。最近，基于人工智能大模型技术，雨课堂还推出一键出题功能，丰富了更多的数字化应用。

同时，在这几个平台课程库中有来自全国高校优秀的慕课资源免费共享，帮助教师做翻转课堂教学或者教学资源的补充。

校外创业教育实践基地建设。团队积极对接行业相关上下游企业、电商平台、新媒体平台、时尚美业等，挖掘行业产业人才需求特点，以多门课程为抓手，利用校友资源，通过校企导师合作、企业项目组实战等形式，相继与 20 余家企业或平台合作，充分激发学生的专业技能和职业志趣，加强学习与实践的联系，深入企业现场，师生合作—生生合作共同解决企业真实问题。在探索问题解决方案的同时，充分利用教师团队录制的 3 门慕课资源（其中，2 门国家级一流本科通识课程，1 门生涯管理课程）、雨课堂内置网络营销慕课等，从知识、能力、才干、职业理念等多维度赋能学生，通过数字平台（智慧树慕课网、雨课堂智慧学习平台、学堂在线、创业基础实训平台、腾讯会议、云空间、微信社群等）实现导师与学生之间、企业与学校之间的互动交流，打破时空限制，发挥准确赋能的优势。通过 7 年多的实践摸索，培养出一批已经上岗的就业创业人才，其职场适应能力明显提高，多数学生表现出优秀的内创业能力、岗位创业精神，为企业快速发展注入活力，成效显著。

4.4.3 数智时代新商科课程教学平台与资源建设方向

在数智时代的浪潮下，新商科教育正面临前所未有的挑战与机遇。为了适应这一变革，新商科教育必须紧密结合大数据、人工智能等新兴技术的发展，对课程体系和教学内容进行深度重构与创新。这不仅是简单地引入新技术，更是将文理融合、国际化培养的理念深植于课程中，以满足国家重大战略需求为导向，培养具备全球视野和跨学科能力的商科人才。

国内众多高校已经敏锐地捕捉了这一趋势，他们通过校企合作和产教融合模式，积极探索数字化思维和多元化能力的培养路径。这种合作模式不仅为学生提供了丰富的实践机会，更让他们在真实的商业环境中学习和成长，从而更好地适应未来社会的需求。随着数智化技术的广泛应用，教育系统的整体结构和功能也在发生深刻变革。校企零代码数智平台的搭建，使模拟真实商业环境成为可能，涵盖了企业运营、电子商务等多个场景，为学生提供了更加丰富和真实的学习体验。同时，智能教育工具的研发与应用日益受到重视，它们正在推动人工智能教育生态的重构，为智能时代下的教育变革注入新的活力。

在新商科教育中，师资队伍的多样性和跨学科性是至关重要的。因此，高校需要积极招聘具有丰富经验的教师，并加强对现有教师的培训，以提升他们的专业知识水平和教学能力。只有这样，才能确保新商科教育的质量和效果。

新商科人才培养模式强调产教深度协同，通过校企合作和实习实践，让学生在真实商业环境中学习和实践。例如，高校引入高端生产性服务业企业，整合产业链、人才链、技术链、创新链，打造自适应“产学研用”生态圈。同时，智能教育工具逐渐受到关注，能够推动人工智能教育生态重构，为智能时代下的教育变革提供新的驱动力。智能学习借助人工智能使学习从模式化、标准化走向大规模的多样性、个性化。

数智时代的新商科课程教学平台与资源建设方向涵盖了课程体系创新、实验教学平台建设、数字化教育生态构建、师资队伍建设与培训、产教融合与校企合作以及智能化与自适应技术的应用等多个方面，如图 4-51 所示。这些措施旨在培养适应数字经济时代需求的创新型商科人才，推动商科教育的全面升级和转型。

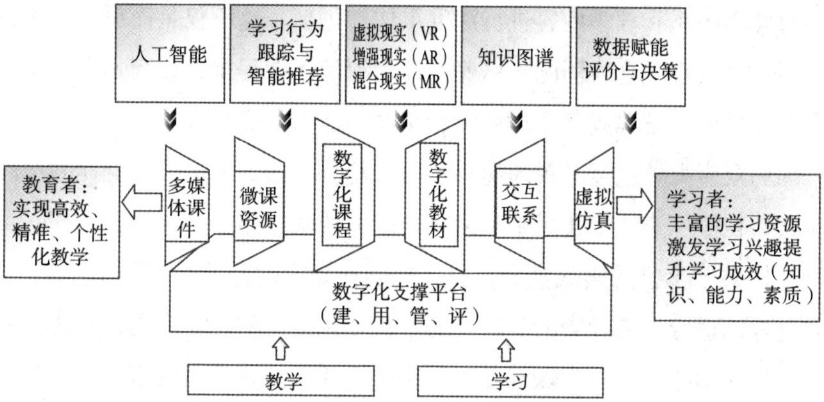

图4-51　数智时代教学资源的转变

新商科课程体系的设计必须深度融合现代新技术，以全面满足新经济时代的需求。具体而言，这要求将信息技术、人工智能、大数据分析等前沿技术有机融入商科课程中，从而构建一种综合性的跨学科教育模式，如表 4-6 所示。这种模式不仅有助于拓宽学生的知识视野，更能培养他们应对复杂商业环境的能力。同时，新商科课程体系应涵盖通识教育和专业教育两个层面，构建开放式课程（项目）学分替代制度。这种制度设计旨在打破传统学科界限，促进不同领域知识的交叉融合，为学生提供更加灵活多样的学习路径。

在新商科人才培养标准方面，应注重培养学生的跨界复合能力、创新引领能力以及数据与互联思维等关键特征。以电子商务专业为例，其培养目标不仅在于提升学生的电商核心竞争力，更要求学生能够与其他商科相关专业进行交叉学习，从而具备解决复杂问题的能力。为了适应新业态、新产业和社会发展的新形态，需要在传统商科专业的课程设计中增加更多信息技术的融合与应用，推进专业基础课程和专业核心课程的改革。这种改革旨在确保教学内容与时俱进，能够满足社会对高素质商科人才的需求。此外，新商科教育还应采用新的教学理念和方法，如线上线下相结合、人工智能助学等新业态，以及大学与企业合作、打破社会边界的新生态。这些创新的教学方式有助于提高教学效果，激发学生的学习兴趣和创造力。

表4-6　新商科课程建设的内容与行动方案

新商科建设内容	行动方案
课程体系	新商科课程体系采用模块化设计，注重跨学科、综合性、实践性和创新性的教学内容，以适应数字经济时代的需求。课程体系包括数学、计算机科学、商科、外语、哲学“五大学科素养”，并结合大数据管理与应用专业的要求进行设计。此外，还强调信息类课程的设置，如 Python 与数据挖掘、商务数据分析、区块链等技术前沿课程
人才培养	新商科人才培养强调行业导向，注重职业发展技能的培养，并对照行业规范和特色标准修订人才培养方案
教学内容	教学内容不断更新，以适应新经济时代的需求。课程内容不仅包括传统理论知识，还注重实践性教学环节，将理论与实际应用相结合。课程设置上，也强调互联网时代的发展需要，锻炼学生的思维及兴趣
教学方法	新商科教育采用多元化教学方法，如专题报告、翻转课堂、AI 平台诊断、项目化学习讨论等。此外，还强调产教融合，通过“活”案例教学模式，让学生参与企业实际管理活动的重新设计或创新性探索
师资培育	面向新商科课程主讲教师、学生工作部门管理者、学生工作辅导员，开展多层次的师资培训与咨询活动，着眼于数智化教学能力、实战项目育人能力的提升，邀请专家名师给予指导支持，为新商科“金课”建设工作提质增效
数智资源	搭建技术赋能、教学适用的课程与教材服务平台，推动新商科数字资源的常态化与规模化应用。平台应实现数字教学资源的便捷创建、汇聚展示、集中管理、高效应用和共建共享，满足教学数据统计、资源数据统计、学生台账等评价功能需求，便于管理者快速准确地掌握学校课程与教材建设和应用情况

在新商科建设的路径上，需要遵循顶层设计、过程管理和目标达成的原则。通过先易后难、以点带面的策略，推动全局发展。同时，新商科建设应构建以商科院校为核心，以众多企业为辐条的“中心轮辐”模式，深化产教

融合。新商科教育需要走综合完善之路、跨学科交叉之路、产学研共创之路以及引入新方法阐明新理论之路。例如，上海商学院设置的新商科平台课程打破了管理学、经济学、人工智能科学的知识壁垒，整合了优质教学资源。这种跨学科的课程设计有助于培养学生的综合素养和创新能力。

在实验教学方面，新商科教育需要强化顶层设计，统筹资源布局，构建实验教学协同体制机制。这种机制有助于提高实验教学效率和质量，为学生提供更加丰富和真实的实践体验。

4.5 融合元宇宙技术与企业真实问题的市场开发

通过元宇宙技术赋能混合式学习，学生不仅能够掌握理论知识，更能在虚拟情境中运用所学解决企业实际问题，提高分析问题的能力和创新能力。这种学习方式有助于缩小学校教育与企业需求之间的差距，为学生未来的职业发展奠定基础。

4.5.1 案例背景与课程设计理念

本教学案例分析的是奥克兰大学的一门商科课程。该课程为培养学生战略思维，利用现有企业信息与企业相关战略，思考企业战略与营销的相关政策，感受新科技的力量，通过使用 VR 眼镜进行人机对话，体验科技的优势与不足，思考企业产品开发的优势与不可替代性。项目小组合作探索产品过程中的市场问题、目标画像问题、产品战略问题并提出解决方案，最后向企业开发团队进行汇报与辩论，由企业和课程组共同评估团队的表现和给出课程成绩。

元宇宙是一个由多个 3D 虚拟世界组成的共享空间，融合了增强现实（AR）、虚拟现实（VR）、区块链等技术，创造出一个沉浸式的互动环境。在这个环境中，用户不仅可以进行社交、娱乐，还能开展商业活动和教育培训。奥克兰大学工商管理专业通过企业真实问题提升学生的商业应用能力。在设计解决方案之前，学生明确企业面临的真实市场困难和项目需求。

（1）企业提出的问题。

运营效率低下：生产流程中的瓶颈或资源浪费。

客户体验不佳：客户对产品或服务的反馈和满意度。

员工培训需求：新员工或现有员工在技能上的不足。

市场竞争压力：如何在激烈的市场环境中保持竞争力。

（2）企业与相关技术供应商合作探索元宇宙技术融入产品开发。

虚拟模拟与建模：使用 VR 技术创建企业运营的虚拟模型，以模拟生产线、仓库管理等场景。这种模拟可以帮助识别流程中的瓶颈并进行优化，从而提高整体运营效率。

沉浸式培训：利用元宇宙提供沉浸式培训环境，让员工在安全的虚拟环境中进行实践。例如，在产品开发中，项目团队可以通过 VR 培训进行设备操作和安全演练，从而减少实际操作中的错误和事故。

客户互动与反馈：在元宇宙中创建虚拟商店或展厅，让客户以虚拟身份参与互动。通过这种方式，企业可以获得实时反馈，了解客户需求，并根据反馈快速调整产品或服务。

（3）设计实施步骤。

为确保解决方案的有效性，学生团队遵循以下实施步骤：

需求分析：与利益相关者（如员工、客户）沟通，深入了解他们面临的问题和需求。

原型开发：基于需求分析结果，开发初步的解决方案原型，并在小范围内进行测试。

反馈收集与迭代：根据测试结果收集反馈，对原型进行迭代和优化，确保最终方案符合用户需求。

全面实施：在确保方案成熟后，进行全面实施，并制定评估指标以监测效果。

在实施后，企业评估项目组提出的解决方案，包括运营效率、客户满意度和员工技能提升等方面。通过数据分析和用户反馈，不断优化和调整策略，以适应快速变化的市场环境。通过结合元宇宙的技术优势与企业面临的真实问题，企业可以设计出创新且高效的解决方案。不仅能够提高运营效率，还能增强客户体验和员工能力，为企业在竞争激烈的市场中提供新的增长动力。

商学院通过利用现有的企业信息和相关战略，鼓励学生对企业相关政策的下一步进行批判性思考。这个过程使他们能够考虑决策的长期影响和后果，培养在商业世界中至关重要的战略思维能力。通过亲身体验，学生有机会探索新技术。在项目实践中，学生体验到使用 VR 和 ChatGPT 联合的 VR 眼镜进行人机对话的优势与不足。这种身临其境的体验使他们能够理解技术的潜在好处，如提高效率和增强客户体验，以及与技术实施相关的限制和挑战。通过积极接触技术，学生对其潜在的应用有深入的了解，并对其在商业环境中的作用有细致的认识，能够发现科技在生活和工作中的应用，从而找到自身在工作中的优势与不可替代性。

4.5.2 课程实施细节

（1）背景调查。

课程以小组合作形式开展工作，项目团队的主要任务是进行信息搜索，开展相关的竞品分析、目标用户画像及定位分析，提出产品开发创意方案、产品开发战略等。

首先，团队对新西兰 A 公司进行了广泛的信息搜索。学生团队通过线上和线下资源收集与项目紧密相关的有价值的数据，并快速对 A 企业的运营和市场形成全面认识。涉及如公司网站、年度报告、新闻文章和行业数据库。通过深入研究这些资源，团队收集有关公司历史、组织结构、产品或服务产品、财务业绩，以及任何显著成就或里程碑的信息。这一步骤是后续分析工作的基础。接下来，团队专注于市场定位分析。涉及评估公司运营的竞争格局，全面分析 A 公司的市场份额、品牌声誉、独特的销售主张、定价策略、分销渠道和整体市场竞争力等因素。通过分析这些方面，团队深入了解 A 公司在现有行业中的竞争格局，初步形成 A 公司的 SWOT 分析、PEST 分析。同时，团队进行了目标受众分析，以识别和了解公司的客户群。这个过程涉及细分市场，并确定公司以其产品或服务为目标的特定群体或人口群体，考虑了客户的需求、偏好、购买行为和决策过程等因素。通过更深入地了解目标受众，团队可以评估公司产品与客户需求之间的一致性，确定潜在的改进领域或新的市场机会。在这些分析过程中，团队多次头脑风暴，分享各自的发现和见解，并讨论对A公司产品的市场创意可能性。在讨论过程中，团队鼓励公开对话和建设性批评，让每个团队成员贡献各自独特的观点和专业认知。

在项目研究的过程中，学生基于课程的线上资源及时补充相关的专业知识，企业团队和教师团队随时反馈学生的提问，企业方能够最快地提供项目需要的必要产品数据和市场信息。

（2）确定未来方案。

在学生项目团队讨论中，团队成员对企业当前的业务模式进行全面评估，通过对企业未来发展方向及预期利润的确定，共同讨论是否应保持或调整当前的业务模式。经过慎重考虑，团队一致认为，无论从公司运营还是市场地位来看，当前的业务模式都表现良好。因此，他们建议维持目前的业务模式，以确保稳定和持续的成功。在讨论中，团队成员还探讨了扩大公司品牌和创建新品牌的可能性。通过市场分析和对目标受众的深入访谈，团队提出利用公司现有的品牌声誉和市场认可度来扩大市场份额和产品线的潜力。基于这些见解，小组成员决定采取通过开发子品牌来扩大品牌的战略。这一决策基于对公司现有品牌声誉和市场认可度的利用，以进一步拓展公司的市场份额和产品线，同时推出新产品并占领更多细分市场。由于品牌已经拥有较高的品牌辨识度和较多的品牌追随者，这会给新开发的子品牌带来一定的消费者，吸引部分消费者的“追新”好奇心，综合以上各方面原因，开发子品牌的决定经过慎重考虑，并且与公司的长期目标相一致。

在整个决策过程中，团队成员都能积极参与，开诚布公地分享自己的观点，进行透彻的分析，并开展有意义的讨论和辩论。这种协作环境鼓励了建设性的意见交流和思想碰撞，确保了公司现状和未来发展的各个方面都得到充分考虑。最终，在团队成员的共同努力下，团队制订了可行的战略计划。

该计划旨在保持现有业务模式的稳定性，同时战略性地扩展公司品牌并引入子品牌。决策过程不仅提高了小组成员的分析和决策能力，还为他们提供了一个将所学知识应用于实践的机会，并为公司的未来发展提出了宝贵建议。在新产品创意和战略方向探索过程中，小组成员共同评估当前的商业模式、商讨品牌扩张及决定开发子品牌。这一过程既有全面分析、公开对话和协作，又兼顾企业稳定性和成长性的战略计划。这次经历提升了团队成员的专业能力，使他们能够有效地运用自己的专业知识，为公司发展实践做出重要贡献。

在此过程中，教师为学生提供各种数字工具，以增强他们的学习体验。这些工具包括上传相关课程和案例研究参考资料，这些都是帮助学生加深对学科知识理解的宝贵资源。此外，教师主动启发学生如何有效利用这些资源。通过线上线下资源的充分利用，生生之间、师生之间、校企之间的充分融合与讨论，学生习得了更多的项目研究、咨询方法以及数字素养技能。教师还鼓励学生将社交媒体作为理想化图片设计的平台。通过社交媒体，学生可以向更多受众展示他们的创意，并直观地表达他们的想法。这不仅有助于学生的作品获得认可，更多的是从目标用户中获得宝贵的反馈和灵感。通过提供数字工具并指导学生使用，教师营造了一个协作和创新的学习环境。学生有能力进行探索、实验，并创造性地表达自己的想法，最终提高作品质量，并通过有效展示每个人的成果来培养学生的互相学习，打造知识创造共同体的理念。

（3）产品新定位。

在产品定位方面，重点是让学生全面了解目标群体及其特定的品牌需求。通过深入了解目标受众的日常生活和愿望，学生发现了与他们的偏好和愿望相一致的新产品定位机会。这一练习提高了他们开发量身定制的解决方案的能力，从而与目标群体产生共鸣。从运营商的角度来看，学生还会考虑与新解决方案相关的运营成本，通过与营销目标相结合的分析讨论，考虑新解决方案的可行性。学生从全局的角度出发，检查不同方案的潜在成本，并预测产品运营过程中可能出现的任何挑战。对运营成本的考虑使学生能够全面了解不同战略的财务影响和可行性。这鼓励他们超越简单的任务实施，考虑产品的长期可持续性。为了评估新产品的性能并围绕新产品制定全面的商业概念，学生需要进行比较分析。考虑到市场需求、竞争和盈利能力等因素，他们对各种方案的优缺点进行批判性评估。这种分析方法使学生能够完善他们的商业概念，并为未来的生产解决方案开发一个闭环系统，优化运营系统以提高效率和效益。在整个过程中，学生深入了解不同消费群体的不同需求，从消费者和经营者两个角度考虑问题以有效减小这些差异，通过多角度的参与，学生对商业决策的各个角度有了更全面的理解。多维视角平衡产品与企业战略，以满足消费者和经营者的需求，在决策过程中明确目标群体，使得定位更加清晰。严谨且全面的产品定位过程使学生认识到，成功的商业决策的系统性思维和科学的方法指导价值，考虑不同利益相关者（如目标消费者和经营者）并平衡其需求和观点的艰难博弈过程。这些实践有助于学生感知在满足不同消费者需求的同时管理运营成本所涉及的复杂性和细微差别，确保业务成功，并培养对战略决策的全面理解。

（4）融合新科技。

在讲授课程的同时，课程团队与技术支持的公司进行合作，在研发产品体验过程使用VR与ChatGPT联名款眼镜，帮助用户更多地了解产品和体验产品的使用过程。学生团队对体验VR和ChatGPT联合眼镜表现出浓厚的兴趣，现代科技的进步提供给市场开发前端独特的、身临其境的认知感受。通过这种体验，学生可以真正感受到模拟场景的逼真性，并进行流畅自然的人机对话。这项技术拥有巨大的潜力，尤其是在教育环境中，因为它允许学生直接见证和参与技术进步，同时也了解人机交互的局限性。通过使用VR和ChatGPT组合眼镜，学生们有机会发现自己不可替代的优势和才能。他们可以发现自己擅长的领域，并找到放大自己独特能力的方法。这种个性化的体验帮助学生认识到自身优势，使他们能够利用自己的才能在各个领域取得更大的成功。

此外，VR身临其境的体验也为企业寻找新的发展途径提供了宝贵机会。例如，产品门店正在探索整合人机对话技术，以取代通常由销售人员执行的某些简单任务。通过利用 ChatGPT 和 VR 的功能，企业希望提升整体客户体验，提高运营效率，简化日常运营，还能够削减此方向所需的运营成本。VR 和 ChatGPT 的整合允许学生探索模拟环境并进行有意义的对话，有效地弥合了技术和现实世界之间的差距。通过这些身临其境的体验，用户获得了技术进步的第一手资料，并对其在生活各个方面的潜在应用有了更深入的了解。通过积极接触 VR 和 ChatGPT 联合眼镜，学生和企业非常愿意拥抱新技术变革的力量，抓住新技术融合带来的机遇。

（5）确定详细方案。

为了有效地规划未来的业务运营，项目团队从新西兰业内同行成功实施的本地解决方案中汲取灵感，同时通过线上资源，对标其他国家被证明成功的案例，多方面分析总结，考虑本团队选择的 A 企业现状，进行选择性采纳或者根据企业情况做出相应调整。该课程的设计每期都将根据小组选择的具体业务进行定制，并考虑当地政策和文化因素。通过自我调查、小组讨论和分析，他们将产生关于该企业的新知识和新想法。这将使他们能够理解在做出决定之前进行充分准备的重要性，以及创造有效解决方案背后的根本原因。这种对管理和决策的深入理解将使学生具备宝贵的洞察力和技能，在实践中培养，让学生在模拟企业运营过程中感受，能够加强学生对此过程的熟悉度，增强过程的完整性，形成完整的项目闭环。

在规划阶段，教师将强调进行全面严谨的市场调查与分析的重要性。学生将认识到市场分析在做出明智的商业管理决策中的重要性。市场分析是多方面的，影响企业营销状况的原因也多种多样，通过观察和收集市场趋势、消费者偏好和竞争格局，学生将获得对市场分析在推动成功的商业战略中所发挥的重要作用的认识。此外，学生还将了解到与技术进步保持同步的重要性。在项目进行过程中他们将认识到，关注技术发展对于有效实施未来的解决方案至关重要。技术已经成为商业运作的重要组成部分，紧跟新兴技术可以提供企业的竞争优势，并促进所选业务的创新。新兴技术会在不同领域、不同产品，甚至生产营销线的不同阶段影响企业的效率以及成本，随着课程的推进，学生直观地感受到随时关注科技成果会带给企业怎样的灵感与创新。通过这一综合过程，学生获得对商业管理、决策以及市场分析和技术进步的意义的全面理解。他们亲眼所见精心准备的重要性，有效解决方案背后的原理，以及技术的战略作用。最终，项目完成的过程将使他们具备在一个动态和不断发展的市场中成功经营与管理企业所需的知识和素养。

（6）制作项目咨询方案并展示。

项目进行到学期末，校企安排小组在企业进行成果展示。企业鼓励学生阐述设计方案背后的逻辑和思路，以及需要考虑的关键点。这么要求旨在促进不同项目团队之间的深入沟通，让他们掌握和理解所研究的企业，并深入了解不同小组的决策逻辑，通过研究多个企业的文化，感受到西方国家的整体文化，感受不同的文化差异。通过聆听不同团队提案背后的理由，学生的批判性思维和逻辑思维能力得到飞速提升。准备汇报过程中需要分析和了解各种因素，如市场条件、客户需求、竞争和资源分配，以制定一个全面的咨询方案、问题解决思路，以及可行性分析等。通过这一练习，学生将学会如何证明自己决定的科学性，从多个角度分析与考量，最终产生产品开发新创意、设计脚本、最小可行化产品等，培养了学生对商业计划和战略制定的全面理解。此外，这一过程将强化决策系统性和科学性的认知，学生将在评估潜在风险、识别机会以及使战略与组织目标相一致方面获得第一手经验。这个练习将强调在做出商业决策时考虑所有相关因素的重要性，并强调忽视关键方面的潜在后果。此外，项目实践将帮助学生消除理论与实践之间的差距，见证理论知识在现实世界场景中的应用，切实了解各种概念和原则如何在商业规划过程中得到实施。通过体验将理论转化为可操作计划的挑战和复杂性，学生将对理论框架的重要性及其在决策中的实际意义有更深刻的认识，强化在制定商业建议时考虑各种因素、底层思维、商业本质和全面分析的意义。通过这种体验式学习，学生将对商业决策中涉及的复杂性有全面的了解，提高在动态商业环境中的执行力和应变力。

4.5.3　成效展示：学生反馈与能力提升

融合元宇宙技术与解决企业真实问题的市场开发是一种创新的教学方

式。这不仅使学生能够掌握理论知识，还能在虚拟情境中运用所学解决实际问题，从而提高他们的分析问题能力和创新能力。

首先，通过元宇宙技术赋能的混合式学习，学生能够在虚拟情境中体验真实的企业问题，这种身临其境的学习方式有助于缩小学校教育与企业需求之间的差距。在这个过程中，学生不仅能够学到知识，还能提升解决实际问题的能力，为他们未来的职业发展奠定基础。

其次，学生团队在解决企业实际问题过程中，经历了组织战略、市场调研、产品开发到方案测试的若干阶段，团队见证了商业创意的演变，评估的全过程，以及为达成共识所付出的集体努力。这种经验使学生加深了对决策过程的全面理解，使他们能够理解其中的复杂性和动态性。

此外，基于项目的学习方法使学生能够体验到决策的系统性与复杂性，他们对如何做出决策，考虑多种因素，权衡利弊，以及使战略与目标相一致，获得了实际见解。这种沉浸式体验加深了他们对市场、管理决策过程的理解，并使他们获得了未来在工作中应用的宝贵认知。

在新西兰寻找本地企业，为学生提供了更好的实践机会。与企业合作，学生可以获得真实的商业经验，并学会应对现实商业环境中出现的不确定问题。这不仅能培养学生解决问题的动态能力，并在团队见证其解决方案所产生的影响时培养了学生的自信心和价值感。

在整个项目过程中，学生必须以小组为单位协同工作。这种对小组合作的强调培养了他们作为一个团队有效工作的能力，促进了在专业环境中必不可少的团队合作与沟通技能。通过与不同的学习者合作，学生才能接触不同的观点和产生不同的想法，从而鼓励发散思维和创新思维的发展。

项目报告是本课程的高潮，它使学生亲身体验到解决问题的满足感。通过研究、分析和知识应用，学生对所选企业面临的商业问题有了深刻的理解。项目报告是他们努力和成就的具体证明，为他们提供了一个展示其解决实际商业问题能力的作品集。

通过参与一个具体的企业项目，学生发展并提升了一系列技能，包括战略思维、批判性分析，数据收集分析和有效沟通的能力。他们学会将自己的知识和见解应用于现实世界的场景，运用科技手段、丰富的课外资源辅助做出更加正确的商业决策并采取行动。战略思考、技术探索、项目规划和演讲的结合为学生的综合素质提升奠定了坚实的基础，为他们迎接未来的职业挑战积累了信心，使学生有机会在动态和复杂的商业环境中灵活应变，脱颖而出。

第 5 章　慕课混合式教学创新实证研究

慕课（MOOCs）凭借其开放性、共享性与便捷性特征，在全球范围内推动了教育形态的深度变革。随着新一代信息技术与教育教学的深度融合，探索基于慕课的混合式教学模式创新，已成为教育数字化转型的核心议题之一。本章通过实证研究，系统地探究慕课混合式教学创新对学习者认知行为、情感体验、学习效能和满意度的影响机制，旨在为教育高质量发展提供理论支撑与实践范式。

5.1　项目团队驱动的慕课双翻转学习满意度研究

本研究以双翻转学习为自变量，以学习者学习投入为中介变量，以项目团队合作为调节变量，以学习满意度为因变量构建有调节的中介模型，探讨混合式教学中双翻转学习对学习满意度的影响。对 700 名完成慕课混合式学习的学生发送调查问卷，收到有效问卷 246 份，数据显示：控制性别、年级和专业后，双翻转学习对学习满意度具有显著正向影响，学生学习投入在双翻转学习与学习满意度之间发挥中介作用，项目团队合作在双翻转学习与学生学习投入之间发挥调节作用。学习投入在双翻转学习与学习者满意度之间的中介作用受到团队合作的调节，在低学习投入的情况下，项目团队合作会显著提高学习满意度，而在高学习投入的情况下，项目团队合作对学习满意度有影响，但提升程度没有低学习投入时显著，可见，当团队每个人的学习主动性都比较高时，团队合作有一定的效果，但提升空间有限。研究结论不仅有利于理解双翻转学习影响满意度的内在机理，而且对教师在教学中如何更好地运用双翻转学习具有指导作用。

5.1.1 文献综述与研究假设

（1）翻转学习与学习满意度的关系。

翻转学习（Flipped Learning）模式源于传统翻转课堂（Flipped Classroom）的实践创新。早期有学者提出该模式通过颠倒“课上”与“课下”活动顺序，将知识传递前置为学生自主学习（如课前视频），而将课堂时间用于深度互动、协作探究与实践内化，从而构建以学生为中心的深度学习环境（秦炜炜，2013；刘建强、曾文婕，2015）。翻转学习通过增强学习动机、参与度及师生互动，显著提升科学、技术、工程和数学（STEM）领域的学业表现（Bishop, et al，2013；O’Flaherty, et al，2015）。翻转学习需依托灵活的学习环境、支持性的学习文化、有意义的内容设计及专业化教师团队（F-L-I-PTM 模型）才能有效实施（Hamdan, et al，2013）。

近年来，实证研究揭示，翻转学习模式通过提供个性化学习路径与丰富互动机会，显著提高大学生学习满意度，尤其在自主学习能力与课堂参与度方面表现突出（ElGamal, et al，2022）。然而，影响满意度的关键因素是复杂和多维度的，包括教学设计（Huang, et al，2018）、教师引导能力（Tomas L, et al，2019）、社会互动（Nieto, et al，2016）及学生自我调节能力（Zhang，Y，et al，2021）。尽管现有研究验证了翻转学习对满意度的正向作用，但其作用机制尚未明确，尤其在混合式教学环境中的多因素影响路径仍需深入探索。

基于上述分析，本研究提出假设 1：基于项目团队合作的慕课双翻转学习对学习者学习满意度具有显著正向影响。

（2）学习投入的中介作用。

学习投入（Learning Engagement）是个体在学习活动中行为、情感与认知的综合体现（Fredricks, et al，2004），涵盖行为投入（如参与度）、情感投入（如兴趣与归属感）及认知投入（如自我调节与元认知）（Chen, et al，2018；Jung，2018）。已有研究表明，学习投入在教育干预与学习成果间起中介作用。学习参与度在计算机自我效能与学业表现间起完全中介作用（Chen，2017），在线学习社区中的互动程度显著提升学习投入与成就（Lai, et al，2019）。

在翻转学习情境下，学生与同伴、教师的互动感知可激发其积极参与主题学习（Anderson, et al，2003），主动学习需通过社交互动实现知识建构（Wiggins，2017）。学生对课程授权的感知（如自主选择权）与认知投入呈正相关，而认知投入又进一步预测学习满意度（Jones, et al，2019）。然而，现有研究对“双翻转学习→学习投入→学习满意度”的链式影响机制缺乏系统性验证。

综上，提出假设 2：学习投入在双翻转学习模式与学习满意度之间起中介作用。

（3）项目团队合作的调节作用。

团队合作（Team Collaboration）是混合式教学中提升学习效果的重要调节变量。团队协作可能因自主权分配不均或搭便车现象导致负面体验（Neu，2012），但高集体效能感、相互信任及结构化任务设计可显著增强团队合作效能（Awuor，2022；Xi Zhang, et al，2018）。例如，通过准实验发现，教师主导的分组策略（相较于自我选择）能减少搭便车行为并提升小组任务表现（Harding，2018）；工作资源（如技术支持）与团队效能感正向关联，进而促进成员投入（Rahmadani，2020）。

有研究在翻转学习中强调，团队合作通过同伴互助与社会支持，能够弥补个体学业能力差异，尤其对低成就者更具补偿效应（Le，2017；Healy, et al，2018）。结合本研究的混合式教学场景，项目团队合作可能通过优化任务分工、增强集体效能感，调节双翻转学习对学习投入的影响强度。

因此，提出假设 3：项目团队合作对“双翻转学习→学习投入”的中介路径前半段起调节作用。

基于上述理论分析与研究假设，本研究构建了一个有调节的中介模型，如图 5-1 所示，旨在系统揭示双翻转学习通过学习投入影响满意度的内在机制，以及团队合作对该机制的调节效应。该模型不仅回应了现有研究对翻转学习作用路径的碎片化探讨，更为混合式教学创新提供了理论框架与实践启示。

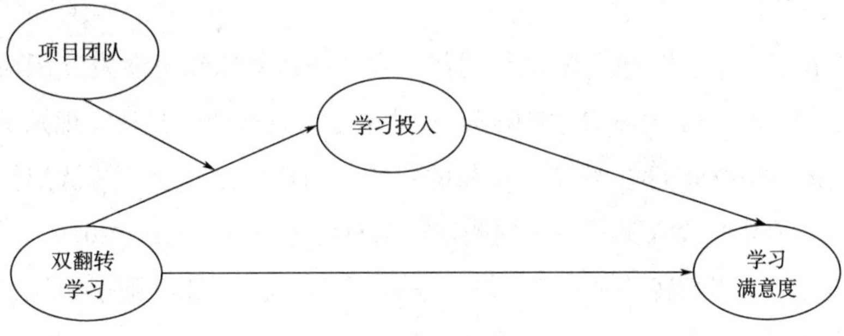

图5-1 研究分析模型

5.1.2 研究方法与测量工具

（1）研究样本与数据收集。

研究以混合式教学中的“双翻转课堂”为分析对象，旨在通过师生角色互动、学习者协作过程及教学效果反馈，探究教学模式创新对学习投入与满意度的影响。通过问卷或调查收集学习数据，特别是在一系列围绕双翻转课堂主题的小组访谈中，根据不同小组合作情况、类型进行了重点讨论，以收集学习者对翻转课堂的看法与感受。

在课程结束及期末考试之前，教师向学生们发放学习反馈问卷，旨在了解学生在课程中对翻转课堂的体验和感受。本研究选取的是在智慧树慕课学习平台完成了线上和线下混合式课程的学生，遵循方便取样原则，通过问卷星平台向完成课程（混合式）的大学本科生发放问卷700份，回收有效问卷246份。其中，男生占62.19%（153人）、女生占（37.8%）93人；大学四年级占30.49%（75人）、大学三年级占36.18%（89人）、大学二年级占33.33%（82人）；商科学生占50.81%（125人），理工科学生占49.19%（121人）。

（2）测量工具。

研究设计了4个量表用以测量变量，在借鉴已有成熟量表的基础上，结合本研究的需要以及对学生的访谈和试测，对量表进行修订，形成量表终稿。问卷由4部分问题块组成。

①翻转学习效能量表。参考 Murillo-Zamorano（2019）的 4D FLIPPED 课堂测量模型，从课外活动、反馈机制、课堂互动、技术应用四个维度评估双翻转课堂对学生知识建构、技能发展及参与度的影响。例如，“课前视频能否帮助我明确课堂讨论重点”“教师是否根据线上数据调整教学策略”等题项，旨在捕捉翻转学习的核心特征（如知识传递前置、课堂深度学习）。

②学习投入量表。基于多维框架，将学习投入细分为认知投入（如“我能深入思考课程中的复杂问题”）、情感投入（如“我对完成课程任务充满热情”）、行为投入（如“我会主动参与线上线下的讨论活动”）三类（Plass, et al，2015）。量表设计融合“内容投入”与“领域通用投入”概念，强调学习者在双翻转环境中的心理努力与反思性思维（如“我会在课后复盘团队协作中的知识整合过程”）（Ke, et al，2016）。

③学习满意度量表。改编自 Tseng 等（2009）的成熟工具，从教学有效性（如“教师能清晰解释创业理论的应用方法”）、团队协作能力提升（如“小组合作让我更擅长倾听他人观点”）、学习乐趣（如“课程活动让我感受到创造的乐趣”）三个层面测量满意度。同时增加了“师生关系质量”维度（如“教师反馈能针对性解决我的困惑”），以全面评估学习体验（Shonfeld，2021）。

④团队合作能力量表。采用 Tseng（2009）的团队协作量表，涵盖合作意愿（如“我愿意与团队成员共同解决问题”）、互动质量（如“团队讨论能激发我的创新思维”）、成果共享（如“我从团队项目中获得了可迁移的技能”）等维度。量表设计呼应 CATME 五维团队模型如图 5-2 所示，强调成员在目标设定、角色分工、沟通效能、冲突管理及成果整合中的表现，以评估团队合作对学习投入的调节作用。

学生团队在 CATME 五维团队协作框架下，团队成员在五维团队协作中不同表现水平的典型行为，评估者选择最接近其团队（包括自身）中每个学生行为的行为类别。

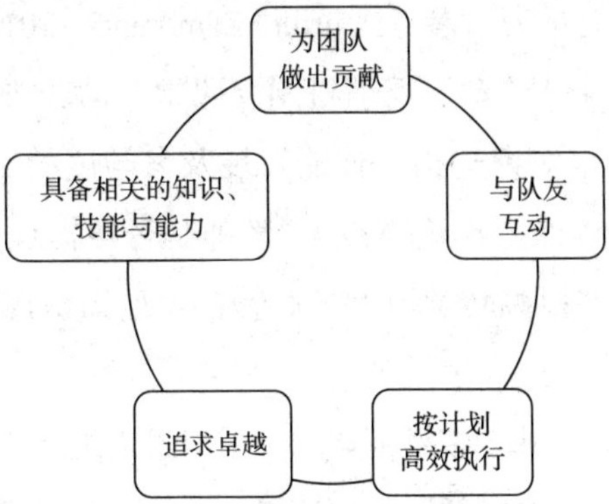

图5-2　CATME五维团队模型

（3）双翻转模式设计。

本研究基于 Talbert（2014）的线性代数翻转教学框架，创新性设计适用于创业类课程的“双翻转”学习模式：

第一次翻转（知识内化）：学生课前通过慕课完成创业理论的学习与测试，课堂时间用于案例分析与理论应用，如分组模拟企业团队搭建，形成“输入—输出”的初级知识循环。

第二次翻转（实践深化）：学生以项目团队为单位，将课堂研讨成果，如团队建设方案代入真实创业场景，通过线上线下迭代讨论，完成行业分析、项目选题，实现“输出—反馈—再输出”的螺旋式能力提升。结课时，实践成果，创业项目路演，微课录制等纳入成绩评价，并作为下届学生的学习资源，形成“创作者反哺学习者”的可持续生态。

该研究的核心问题为：

①双翻转学习能否通过增强学习投入（中介变量）与优化团队合作（调节变量），显著提升创业类课程的学习满意度？

②研究通过结构方程模型验证“双翻转→投入→满意度”的链式路径，并分析团队合作对中介路径前半段的调节效应。

5.1.3 数据处理与结果分析

（1）双翻转学习与学习满意度量表信效度良好。

利用 SPSS 软件对“双翻转学习与学习满意度”试测数据进行项目分析和探索性因素分析，依据决断值、共同性、因素负荷量等判断指标，双翻转学习删除了不达标的题目 13 个，保留 25 个题项（SKI：4 个，FBK：4 个，KNO：6 个，OOC：3 个，ICL：3 个，TCH：3 个），学习投入 3 个，项目合作 3 个，满意度 7 个，最终形成正式的双翻转学习与学习满意度量表。利用 SPSS 软件对量表进行信效度检验、因子分析。

信度分析结果见表 5-1，Cronbach's α 系数值均大于 0.8，说明整份量表的内部一致性佳。

表5-1 信度分析结果

	Cronbach's α	基于标准化项的 Cronbach's α	项数
双翻转课堂	0.982	0.984	38
项目团队	0.967	0.967	3
学习投入	0.869	0.871	3
满意度	0.968	0.969	7

由表 5-1 中数据显示，Cronbach's α 系数均在 0.80 以上时，表示问卷的信度良好。

效度分析结果见表 5-2，数据显示 *KMO* 值为 0.947，表明样本数据的相关性非常好，主成分分析或因子分析的效果较佳。

表5-2 效度分析结果

KMO		0.947
巴特利特球形度检验	近似卡方	13 354.432
	自由度	861
	显著性	0

双翻转学习综合指标包括：OOC-课外与自主学习维度、FBK-反馈维度、TCH-使用技术维度、KNO-知识维度、SKI-技能维度。学习投入综合指数指标包括：ICL-课堂活动维度、ENG-投入与互动、SAT-满意度。

由表5-3因子分析结果，剔除贡献率地的因子，选择总方差贡献率大于70%或80%的因子数量作为最终的因子个数。

表5-3　因子解释原有变量总方差的情况

初始特征值			提取载荷平方和			旋转载荷平方和		
总计	方差百分比	累积（%）	总计	方差百分比	累积（%）	总计	方差百分比	累积（%）
15.384	61.537	61.537	15.384	61.537	61.537	5.051	20.203	20.203
1.931	7.725	69.262	1.931	7.725	69.262	4.538	18.153	38.356
1.657	6.629	75.89	1.657	6.629	75.89	4.476	17.904	56.26
1.083	4.333	80.223	1.083	4.333	80.223	3.065	12.262	68.522
0.806	3.224	83.447	0.806	3.224	83.447	2.409	9.635	78.157
0.608	2.43	85.877	0.608	2.43	85.877	1.93	7.721	85.877
0.517	2.068	87.945						
0.408	1.631	89.576						
0.37	1.479	91.055						
0.273	1.092	92.147						
0.245	0.98	93.127						
0.228	0.913	94.041						
0.192	0.769	94.81						
0.189	0.754	95.564						
0.169	0.674	96.238						
0.157	0.627	96.866						
0.138	0.553	97.419						
0.131	0.526	97.945						
0.099	0.395	98.34						
0.092	0.368	98.708						
0.081	0.326	99.033						
0.077	0.309	99.342						

续表

初始特征值			提取载荷平方和			旋转载荷平方和		
总计	方差百分比	累积（%）	总计	方差百分比	累积（%）	总计	方差百分比	累积（%）
0.06	0.239	99.581						
0.056	0.222	99.803						
0.049	0.197	100						

表 5-4 体现了问卷的各因子权重，双翻转学习综合指数 =0.2353* 技能维度 +0.2114* 反馈维度 +0.2085* 知识维度 +0.1428* 课外与自主学习维度 + 0.1122* 课堂活动维度 +0.0808* 使用技术维度。

表5-4　各因子权重表

因子名称	总计旋转载荷平方和	双翻转综合指数对应权重	项数
SKI	5.051	0.235269458	6
FBK	4.538	0.21137454	4
KNO	4.476	0.208486655	6
OOC	3.065	0.142763985	3
ICL	2.409	0.1122083	3
TCH	1.93	0.089897061	3

针对双翻转学习、学习者学习投入和学习满意度之间的相关性进行分析，如表 5-5 所示，可以发现：双翻转学习与学习者学习投入、学习满意度之间显著正相关（r=0.856，p<0.01；r=0.860，p<0.01），学习者学习投入与学习满意度显著正相关（r=0.846，p<0.01），项目团队合作与学生学习投入显著正相关（r=0.728，p<0.01）。

表5-5　综合指标相关分析

指标	双翻转	学习投入	项目团队	满意度
双翻转	1			
学习投入	0.856**	1		
项目团队	0.819**	0.728**	1	
满意度	0.860**	0.846**	0.829**	1

由表 5-5 可知，相关系数均大于 0.7，p 值小于 0.05，说明各指标之间具有强相关关系。

（2）中介效应检验。

首先将所有变量进行标准化处理，然后在控制性别、年级、专业的情况下，采用 Hayes 编制的 SPSS 宏程序 PROCESS 中的 Model 4（Model 4 为简单的中介模型），对学习投入在双翻转学习与学习满意度之间的中介效应进行检验，如表 5-6 所示。

表5-6　学习投入的中介效应模型检验

指标	满意度					学习投入
	Model 1	Model 2	Model 3	Model 4	Model 5	Model 6
双翻转学习	0.861		0.504			0.856
学习投入		0.848	0.422	0.490	0.457	
项目团队				0.489	0.416	
学习投入 × 项目团队					−0.143	
F 值	693.558	616.842	458.781	527.394	406.537	179.577
R^2	0.741	0.72	0.792	0.831	0.851	0.733
Adj-R^2	0.740	0.719	0.790	0.830	0.849	0.732

中介效应结果如表 5-6 表明，Model 3 在 Model 1 基础上加入了学习投入作为中介变量，Adj-R^2 从 0.740 增长到了 0.790，模型的解释力提升了。由于在 Model 1 中双翻转学习作为自变量，对因变量满意度的影响显著，存在直接效应，所以学习投入产生的中介效应是部分中介效应。

（3）有调节的中介效应检验。

采用 Hayes 编制的 SPSS 程序 PROCESS 中的 Model 7（Model 7 假设中介模型的前半段受到调节，与本研究的理论模型一致），在控制性别、年级、专业的情况下对有调节的中介模型进行检验。结果如表 5-7 表明，调节效应：Model 2 的 Adj-R^2 为 0.719，Model 4、Model 5 的 Adj-R^2 为 0.830、0.849。加入变量项目团队和交互项后后，模型的解释力增加了，由于加入的交互项系数为 −0.143，说明学习投入对满意度的影响随项日团队程度的增加而降低，项目团队对学习投入有替代作用。

表5-7　有调节的中介模型检验

结果变量	预测变量	标准化回归系数	*SE*	*t*	*p*	95% 置信区间		R^2	*F*
						LLCI	*ULCI*		
满意度	*constant*	0.1023	0.0319	3.2044	0.0015	0.0394	0.1652	0.843	323.4398
	Total	0.517	0.1428	3.6209	0.0004	0.2357	0.7983		
	ENG	0.3657	0.0497	7.3655	0	0.2679	0.4635		
	PJT	0.2937	0.0458	6.4166	0	0.2035	0.3838		
	Int_1	-0.1411	0.0266	-5.3135	0	-0.1935	-0.0888		

进一步简单斜率分析如图 5-3 所示，在低学习投入的情况下，项目团队的合作会显著提高学习效果，而在高学习投入的情况下，项目团队的合作也会提高学习满意度，但提升程度没有低投入时显著，也可以理解为当团队每个人的学习主动性都比较高时，团队合作有一定的效果，但提升空间有限。

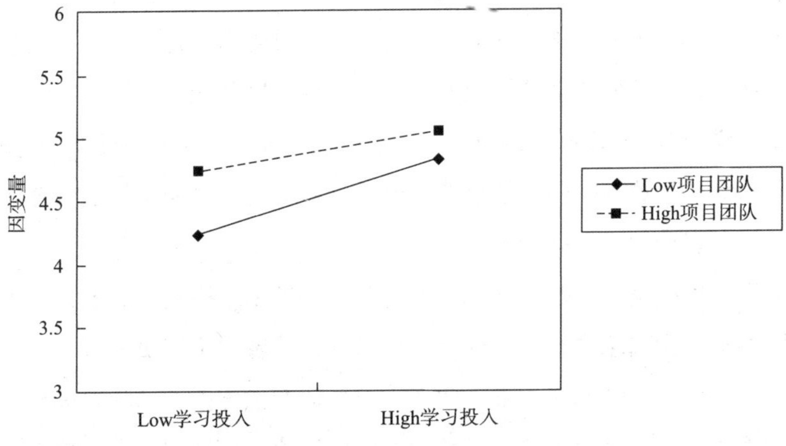

图5-3　项目团队合作在双翻转学习与学生学习投入之间的调节作用图

在不同水平的调节变量下，有调节的中介效应的 95% 的置信区间均未包含 0，说明在高和低团队合作水平下，均存在中介效应见表 5-8。有因为低团队合作水平下的间接效应值比高团队合作水平下的值要大，说明存在有调节的中介作用。即学习投入在双翻转学习与学生满意度之间的中介作用受到团队合作的调节，团队合作水平越高，学习投入的中介作用越弱。

表5-8 学习投入在不同团队合作水平下的中介效应

指标	间接效应	标准误	95% 置信区间	
低团队合作	1.0394	0.2094	0.6346	1.4674
高团队合作	0.5534	0.1789	0.1522	0.867

5.1.4 研究结论

（1）双翻转学习模式对学习满意度的影响。

本研究证实，双翻转学习模式通过重构教学流程与互动机制，显著提升了学生的学习满意度。这一发现与 Hamdan 等（2013）及 Bishop 等（2013）的元分析结论一致，即翻转学习通过增强自主性、参与度与师生互动，有效改善学习体验。双翻转模式的独特性在于其“两次翻转”设计：第一次翻转（课前知识内化→课堂深度互动）通过慕课资源与案例研讨实现理论与实践的衔接；第二次翻转（团队项目实践→跨学科协作反思）则通过创业项目选题、项目共创等形式推动知识的社会化建构。这种双重翻转机制不仅契合建构主义学习观（Vygotsky，1978），更通过“输入—输出—反馈—再输出”的闭环设计，将技术赋能（如慕课平台）与社会关系赋能（如团队合作）相结合，形成多维学习支持系统。

值得注意的是，双翻转模式的效能边界需进一步探索。例如，理工科学生与商科学生在团队协作中的认知风格差异，前者偏重逻辑分析，后者擅长情境整合，可能影响翻转效果。此外，教师从知识传授者到学习设计师的角色转型需依托专业发展支持，如教学共同体构建与翻转课堂设计培训，以避免“机灌式学习”的风险。

（2）学习投入的中介作用。

研究验证了学习投入在双翻转模式与满意度间的完全中介效应，这与自我决定理论（Ryan & Deci，2000）和社会认知理论（Bandura，2001）的核心命题高度吻合。具体表现在以下几个方面：

激发内在动机：双翻转通过课前自主学习满足学生能力需求，而课堂协作与项目实践则通过同伴互助与教师反馈等自主性支持的方式，强化了学生的内在动机。例如，创业团队模拟活动中的“微课共创”“项目路演”等任务，既赋予学生内容控制权，又通过成果共享激发归属感。

强化社会支持：教师在双翻转中的“支架式干预”，如案例研讨引导、团队冲突调解等提供了情感与认知支持，进而提升学习投入。例如，教师在第二次翻转中通过“行业分析工作坊”协助团队聚焦核心问题，减少无效协作损耗。

研究发现学习投入的维度差异值得关注。在本研究中，认知投入（如反思分享）对满意度的预测力显著高于行为投入（如任务完成度），这提示双翻转设计需更注重高阶思维培养，如通过辩论式案例分析替代机械性任务。此外“学习投入作为学业自我效能感与成就的中介变量”（Panigrahi，2021、2025）在本研究中得到延伸，游戏反思与分享、团队学习及演讲辩论、商战模拟等策略被证实具有跨教育环境的普适性价值，可显著增强学生自主学习能力、降低焦虑水平并促进深度学习。由此，研究提出双翻转模式通过增强自我效能感（如“我能通过团队协作解决复杂问题”）间接提升满意度，这一路径为混合式教学优化提供了新的着力点。

（3）项目团队合作的调节作用。

团队合作对“双翻转→学习投入”路径的调节效应揭示了社会性互动的关键价值。基于社会文化理论，团队协作通过知识分布式认知（如成员优势互补）、对话式学习（如观点碰撞）与集体效能感提升（如目标共识），有助于将个体投入转化为群体智慧（Munir M，2018）。例如，理工科学生在创业项目中提供技术可行性分析，商科学生主导市场策略设计，这种跨学科分工显著增强了任务意义感与投入深度。

然而，团队合作的调节效应存在情境依赖性。首先，正向调节条件。当团队具备高集体效能感，如成员技能互补、目标清晰等因素与教师提供的协作支持相互促进时，团队协作能显著放大双翻转的投入促进效应（Harding，2018）。其次，也存在负向调节风险。若团队存在搭便车行为或认知冲突，如学科视角差异，则需通过“角色轮换制”“冲突解决工作”等干预策略重构协作模式（Rahmadani，2020）。因此，双翻转模式中，学科背景、成就动机等异质性因素如何影响协作效能，是否提供学习适应性干预工具与支持对学习满意度可能具有较大影响。

5.1.5 研究启示

（1）理论贡献与实践价值。

本研究通过整合自我决定理论与社会认知理论，构建了“双翻转学习→学习投入→学习满意度”的理论模型，并揭示了团队合作的情境调节作用，主要研究贡献如下：

理论层面，突破了传统翻转课堂的单一维度，提出“双翻转学习”概念，将教学流程重构为“知识内化—实践深化”的双重循环，深化了混合式教学的理论内涵。验证了社会支持（教师引导）与群体动力（团队合作）的协同机制，揭示了学习投入在双重翻转中的核心中介作用，为混合式教学理论提供了新的解释框架。该模型不仅丰富了翻转学习的理论体系，还为教育技术整合的社会文化视角提供了实证依据。

实践层面，提出了“慕课资源迭代利用”的创新路径。如学生路演项目反哺教学资源库，将生成性资源转化为教学资本，推动课程生态的动态优化。将团队协作能力嵌入课程目标，通过“团队协作日志”“跨学科导师制”等工具实现协作过程的动态监测与干预，为高校创业类课程改革提供了可复制的实施方案。例如，教师可通过结构化反思任务，如“协作效能自评表”“团队任务甘特图”等引导团队聚焦高阶思维发展，避免浅层协作。

（2）局限与未来方向。

本研究以商科与理工科学生为主，未来需扩大学科覆盖面，并对比不同学科团队的知识整合模式差异。例如，可结合学科认知风格量表，如 Kolb 学习周期，探索跨学科协作中的隐性知识转化机制。双翻转模式对创新能力与职业胜任力的长效影响需通过纵向研究验证。研究建议建立毕业生追踪数据库，结合职场表现或创业成功率等指标，评估模式迁移价值。

慕课平台的交互设计，如论坛互动频次、视频弹幕功能等学习行为如何影响课前学习深度等技术中介机制的研究不足。另外，人工智能工具，如协作效能分析系统等在优化团队分工中的应用潜力亟待开发。

（3）教学改进建议。

在团队组建策略方面，可采用“能力画像—互补匹配”算法（如基于学习风格测评的分组工具），降低搭便车风险。例如，通过 CATME 量表前置评估成员协作倾向，结合技能矩阵实现角色最优配置。增设“团队规则制定”环节，明确角色分工与沟通规则，通过契约式管理提升协作效率（Chis A，2018）。

教师能力建设方面，开展“双翻转教学设计工作坊”，重点培训教师在复杂问题设计，如协作冲突管理，利益平衡技巧及技术工具应用，如慕课数据分析等方面的能力。

评价体系革新方面，将“团队协作贡献度”纳入形成性评价，采用同伴互评与项目成果展评结合的方式，避免单一成绩导向对协作质量的损害。开发“协作效能动态监测系统”，通过过程性数据，如讨论频次、任务完成度，实时反馈团队表现，为差异化干预提供依据。

研究发现双翻转学习模式的有效性依赖于“结构设计—社会支持—技术赋能”的系统性创新。未来研究需进一步解构其黑箱机制，尤其是在跨文化情境与数字化转型中的适配性。通过多维度、跨情境的深入研究，推动混合式教学从“模式探索”走向“精准化实施”，为教育数字化转型提供理论与实践的双重支撑。

5.2 融合游戏化思维的虚拟仿真环境对感知学习的影响研究

本研究旨在深入探讨融合游戏化思维的虚拟仿真环境（Gamified Virtual-Real Blended Environment，以下缩写为 GVRE）对学习者感知学习（Perceived Learning）的影响机制。基于对创业课程中 328 位学习者反馈问卷的实证分析，本研究运用结构方程模型对 GVRE 影响感知学习的内在过程机制进行了系统性探索。研究结果揭示，GVRE 显著正向影响学习者的心流体验（Flow）、学习动机（Motivation）和学习态度（Attitude）。进一步分析表明，心流和动机在调节 GVRE 对学习态度的影响中发挥关键作用，而学习态度则在 GVRE 对感知学习的影响中扮演中介角色。具体而言，游戏化虚拟融合教学环境能够有效缓解学习压力，并通过增强心流体验显著提升学习兴趣。此外，研究发现价值氛围、学习价值、学习挑战性等体现个人价值的因素与感知学习之间存在显著正相关。由此可见，教学环境设计不仅需要注重提升学习者的体验感和愉悦感，更应从立德树人的根本任务出发，构建赋能学习价值、强化正向态度的多维教育生态系统。

5.2.1 研究假设与模型构建

（1）学习环境对动机、态度和心流的影响。

教育者通过设计学习环境，为学习者提供反思机会并引导其注意力方向，进而推动学习行动的发生。然而，“学习环境设计”本质上是颠覆传统“应试教育”观念的系统性变革，须从课堂转型，尤其是从“教”堂到“学”堂的战略高度重构教育模式。GVRE 通过整合基于游戏的机制与虚拟仿真技术，显著影响学生的投入度与体验感，其优化程度依赖于学校政策支持、资源可及性、教师主动性、实验室设计及学生参与度等多维度因素（Barr，2018；Chen, et al，2019）。

游戏化（Gamification）是以游戏思维和机制（如积分、徽章、挑战）驱动学习行为的策略，旨在促进知识内化与问题解决（Barr，2018）。学习动机作为激发和维持学习行为的核心要素（Huang & Tschopp，2010），在游戏化环境中可通过内在激励（如成就感）与外在激励（如竞争排名）得到双重强化。研究表明，基于数字游戏的学习环境能显著提升动机水平与学习效率（Woo，2014；Waheed，2016），且这种效应在不同学科（如计算机科学、经济学）中具有一致性（Papastergiou，2009；Huang，2011）。因此，提出假设：

H1a：GVRE 对学习动机（MOT）具有正向影响。

GVRE 通过沉浸式体验（如虚拟角色代入、情境化任务）增强学习者的“心流”（FLOW）体验，即完全专注且享受活动的状态（Csikszentmihalyi，1990）。心流的产生依赖于目标明确性、即时反馈和适度挑战性（Limniou & Roberts，2008），而游戏化设计恰好通过分层任务、动态难度调节和即时奖励机制满足这些条件（Kim 等，2018）。研究表明，心流体验不仅提升学习兴趣，还通过积极情绪反馈间接塑造学习态度（Denny，2013；Su & Chen，2015）。因此，提出假设：

H1b：GVRE 对学习态度（ATT）具有正向影响；

H1c：GVRE 对心流体验（FLO）具有正向影响。

（2）心流对感知学习、态度的影响。

游戏化元素能够使学习者在非游戏活动中进入心流状态（Zichermann & Cunningham，2011），通过提供一个引人入胜的虚实融合学习环境，使学习者在学习过程中能够从容应对多重挑战，并以专注、自信和耐心克服这些挑战（Romero, et al，2017）。这种挑战与技能的平衡，是心流产生的关键。参与教育游戏可能促发心流状态，并通过激发学习者动机和优化学习体验来显著提升学习效率（Barzilai & Blau，2014；Hsu，2017）。基于上述研究，本研究提出假设：

H2a：心流（FLO）对态度（ATT）有显著正向影响。

为有效促进学习者获得心流体验，教育游戏的设计应着重于为学生设定明确的目标与规则、提供即时反馈以及赋予其掌控感（Annetta，2010；Csikszentmihalyi，2014；Hsu，2017；Perttula, et al，2017），这些要素共同构成了心流体验的结构性支撑。通过评估在商业模拟游戏中引入外部概念框架对学习者在游戏后解决金融数学文字题能力的影响，以及对学习者感知学习、心流体验和游戏乐趣的影响，结果表明“心流”能够显著预测感知到的学习和享受（Barzilai & Blau，2014）。这进一步证实了心流在学习过程中的积极作用。基于心流理论，本研究假设心流的核心要素，如目标明确性、挑战性适中、沉浸感强烈等，能够有效预测学习的参与度和投入程度，进而对感知学习产生积极影响。因此，本研究提出假设：

H2b：心流（FLO）对感知学习（PLE）有显著正向影响。

（3）动机对感知学习、态度与心流的影响。

动机，无论是内在的还是外在的，均被视为一个关键的测量变量，用以解释不同背景和情境下的一系列行为（Ryan & Deci，2000），并与学生的学习成果密切相关（Anastasiadis 等，2018；González & Paoloni，2015；Whitton & Langan，2019）。积极主动的学生会主动寻求提升知识的机会，从而在学习过程中自愿参与任务并接受新的挑战。鉴于学习成绩不仅是智力、家庭环境和社会经济条件等因素的综合体现，更取决于学生在进行特定学习活动时的专注程度和努力投入（Brophy，2013；Westera，2019），因此，学生动机在教学和学习过程中扮演着至关重要的角色。感知（Perception）是一个复杂的过程，环境中获取的信息通过感官被检测，并在大脑中转化为有意义的经验。感知学习（Perceived Learning）是对学习经验的回顾性评价，可被定义为“个体对学习过程所持有的一系列信念和感受”。感知学习包含三个核心维度：认知、情感和社交。认知感知反映了新知识的习得或对已有知识的深入理解；情感感知则代表了学生对课程、主题和教师的态度，体现了参与学习过程中的体验和感受，如愉悦或困难；社交感知则反映了学习者在课堂上与学习相关的个体互动程度。动机是启动和维持学习和绩效的基本要素（Huang & Tschopp，2010）。相关研究有力地表明，基于数字游戏的学习在提升学生学习动机和提高学习效率方面展现出巨大潜力（Woo & JengChung，2014）。通过动机理论深入阐释了内在和外在激励因素对激发用户动机在任务绩效中的影响作用（Mehwish Waheed，2016）。有研究发现，动机与学习结果之间存在显著的正向关系（Alavi & Leidner，2001）。这些理论与实证研究共同强调了动机在学习过程中的核心驱动力作用。由此，本研究提出假设：

H3a：动机（MOT）对感知学习（PLE）有显著正向影响。

动机旨在回答个体为何行动、为何以特定方式行事，以及为何持续或停止其行为等深层问题。个体的动机可能源于内在驱动或外部力量。学习动机作为行为的内在驱动，在一定程度上与学习成果紧密相关，鉴于学习动机极有可能随学习环境的变化而动态调整，因此，在游戏化虚实融合学习环境中的创业课程体验呈现出其独特性。这种独特性为深入探究动机与学习环境的互动机制提供了契机。基于此，本研究提出假设：

H3b：动机（MOT）对态度（ATT）有显著正向影响。

诸多研究在游戏化情境下对学生的心流体验进行了深入探索（Kiili，2005；Sun，Kuo Hou & Lin，2017）。当学习经验在游戏活动中发生变化时，会对学生的学习表现产生影响，教育者可通过排除干扰和转移注意力来有效促进心流体验的产生（Akkerman & Dam，2011）。游戏化中的挑战性和复杂性等核心元素可能进一步深化心流体验（Inal & Cagiltay，2007）。在游戏化环境中，竞争机制能够显著提升学习者的参与度（Malone & Lepper，1987），亦可能出现学习者在目睹其他学生持续获胜时产生分心或参与度下降的情况（Cheng，Wu，Liao & Chan，2009）。心流在此被视为一个在学习中发挥激励作用的结果变量。此外，研究亦证实，除了提升学生的参与度和积极态度外，动机同样能够促成不同的心流体验（Barr，2018；Hakak, et al，2019；Silva, et al，2019）。这些发现共同揭示了动机、游戏化元素与心流体验之间的复杂动态关系。

学习者从最初理解游戏过程中的元素，逐步转变为尝试解释并付出高质量的努力，以期提高学习效率、加快学习速度，甚至超越他人的学习动机。在非竞争条件下，游戏化可能会显著增加学习的参与性，并可能强化学习者在游戏中付出努力是值得的信念。由此可见，不同的学习动机，在经历游戏化元素所带来的挑战和复杂性时，会引发差异化的心流体验。这种差异性为个性化教学设计提供了理论依据。基于此，本研究提出假设：

H3c：动机（MOT）对心流（FLO）有显著正向影响。

（4）态度对感知学习的中介作用。

学习态度对学习行为和学习结果具有举足轻重的影响。成功的学习者往往能够对学习过程、自身能力及有效学习策略的运用形成深刻且积极的信念，这些信念共同作用于其学习表现。反之，错误或信息不足的信念可能导致学习者过度依赖低效策略，进而引发对学习的冷漠、认知表现不佳、课堂焦虑，以及对自主学习的消极态度（Victori & Lockhart，1995）。由此可见，积极的学习态度能够有效帮助学生树立自信，增加学习投入。将基于游戏的元素和机制融入教学，有望显著提升学生的参与度和学习兴趣，并积极影响其将游戏化作为知识获取方法的态度（Chang, et al，2014；Assaf, et al，2019；Barr，2018）。当虚拟仿真模拟实验深度融合游戏化元素、机制，并呈现出动态性且能激发高心流体验时，学生将更频繁地投入其中，从而有效增加学习时间（Lee，2015；Park, et al，2014）。这为游戏化在提升学习投入方面的应用提供了有力支持。基于此，本研究提出假设：

H4：态度（ATT）对感知学习（PLE）有显著正向影响。

综合上述分析，构建游戏化虚实融合环境有助于激发学习者对教育活动的积极性、参与度和正向态度，对于提升学习者参与水平、形成积极动机、进而提高学习质量和学习效果发挥着关键作用。本研究通过系统性的理论构建和假设，如图 5-4 所示，有望在游戏化虚实融合环境驱动的学科学习各构念之间识别出直接效应和中介效应的因果关系模式。

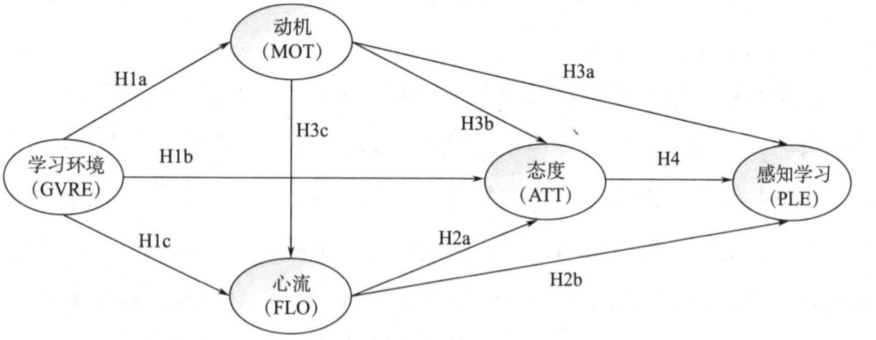

图5-4　研究假设与模型

5.2.2　研究设计与数据获取

（1）游戏化虚实融合的创业课程设计。

游戏化（Gamification）作为一种教育策略，其核心在于通过游戏机制（如积分、徽章、挑战）和思维模式（如目标导向、即时反馈）激发学习者的内生动力，促进主动探索与问题解决（Barr，2018；Chen，2019）。在创业教育中，GVRE 的构建旨在突破传统课堂的时空限制，通过“线上—线下—虚拟”三维空间的协同，实现体验式学习与知识深度内化的统一（Gee，2003；Westera，2019）。具体课程设计思路如图 5-5 所示。

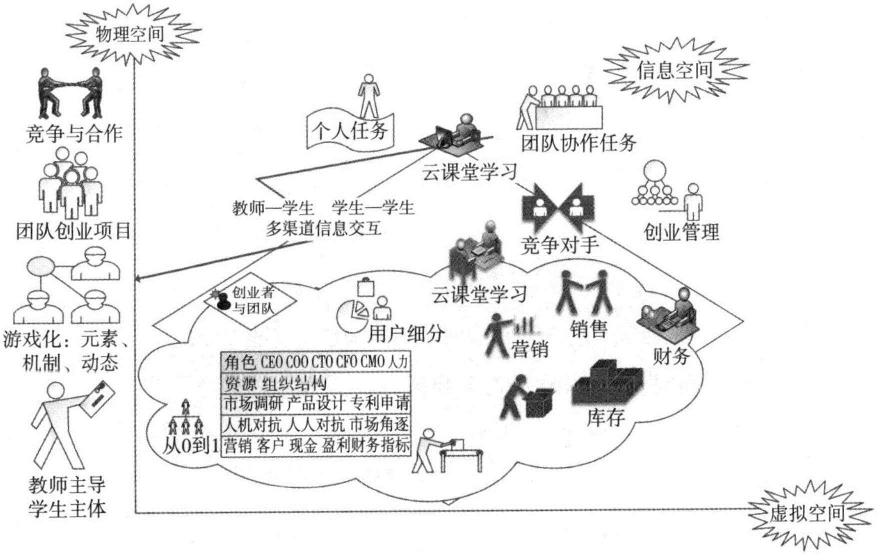

图5-5 游戏化虚实融合的创业课程设计

GVRE 的多维结构：GVRE 整合了线上学习环境（如国家精品在线开放课）、线下教学活动（如团队协作、案例研讨）和基于虚拟现实仿真技术（VR）的模拟环境（如商战模拟），形成“物理空间—信息空间—虚拟空间”三位一体的学习环境，如图 5-5 所示。其中：

信息空间：通过在线平台提供理论知识学习，通过慕课视频、实时积分排名等形式，支持学生自主学习。

虚拟空间：依托创业基础虚拟仿真云平台，学生以创业者角色参与多回合决策，完成市场调查、产品设计、财务决策等重要过程，系统实时反馈市场份额与收益等经营数据。

物理空间：线下课堂聚焦高阶能力培养，激发团队辩论、批判性反思分享，教师通过设计开放性问题引导学生将虚拟体验转化为现实问题解决方案（陈希，2010；何克抗，2017）。

游戏化组件的系统嵌入：课程组在 GVRE 中植入游戏化三要素，主要是机制、元素、动态，确保学习行为与游戏逻辑的深度耦合。

机制层：以成就徽章、虚拟奖杯、答题积分等可视化奖励机制驱动外在动机，以任务关卡、即时反馈强化内在动机。

元素层：通过职务分配（如“CEO—总经理”“CFO—财务总监”）、团队排名、模拟市场竞争等元素构建社会互动网络，增强沉浸感。

动态层：基于学生与机制的交互生成抽象概念，如成就、竞争、地位等，形成持续的游戏化动态，学生随时能查看到团队排名变化、个人能力进阶图谱。

本研究希望突破传统教育技术研究中“技术效能”的单一维度，聚焦 GVRE 对学生感知学习（PLE）的影响机制，重点探索以下问题：

①哪些环境特征，如心流体验、动机强度、态度倾向等显著影响感知学习。

②上述因素之间如何通过直接或间接路径作用于学习效果。例如，心流是否通过态度中介影响学习。动机是否调节环境与学习成果的关系。

③如何通过游戏化设计优化学习环境，实现从“知识传递”到“能力建构”的范式转型。

（2）参与者。

本研究来自双一流高校创业课程的数据沉淀，涉及工商、人力、财务、会计、自动化、电气工程 6 个专业，从 839 名学生中共收集 437 份问卷，剔除答题时间低于 2 分钟的问卷和一些回答不完整的问卷，剩余有效问卷 328 份，问卷有效性为 39.1%，大四年级 206 人，大三年级 122 人，39% 为男生，61% 为女生，如表 5-9 所示。

由于学生可以在课外进入云平台继续创业模拟、慕课学习，学生进入创业虚拟仿真云平台的频次大于 6 次，每个学生参加模拟的时间 12 ～ 18 小时不等，在课程结束时，学生将回答课程评价问卷。

表5-9 研究对象的样本特征

学生专业	人数	男	女	创业仿真模拟团队
自动化	31	24	7	8
电气工程	43	31	12	14
会计学	82	29	53	27
财务管理	75	25	50	36
工商管理	56	32	24	14
人力资源	41	12	29	10
合计	328	153	175	109

（3）测量工具及量表。

研究使用游戏化虚实融合学习环境、心流、动机、态度量表来确定虚拟仿真模拟游戏过程对感知学习的影响，调查问卷基于对前期研究者量表的调整。其中，学习环境参考 Kelly B（2014）、Cigdem Uz Bilgin（2020）、Carina Girvan（2019）量表，心流参考 Fu（2009）提出的 EgameFlow 量表，动机参考 Vallerand（1992）等人的学术动机量表，同时综合使用了多位研究者关于态度和感知学习的量表。

在原问卷分类的基础上，进行可靠性分析，剔除可靠性较低，以及表述重复的二级分类变量，剔除变量后，问卷由 5 个维度，65 个潜变量问题组成，其中学习环境 12 题，心流维度有 20 题，动机维度有 12 题，态度为 9 个题，感知学习 12 题。问卷项目均使用李克特七点量表进行测量，量表评估程序严谨，确保足够的有效性、可靠性和一致性。在学期末，分数出来之前，学生完成问卷调查。

（4）模型的构建与检验。

①结构模型：拟合指数检验。利用所收集的数据资料，构建结构方程模型，拟合结果如表 5-10 所示，结果表明所构建的模型较为合适（$x^2/\mathrm{d}f$ = 2.437，$RMSEA$=0.067，NFI=0.936，GFI=0.917，$AGFI$=0.851，CFI=0.905）。

表5-10 对模型的调整质量指标进行了检验（模型拟合指标）

指标	判断标准	值
x^2/df	<3	2.473
p-value	<0.05	0
RMSEA	<0.1	0.067
NFI	>0.9	0.936
GFI	>0.9	0.917
AGFI	>0.8	0.851
CFI	>0.9	0.905

注 x^2/df：卡方 / 自由度；*p-value*：假定值，获得测试结果的概率；*RMSEA*：均方根误差近似；*NFI*：定额的健康指数；*GFI*：拟合优度指数；*AGFI*：调整的拟合优度指数；*CFI*：比较合适的索引。

②测量模型：信度与效度。为了评估模型的收敛效度和信度，本研究借助 SPSS/AMOS 24 软件，使用因子负荷（$AVE>0.5$；$CR>0.7$；$\alpha>0.7$）进行了检验，分析结果除个别指标的 *AVE* 小于 0.5，绝大部分指标通过了信度与效度检验，在可接受的统计参数范围内，说明本研究中使用的措施是充分有效和可靠的，研究样本符合结构方程分析。

5.2.3 研究结论

所测试的研究模型如图 5-6 可以得出，虚拟仿真模拟游戏结构之间具有统计学意义的相关性。表 5-11 结果表明，只有 H2b 没有得到验证，其他假设均得到验证，研究揭示以下关键结论：

（1）学习环境的多维影响：动机、态度与心流的差异化响应。

学习环境对动机的驱动作用：GVRE 对学习动机（MOT）的正向影响显著（$\beta=0.411$，$p<0.001$），表明游戏化设计通过积分、挑战等机制有效激发了学生的内外在动机。这与 Hamari 等（2014）关于游戏化提升动机的研究一致，但本研究进一步揭示，环境对心流（FLO）的影响更强（$\beta=0.551$，

$p<0.001$），说明沉浸式体验在游戏化环境中的核心地位。

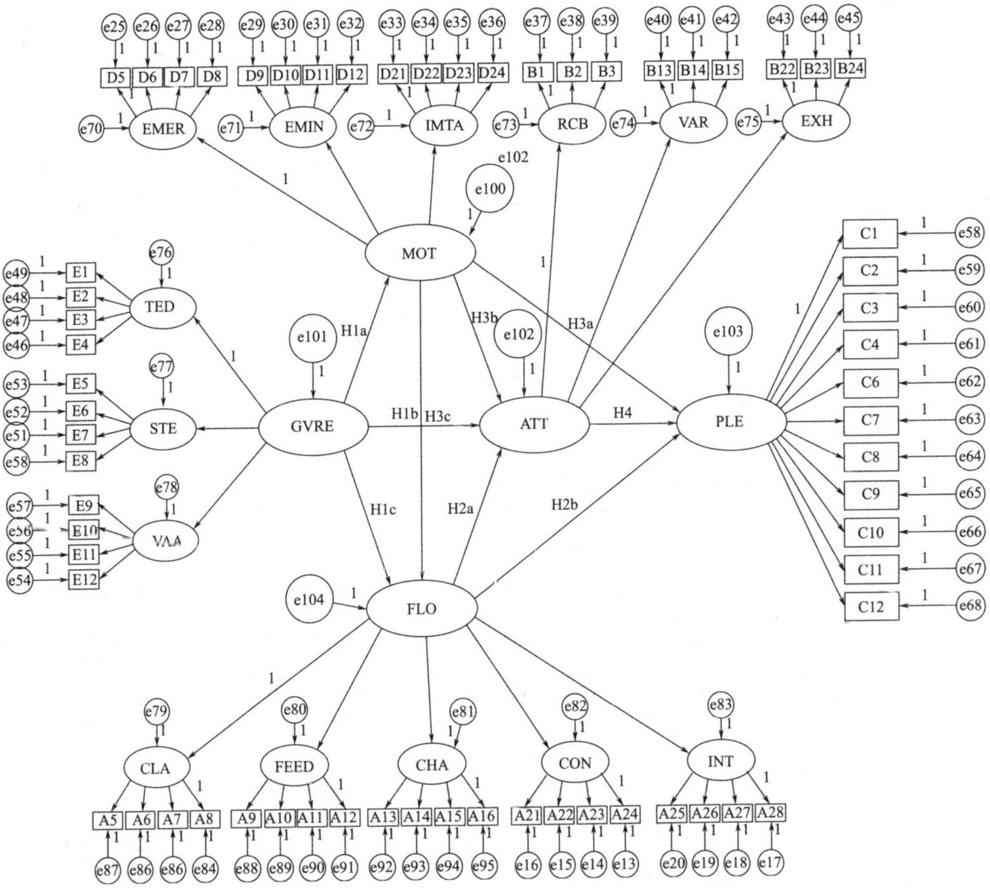

图5-6　假设模型AMOS拟合结果

表5-11　研究假设和统计结果

假设	关系	回归系数	标准误差	*C.R.*	*P*	结论
H1a	学习环境（GVRE）→动机（MOT）	0.411	0.062	6.677	***	支持
H1b	学习环境（GVRE）→态度（ATT）	0.255	0.082	3.098	0.002	支持
H1c	学习环境（GVRE）→心流（FLO）	0.551	0.119	4.649	***	支持

续表

假设	关系	回归系数	标准误差	*C.R.*	*P*	结论
H2a	心流（FLO）→态度（ATT）	0.562	0.056	10.07	***	支持
H2b	心流（FLO）→感知学习（PLE）	-0.017	0.066	-0.251	0.802	不支持
H3a	动机（MOT）→感知学习（PLE）	1.001	0.185	5.418	***	支持
H3b	动机（MOT）→态度（ATT）	0.498	0.182	2.739	0.006	支持
H3c	动机（MOT）→心流（FLO）	0.813	0.264	3.076	0.002	支持
H4	态度（ATT）→感知学习（PLE）	0.657	0.084	7.849	***	支持

学习环境对态度的间接塑造：GVRE 通过动机（β=0.498，p<0.05）和心流（β=0.562，p<0.001）的双重中介作用，显著影响学习态度（ATT）。这一路径表明，环境设计须兼顾“即时乐趣”（如游戏反馈）与“长期价值赋能”（如能力提升感），方能实现态度的深层转化。

（2）心流体验的悖论：高沉浸与低直接学习效能的冲突。

假设 H2b（心流→感知学习）未获支持（β=-0.017，p>0.05），表明学生并不认为心流状态与学习效果直接相关。这一发现呼应了 Csikszentmihalyi（1990）关于心流“过程导向”的论断，即心流本身可能仅强化体验愉悦性，而非直接促进知识内化。这一结果表明，尽管学生可能高度沉浸于游戏化学习情境中，但这种沉浸感并未直接转化为其对学习成果的感知提升。因此，未来的游戏化教学设计应更深入地探索如何将心流体验更有效地转化为可量化、可感知的学习成效。然而，心流通过态度对感知学习的间接效应显著（β=0.562*0.657，p<0.001），说明心流的价值在于塑造积极态度，进而间接提升学习效能，强调了教育设计需区分“体验目标”与“学习目标”的协同逻辑。

（3）动机的核心中介地位：驱动学习行为的直接与间接路径。

学习动机对感知学习（β=1.001，p<0.001）、学习态度（β=0.498，p<0.05）和心流体验（β=0.813，p<0.05）均产生了显著的积极影响。揭示了内在动机与心流体验的共生关系：高动机学习者更易进入心流状态，而心流状态又反过来强化动机（Ryan & Deci，2000）。研究进一步发现，学习动机通过学习态度作为中介变量间接影响感知学习（间接效应路径：动机→态度→感知学习，间接效应值：β=0.498*0.657，p<0.001）。这清晰揭示了动机影响感知学习的内在机制，即学习动机首先促进积极学习态度的形成，进而有效提升学习者对学习成果的感知。

这一循环机制为游戏化设计提供了理论依据：须通过分层任务、自主选择等策略持续激发动机，避免其随挑战难度波动而衰减。

（4）态度的枢纽作用：情感与认知的整合中介。

态度（ATT）对感知学习的直接效应最强（β=0.657，p<0.001），且在环境→动机→心流→态度→学习的链式中介中起关键作用（β=0.123，p<0.001）。这一结果强调，教育干预须从“态度塑造”开始：

在情感层面，通过虚拟角色代入、情境化任务增强学生对学科的认同感（如创业者的身份体验）；从认知层面，将游戏化元素（如积分、排行榜）与学科能力标准挂钩，使学生感知到学习的实用价值（如创业技能的市场适应性）。

（5）技术价值的实现条件：从“工具使用”到“体验赋能”。

研究发现，GVRE的技术价值并非自动转化为学习效果，其成效依赖以下两个条件。首先是学生的深度体验，学生须感知到虚拟环境与现实世界的关联性（如模拟创业项目的市场动态反馈），否则可能沦为“浅层游戏”；其次是态度转化，技术须通过情感共鸣（如心流）与认知重构（如能力提升感）推动态度转变，而非仅依赖外在奖励机制。

可见，学习动机和学习态度对感知学习具有直接和间接的双重影响。心流体验虽然对感知学习没有直接影响，但其通过积极影响学习态度，进而间接促进了感知学习。值得强调的是，学习动机和心流体验均对学习态度产生直接影响，且学习态度在这些因素对感知学习的影响中发挥着关键的调节作用。此外，学习动机和心流体验共同调节了学习环境对学习态度的影响，使学习态度成为连接游戏化学习环境与感知学习之间最为关键的中介变量。这一发现为高等教育领域的游戏化教学设计提供了重要的理论指导，即在关注学习者动机和心流体验的同时，更应重视培养其积极的学习态度，以期最终提升感知学习效果。

通过对课堂教学体验的深入分析及问卷数据的模型拟合结果，本研究发现游戏化虚拟仿真模拟所创造的沉浸式学习环境具有极其重要的意义。一个优化且富有吸引力的学习环境能够显著影响学习者的动机、心流和态度，并最终对感知学习产生深远影响。模拟游戏不仅提供丰富的智力体验和知识学习，更重要的是能够有效地转化为学习者的“心流”体验，促使其全身心投入。只有当学习者对学科知识产生浓厚的兴趣，并对自身的学习负起责任时，他们才能实现更深层次的、有意义的学习。情感体验，犹如沉浸在一个虚拟世界中，并真实地感受到自己作为一名创业者的角色，可能在学习过程中发挥着极其重要的作用，它超越了单纯的认知层面。这并非简单地通过实用性的游戏元素就能吸引学生关注游戏和仿真模型的世界，而是需要学习者真正感知到学习环境、学习内容与自身之间存在深度的内在联系和价值共鸣。只有当这种深层联系建立起来时，学习者才有可能去理解和探索更广阔的未知世界，进而促成观念和态度的积极转变，最终转化为具体的学习行动和创新实践。这一系列发现，为高等教育领域如何通过游戏化虚拟仿真环境，实现学习者全面发展提供了新的视角和实践路径，强调了情境化、体验式学习的重要性。

5.2.4 讨论与建议

（1）重构教育技术环境逻辑，实现从“工具嵌入”到“体验共生”。

游戏化虚实融合环境的价值不在于技术本身的复杂性，而在于其能否触发学习者的深度参与。当前实践中，部分虚拟仿真课程因缺乏情感共鸣与认知关联，导致技术沦为“数字装饰”。未来需要设计贴近真实创业场景的虚拟任务，从而增强知识迁移的应用感。同时，通过团队协作、角色竞争等机制，让个体心流扩展为群体智慧共创，融入更多的社交合作与互动。当然，结合 AI 技术提供个性化的动态反馈和难度调整也非常重要，设计动态机制，因人而异，适度难度系数，可能会成为持续激发心流的关键支撑。

（2）基于情感赋能与认知重构的双重效应，培育更积极的学习态度。

首先，在虚拟环境中赋予学生明确角色（如 CEO、COO 等角色），通过角色扮演强化团队归属感，达到身份认同的设计效果；将抽象学习能力转化为可感知的虚拟勋章，利用游戏化符号体系传递价值认可，从而实现课程的情感赋能。

其次，在任务结束后嵌入反思环节，如创业复盘日志等，帮助学生将游戏体验升华为知识结构化认知；通过虚拟项目，整合多学科知识，完成经济学成本分析和工程学产品设计，凸显创业学习的综合性价值，实现认知的重构。

（3）学习动机、心流和态度的协同驱动，升级学习者的高阶能力。

课程设计中，一方面通过短期排行榜、积分兑换等机制维持参与热情，激发学习者的外在动机；另一方面，设计开放结局的虚拟任务，如无标准答案的市场危机应对，激发探索欲与创造力，激发内在动力。

基于学生能力数据实时调整任务难度，维持"技能—挑战平衡"，实现心流阈值的优化；利用 VR/AR 技术强化感官刺激，如模拟股东大会的语音语调变化、市场数据动态可视化等方式增强临场感。在虚拟任务中嵌入真实案例，如模拟某企业破产重组，引导学生理解知识的社会意义，完成态度塑造。

本研究尝试打破传统教育技术研究中"技术决定论"的局限，揭示游戏化虚实融合环境的效能依赖于动机、心流与态度的协同作用，但仍有诸多不足，未来研究可进一步探索：个体差异调节效应研究，如成就目标取向、游戏经验对模型路径的调节作用；关注态度转变后的学习行为持续性及其对现实世界创业意向的影响，开展长期追踪评估；结合脑科学（如监测心流状态）与人工智能（如自适应难度算法）优化虚拟环境设计。

总之，混合式教学的创新须以"学习者体验和认知提升"为核心，通过环境设计、动机激发与态度塑造的系统联动，实现从"技术赋能"到"教育育人"的本质跨越。

参考文献

［1］王海莹，王毓珣，秦虹 . 美国 MOOCs 发展历程及动向分析 [J]. 比较教育研究，2018，40（12）：75–83.

［2］郭英剑 . 美国“慕课”的历史、现状、问题与未来 [J]. 中国人民大学教育学刊，2021（2）：23–50.

［3］王文礼 . 从慕课 1.0 到慕课 4.0: 创新和颠覆 [J]. 现代教育技术，2018，28（7）：92–98.

［4］王志军，陈丽 . 联通主义学习的教学交互理论模型建构研究 [J]. 开放教育研究，2015，21（5）：25–34.

［5］理查德·E. 梅耶 . 应用学习科学：心理学大师给教师的建议 [M]. 盛群力，丁旭，钟丽佳，译 . 北京：中国轻工业出版社，2016.

［6］韦恩 – 霍姆斯，玛雅 – 比利亚克，查尔斯 – 菲德尔，等 . 教育中的人工智能：前景与启示 [M]. 上海：华东师范大学出版社，2021.

［7］拉塞尔·L. 阿克夫 . 翻转式学习：21 世纪学习的革命 [M]. 盛群力，丁旭，钟丽佳，译 . 北京：中国人民大学出版社，2014.

［8］瑟夫·E. 奥恩 . 教育的未来：人工智能时代的教育变革 [M]. 李海燕，王秦辉，译 . 北京：机械工业出版社，2019.

［9］林崇德 . 心理学大辞典（下卷）[M]. 上海：上海教育出版社，2003.

［10］黄怀荣，刘坚 . 混合式教育、学习与评价指导框架 [R]. 北京：互联网教育智能技术及应用国家工程研究中心，2022.

［11］杜世纯，傅泽田．基于 MOOC 的混合式学习及其实证研究 [J]. 中国电化教育，2016（12）：129–133，145.
［12］孙雨生，程亚南，朱礼军．基于 MOOC 的高校教学模式构建研究 [J]. 远程教育杂志，2015，33（3）：65–71.
［13］何克抗．从 Blending Learning 看教育技术理论的新发展（上）[J]. 电化教育研究，2004，25（3）：1–6.
［14］李逢庆．混合式教学的理论基础与教学设计 [J]. 现代教育技术，2016，26（9）：18–24.
［15］冯晓英，曹洁婷，黄洛颖．“互联网 +”时代混合式学习设计的方法策略 [J]. 中国远程教育，2020（8）：25–32，54，77.
［16］李颖，徐岚．混合式学习环境下高校教师教学力模型建构——基于扎根理论分析 [J]. 教育发展研究，2022，42（9）：71–79.
［17］李世瑾，王成龙，顾小清．预见学习的未来：人工智能学习准备度的框架研制及实践进路 [J]. 中国电化教育，2022（10）：79–88，96.
［18］李世瑾，顾小清．什么影响了人工智能教育的教学效果——基于教师技术认知和教学实践层面的分析 [J]. 现代教育技术，2022，32（8）：92–99.
［19］陈玉琨．ChatGPT/ 生成式人工智能时代的教育变革 [J]. 华东师范大学学报（教育科学版），2023，41（7）：103–116.
［20］赵晓伟，沈书生，祝智庭．数智苏格拉底：以对话塑造学习者的主体性 [J]. 中国远程教育．2024（6）：13–24.
［21］王志军，陈丽．如何有效设计高质量的 MOOCs——基于认知目标分类和交互分析框架的思考 [J]. 现代远程教育研究，2014，26（6）：59–68.
［22］杨宗凯．从“3C”走向“3I”：推动高等教育数字化纵深发展 [J]. 中国高教研究，2024（4）：1–6.
［23］王金旭，朱正伟，李茂国．混合式教学模式：内涵、意义与实施

要求 [J]. 高等建筑教育，2018，27（4）：7-12.
[24] 周建华，陈凤菊，李政 . 我国高校在线教学成效如何——基于对 21 万本科生的调查 [J]. 开放教育研究，2022，28（4）：74-84.
[25] 冯晓英，王瑞雪 ."互联网 +" 时代核心目标导向的混合式学习设计模式 [J]. 中国远程教育，2019（7）：92-93.
[26] 秦炜炜 . 翻转学习：课堂教学改革的新范式 [J]. 电化教育研究，2013，34（8）：84-90.
[27] 刘建强，曾文婕 . 翻转学习：促进教师专业发展的新方式 [J]. 现代远程教育研究，2015，27（3）：36-42.
[28] 王竹立 . 碎片与重构：互联网思维重塑大教育 [M]. 北京：电子工业出版社，2015.
[29] 马小辉 . 创业型大学的创业教育目标、特性及实践路径 [J]. 中国高教研究，2013（7）：96-100.
[30] 马永斌 . 大学创新创业教育的实践模式研究与探索 [J]. 清华大学教育研究，2015，36（6）：99-103.
[31] 钟启泉 . 学习环境设计：框架与课题 [J]. 教育研究，2015，36（1）：113-121.
[32] 杨进中，张剑平 . 虚实融合的研究性学习环境设计 [J]. 电化教育研究，2014，35（12）：74-80.
[33] 杨彦军，张佳慧 . 沉浸式虚实融合环境中具身学习活动设计框架 [J]. 现代远程教育研究，2021，33（4）：63-73.
[34] 陈希 . 将创新创业教育贯穿于高校人才培养全过程 [J]. 中国高等教育，2010（12）：4-6.
[35] 何克抗 . 如何实现信息技术与学科教学的"深度融合"[J]. 教育研究，2017，38（10）：88-92.
[36] 王雪，徐文文，高泽红，等 . 虚拟现实技术的教学应用能提升学习效果吗？——基于教学设计视角的 38 项实验和准实验的元分析 [J]. 远程教育杂志，2019，37（6）：11.

［37］林一，兰扬帆，Jiangyu Zheng. 反思性思维和个人参与因素在虚拟现实交互中对感知学习的影响 [J]. 计算机应用，2021，41（S1）：202-210.

［38］谭维智 . 将科幻作为一种教育研究范式 [J]. 教育研究，2022，43（5）：17-33.